时代精神　Spirit of the time

三联国际
JP International

由北京、香港和上海三联书店共同创办于2012年,致力整合两岸三地资源,打造具国际视野的多元文化传播平台。

Co-founded in 2012 by JP Beijing, Hong Kong and Shanghai, JP International is dedicated to the establishment of a diversified communications platform with an international perspective through the aggregation of resources in the Greater China area.

岩波茂雄传

新订版

[日] 安倍能成 / 著

杨琨 / 译

三联书店

于镰仓小町的家 玄关 1942年

于热海惜栎庄　1942年

母亲　歌(Uta)　　　　　　　　父亲　义质

呈给杉浦重刚先生的信　开头及结尾

订婚时期 1906年

于北轻井泽山庄　与家人一起　1934年夏

于神保町的书店前　1917年1月

在回顾三十年感谢晚宴上致辞　1942年11月3日

同上　全景

安倍能成与岩波茂雄

热海惜栎庄 玄关

同上 栎树

《岩波茂雄传》中文版序

二〇一三年是岩波茂雄创建岩波书店一百周年。在此值得纪念的一年，能够将岩波茂雄终生的挚友、也是与他共同构筑了创业时期岩波书店框架之人——安倍能成撰写的茂雄的传记介绍给中国读者，对此感到无比喜悦。

岩波茂雄不仅是岩波书店的创始人，也是奠定近代日本出版业基础的出版人之一。岩波茂雄将日本近代文学史上最伟大的作家、至今仍经久不衰的夏目漱石的诸多作品，以个人全集这一划时代的形式展现给读者，并以此为开端，不知疲倦地出版了哲学丛书、数学丛书等学术书籍，奠定了创业时期的基础。而且，在他的出版事业中，还有两件值得大书特书的革新创造，那就是秉持"知识属于大众"这一强烈信念，精选古今东西的古典，轻便、廉价的"文库"形式；以及旨在响应现代的课题和要求、同样轻便的"新书"形式，并以这两种形式将众多的书籍送到日本民众的手中。时至今日，在日本的出版界，这两种书籍形式仍为很多出版社所采用。

本书是岩波茂雄的传记，同时，也可将其视为一部日本近代出版史，从中可以看到近代日本的出版产业是如何兴起、如何奠定基础、如何发展的。

在本书的中文版出版之际，我尤其想强调的是岩波茂雄对中国的感情。岩波茂雄一贯反对日本侵略中国，这一立场从未改变，在新闻媒体、民众逐渐倾向于协助战争之时，他直言不讳地表明了坚决反对的观点。他还反抗以军部为首的一切权力的压迫，拒绝一切对日中战争的协助、捐赠，甚至在亡命日本的郭沫若趁日中战争开始之机回国后，他还资助郭沫若两个儿子的学费，帮助养育他们，直至二人从日本的大学毕业。

在日中战争前夕，岩波茂雄曾计划向中国的大学捐赠岩波书店的全部出版物，但由于战争的爆发没有实现。然而，这一愿望在岩波茂雄去世后逐步实现，从中华人民共和国成立至今，已向北京、中山、武汉、东北师范各大学及北京国家图书馆共计五个机关捐赠了岩波书店的全部出版物。

岩波茂雄的青年时代正值日本近代的初期，他的志向基本上是自由的、进步的，厌恶狭隘的日本主义。他也表示理解共产主义、社会主义，但自身并不是马克思主义者，并兼有民族主义者的一面。他尊敬明治天皇，将明治天皇在明治维新时颁布的"五条誓文"挂在店主室内。

安倍的这部传记，唯有自青年时代起便尽知岩波茂雄的同时代人才能够撰写，书中详细描写了茂雄的人格魅力、精力充

《岩波茂雄传》中文版序

沛的活动状况以及他的弱点。

我期盼以这部传记的出版为契机，岩波茂雄与岩波书店的心志能够为众多的中国民众所了解，并对中国民众理解日本略有所助。

二〇一三年十一月
岩波书店社长 冈本厚

序

岩波茂雄去世后，明年将迎来十三周年忌。在一周年忌时，岩波的旧交、亲属之间就有策划岩波的传记。首先，从了解岩波的诸君那里收集追忆文章；同时，收集岩波的遗作。在纪念七周年忌时，我对部分遗作已进行编辑，并以《茂雄遗作抄》为题，由岩波的遗属赠给诸位旧交。我与岩波亲密，与其家人、店员也关系密切，因此，自然而然地参与到这一工作中。但是，当商议传记由谁来写时，一半是因周围的劝说，另一半则是我自己主动要承担这项工作，时间大约是在岩波死后两年的三周年忌时。关于我与岩波的交情，在文中已写得过于详尽了，因此，这里不再赘述。然而，岩波或许是信任我的，但并不是比任何人都亲密；而我也尊敬岩波，但并不是喜欢他的全部。对岩波而言，我好像是他最无顾忌的友人，重大事情足可与我商量。或许可以说，在岩波的友人中，我最了解岩波与他家人的种种。而且，岩波这个人有着极其独特的性格。岩波的事业对日本做出了深远的贡献，从文化、历史的意义上看，岩波的确是值得流传的人物。从全面介绍岩波的角度上看，我相信我是胜任者。以上便是我所以敢于承担这部传记的原因。

为此，我调查了诸君的众多追忆文章、有关岩波及书店的记录，而且，对于能够收集到的岩波的所有遗作、日记、书信等，

序

也全部阅读过。就这样，开始动笔可能已是一九四九年。但是，由于我身为私立学习院的院长，内外校务繁忙，所以，这项工作进展得并不顺利，在计划完成的七周年忌时也没完成。为此，我作了充分的精神准备，要在周末周初的二、三日或一、二日，把自己关在岩波的遗爱、热海伊豆山的别墅惜栎庄内，专心于这项工作，但无法成行的特例也很多。而且，本应连续性很强的工作，有时却不得不长期中断，工作没有按照我的预想进行。岩波夫人吉对我草稿的开始部分非常感兴趣，盼望着传记早日完成。但不久便中风了，竟在去年年初追随丈夫而去。对这部传记予以极大关注的岩波书店财政顾问、岩波的友人明石照男君也于去年九月去世。此外，岩波的挚友藤原咲平君、渡边得男君也相继去世，就在最近，工藤壮平君也离世了。剩下的了解岩波的人也大多超过七十岁，加上笔者本人的生命也不知何时凋落。想到这些，从去年起，我有些着急起来，决定必须下些工夫。因此，即便在百忙之中，也几乎毫无例外地去伊豆山；暑假去上州北轻井泽时，也带着参考文件，集中精力于这项工作上。今年寒假期间的正月三日，暂且完成草稿，交付印刷的时间好像是在二月。然后开始校对，约定了无论怎样修改都可以，因此进行了诸多加工。有时追加四、五页草稿，有时又删除一、二页。经我之手大概做到四、五校。半年多以后，终于在本月脱离我的手，预计在今年九月成书。

虽说是自己主动承担的，但有时我甚至想放弃这一工作。我以前一直是一人写作，讨厌谈话笔记、口授笔记，也是从这种意义上来说，这次我没有使用助手。但原本记忆力很好的我，随着年龄的增长，记忆力也逐渐衰退。可能是整理方法不当吧，经常忘记制作好的备忘笔记。尤其是关于书店的事情，随时发现问题，便随时向店员、特别是长田干雄君提问，或要求他提供材料。尽管长田君逐一认真、精确地回答，但我有时遗失，有时忘记，经常给他添麻烦。而且，一旦想起什么，如果不马上记下来便会忘记，还会忘记记在哪儿了。由于我以前很少做这样的工作，又过分依赖自己的记忆力，因此，这一次我切实地感到，整理材料并根据需要迅速找到这些材料，对提高工作效率是多么重要；还痛感对于这样的著作来说，助手是何等的重要。尤其是此类传记，需要从与整体的关系上调查细枝末节，因此，我有时会气愤：以自己这样的年纪、在如此繁忙之中，到底为什么承担这样的工作！但一想到自己的责任即传记不能传达虚假的内容，便不能放任自流。

这本书是传记，不是小说。因此，对于岩波的生活、岩波书店的事业，首先对时间、地点进行了仔细确认。然后，对确认到的内容清晰记载，对不确切的内容进行推断，但都明确说明是

序

推断或想象。而且，尽量利用岩波自己遗留下来的文章、谈话，让岩波自己说话。在转述岩波的言行时，在很多情况下我都加上"据某某说"，与我自己的所见所闻区分开来。就这样，我努力客观地介绍岩波，对于与岩波相关的他人之事，我也希望尽量写得公平，但我并没为此放弃我自己的感受与意见，而是毫无顾忌地发表议论，读者可能比任何人都更清楚地察觉到这一点吧。但在这种场合，我会写明这是我自身的所见所感，不会强加到岩波身上。对此，还请诸位谅解。

在有关出版事业的部分，我逐年叙述了岩波书店的出版情况。但对于在各种意义上列举的主要出版物，在选择时并未一一详细研究它们的价值，而且，这也是不可能做到的，所以，我担心会出现部分错误。

对于应如何讲述岩波的家庭生活，我费尽了心思。在中国，墓碑上只记载故人的善事美德，不记载坏事、缺点，我不认为这没有意义。但是，岩波已经是一个历史人物了，在对他进行历史性的整体观察时，与局部考证不同，在与整体生活的必然联系中，我想他的缺点、过失也是有意义的，也是可以原谅的。因此，关于岩波的私生活，我想尽量毫无隐瞒地记录下来，只是担心会产生"讦以为直"的结果。相关人物也还活着，尤其想到骨肉亲人的感情，在听取诸君意见之后，有些地方写得稍稍有所节制。但是，我在这里想说的是，这样写并不是为了表现岩波是个品行方正、学术优等的君子,他具有人所不及的长处,同时具有与常人一样、或者说比常人更甚的短处与缺点,我写的就停留在无损岩波全貌的程度上。

对于亲朋好友写的、对故人所见所感的全部文章,我至少都读了一遍。岩波的遗作、书信、谈话等也全部阅读过。在对岩波的追忆中,还有讲述追忆者自身的事情而很少言及岩波的情况。对于我有记忆与印象的内容,我都读了两三遍。诸君的好意丰富了这部著作的内容,对此,我深表谢意!

关于岩波书店的事情,我尤其得到了长期担任店员的堤常、长田干雄、小林勇三君极大的帮助和指教,可以说,这部分几乎是与三君的携手创作。其中,长田君关于书店和岩波的记录认真、精确,极大地提高了这部传记的准确度。在写作过程中,又会发现新的事实或与事实的出入,长田君等人甚至恳切地为我修改文章,而且如前所述,我还任意地追加、删除、改动,给印刷和校对带来很大麻烦,对此,我一并表示歉意与感谢。

总而言之,耗时近十年的这项工作终于结束了,我又可以久违地眺望浅间山的喷烟,幸福地度过这个暑假了。

一九五七年七月二十六日

再 序

　　如前所述，我写《岩波茂雄传》是应岩波的遗嘱和岩波书店的希望，也因我本人想写。书店方面印了三千册，以非销售纪念品的形式分发给岩波的友人、亲戚以及其他各方面的熟人。然而，读过此书的人们都感到非常有趣，纷纷劝身为作者的我、劝书店面向广大社会出版此书。这对我来说当然是件高兴的事，因此，决定以廉价版的形式面向广大社会发行。这本书的草稿曾请岩波书店的诸位过目，还下定决心自由进行校对等工作，以期万无一失。但这近乎于不可能，即便在出版二十日后的今日，还有诸多被指出、察觉的错误。借此机会，我只想告诉大家，已对这些错误都一一进行了订正；而且今后，如发现与事实有出入的地方，还请毫不客气地给予忠告。

一九五七年十一月十二日

目　录

《岩波茂雄传》中文版序 —— i
序 —— iv
再　序 —— ix

第一篇　书店开业以前 —— 1
　　明治十四年（一八八一）—— 大正二年（一九一三）

　　第一章　故乡的生活 —— 3
　　　　㈠　岩波的家族 —— 3
　　　　㈡　幼年、少年时代 —— 6
　　　　㈢　父亲的死与诹访实科中学时代 —— 11
　　第二章　东都游学 —— 20
　　　　㈠　在日本中学的一年 —— 20
　　　　㈡　一高生活 —— 30
　　　　　　一年级 —— 舳板狂人时代 —— 30
　　　　　　二年级 —— 烦闷时代的开始 —— 38
　　　　　　独居野尾湖 —— 46
　　　　　　两度落第与一高生活的结束 —— 56
　　　　㈢　专科入学、结婚及母亲的死 —— 59
　　　　　　专科入学与结婚 —— 59
　　　　　　母亲的死 —— 67
　　第三章　女校教师时代 —— 69

第二篇　岩波书店 ——— 77

大正二年（一九一三）——— 昭和二十一年（一九四六）

第四章　旧书店开业 ——— 79

——— 旧书按标价销售

第五章　出版事业 ——— 95

（一）创业时期 ——— 95

——— 处女出版《心》、《哲学丛书》及《漱石全集》

（二）关东大地震前后 ——— 103

（三）岩波文库与罢工 ——— 115

——— 昭和初期

（四）从昭和四年到日中战争 ——— 128

（五）从日中战争到太平洋战争 ——— 144

（六）太平洋战争期间及投降后 ——— 165

（七）书店后记 ——— 188

第三篇　社会生活———— 205

  第六章　对故乡的奉献———— 207
    ㈠ 乡土之爱———— 207
    ㈡ 对家乡的捐助———— 209
    ㈢ 桑原山事件———— 212
    ㈣ 对县教育的帮助———— 213
  第七章　政治活动———— 218
    ㈠ 对议会及选举的关心———— 218
    ㈡ 贵族院议员———— 224
    ㈢ 岩波与政界人士———— 228
  第八章　对时局的态度———— 235
    ㈠ 国内问题———— 235
      泷川事件———— 235
      美浓部的天皇机关说———— 237
      五条誓文———— 239
    ㈡ 对中国及中国人的同情———— 242
    ㈢ 太平洋战争与岩波的欧美观———— 252
  第九章　日本投降后的活动———— 258
    ㈠ 感谢与希望———— 258
    ㈡ 病中斡旋、奔走———— 262
  第十章　文化贡献———— 265
    ㈠ 感谢金———— 265
    ㈡ 风树会———— 268
    ㈢ 文化勋章———— 272

第四篇　私生活 ——— 275

    第十一章　兴趣爱好 ——— 277
        ㈠　登山、旅行 ——— 277
        ㈡　欧美旅行 ——— 283
        ㈢　骑马 ——— 290
        ㈣　口味 ——— 292
        ㈤　读书、艺术 ——— 295
        ㈥　建筑——惜栎庄 ——— 299
    第十二章　交友 ——— 304
    第十三章　家庭生活 ——— 317
    第十四章　人格与临终 ——— 333
        ㈠　岩波的人格 ——— 333
        ㈡　病情及临终 ——— 340

岩波茂雄年谱 ——— 345
岩波茂雄致辞——岩波书店创办三十年 ——— 363

第一篇 书店开业以前

明治十四年（一八八一）——大正二年（一九一三）

第一章

故乡的生活

〇 岩波的家族

岩波茂雄（下简称岩波），明治十四年（一八八一）八月二十七日出生于长野县诹访郡中洲村中金子的农民家庭。村子靠近上诹访市区，位于诹访湖边、诹访明神上社一侧。中金子是在湖水的冲积土上屯集而成的村落，水田肥沃、收成颇丰。虽然整个长野县普遍如此，可在诹访那样冬天长、又没有其他产业——当然，养蚕业的繁盛是很久以后的事情了——的地方，中金子是一片条件较好的富庶之地。用岩波自己的话说，是一个既没有非常有钱、也没有特别贫穷的、不但富庶而且很平均的地方。

岩波出生自这个村落一个中等以上的家庭。据家中流传的家谱记载，先祖名叫信朝，通称安太良，是桓武天皇第二十九代后裔。战国时代伺于武田氏，并参加了永禄四年的川中岛会战。及至信朝之子信隆一代，武田家灭亡，信隆移居到旧地金子乡里，更名为岩波小六郎。如果这些属实，茂雄就相当于小六郎的第十二代后裔。

父亲义质，安政五年（一八五八）八月二十九日生，旧名吉藏，明治十一年更名；母亲歌（音译），文久二年（一八六二）五月二十一日生。父亲留着八字胡，身材矮小，严正廉直，读经书，擅写文章。但身体孱弱，有哮喘宿疾，故土地交由佃农耕作。一八八四年，任中洲村村长公所秘书，年俸三十六日元，到一八八九年担任助理前，年俸已翻倍，涨到七十二日元。他是实行町村制度后的首任助理。同年四月，还当选为村议会一级议员，助理一职由时年五月至一八九三年五月任满一期。后于茂雄十五岁时、即明治二十九年（一八九六）一月五日去世，享年三十七岁零五个月。

义质的父亲、岩波的祖父传吉，身材高大，大家都叫他大传。除农业外，他还兼贩米、酒、酱油、醋，也收购土地。听岩波说，他的祖父器重其父义质，尽管是四子，还是让他继承了家业。长子文治不修操行，并有酗酒倾向，在各地颠沛流离；次子源吉继承了上诹访的米商、同姓亲戚的岩波家（商号"入中"），并成就了家业，成为高额纳税人；三子德吉入赘到同村的滨家；父亲的弟弟、五子音藏后来掌管岩波家的田地，农闲时到日本桥的鱼河岸打工、搬鱼，这些都是从岩波处听到的。另外，父亲还有一个妹妹叫竹（Take），嫁到藤森家为媳。

母亲歌是下诹访的井上善次郎之妹。善次郎曾开设制纱厂，事业一度极为广泛。但后来生意失败，到东京神田经营薪炭生意。母亲深爱着岩波，在当时的那个年代，很少有人能在读完四年普通小学后，继续攻读四年高等小学的；而岩波从村里的高等小学毕业后，既能入读有识之士刚刚在上诹访町创办的实科中学，之后又断然去东京游学，转入日本中学，继而进入第一高等学校，这些固然是由于他自身的强烈愿望，但也是母亲的同情、理解、勇气所赐。岩波的体格、气质多继承自母亲，颇受母亲的影响、感化。母亲是位女丈夫，性格刚烈，家中的事务和孩子的教育全由母亲承担，诸事皆处理得干净利落。特别是岩波的诚实、热情、努力、倔强、忘我地照顾别人的性格等，可以说很像他的母亲。相比之下，父亲似乎是位安静、消极的人。后来，他经常谈论母亲，却很少谈及父亲。母亲没有学问，却创立了爱国妇女会的支部，在发动小村的女辈参加妇女会时也是打头阵的。后来（一九〇三年），岩波在自己的作品中，列举了"余父的性格"是"正直、固执、亲切、坚忍、勤劳"；"母亲的性格"为"极富同情心、极其活跃、极为聪明、极富勇敢、刚毅、侠义之天资、活泼开朗、不知隐藏"。

岩波是一家的长子，另外，还有小他三岁的妹妹美都江（一八八四年八月二十一日生）和小他九岁的妹妹世志野（一八九〇年六月十五日生）。美都江嫁给了上述井上善次郎和母亲歌的哥哥、井上伊兵卫的儿子胜卫为妻，丈夫去世后，于一九三五年八月二十四日在下诹访町辞世。世志野于一九〇七年十一月招堀内虎田入赘为婿，但她于一九〇九年八月三日去世后，虎田离开岩波家，入赘他家，如今已成为故人。

岩波的家，据岩波说，"最好的时节，一年可收年贡米百袋，这在乡下属中等以上的家庭。"综合前中洲村村长伊东一的调查和村里的老者平林佐吉的话，他家自拥土地共二町步（一町步约等于九千九百一十七平方米。——译注）有余，地价超过一千日元，这即便是在当时诹访地区富裕的中金子，也不过六、七人，还是一级选举人。正如岩波前面的介绍，这可能完全靠祖父传吉的努力。自家除雇人耕种八反（一反约等于九百九十一平方米。——译注）左右的田地外，在高木、真志野、上金子也有田，都租给别人种，家中做的只有少许的养蚕。

（二） 幼年、少年时代

岩波自幼年起，就已经显现出他成年以后的性格了。据岩波的邻居、小他一岁的宫坂春章说，岩波年少时，记不起是几岁了，曾在屋后的宫川游泳。尽管开始还很笨拙，但由于热心于此，故渐渐地有了长进。这时，这样的小河已经容不下岩波的雄心了，于是岩波说去诹访湖游吧，便借来一只小船，和宫坂一起横穿诹访湖。两个人还是孩子，连摇橹的方法都不懂，而且不凑巧，风刮得猛，小船上下左右地摇晃，几次差点儿翻船。靠着拼命的努力，终于成功往返诹访湖。到达岸边时，手上满是水泡，身子也湿透了，饥肠辘辘，连话都说不出了。

岩波进入邻村下金子的普通小学是在一八八七年。据那时的同级生茅野虎（Tora）说，"茂雄非常灵敏，是个调皮鬼，精力旺盛。"如果别的学生得了双圈或三圈，他就会嫉妒得把那人的桌子掀翻。他没有一天不和同学互相弄脏字帖、习字帖、听写帖，但那时他确实很机敏，即使是恶作剧，也不亲自下手，而是有计划地巧妙布置，因此有"茂雄式狡猾"之称。佣人奶奶等"一想到茂雄在这里淘气"，就会吃惊地说："唉呀！他竟去了那种地方！"师生们都说"茂雄很机灵"，在放学途中，他会把脚伸到女孩子前面，把她们绊倒，有时会从后掀起裙子，捉弄她们，还扯开嗓门大吵大叫，着实精力充沛。

那时，大约是三年级的时候吧，有一位老师往返于其家所在的中金子和小学之间。他发现茂雄跟在后面，"做出给我吃拳头的样子"，就让他在黑板旁边一直站到下课。但下课后，当老师说"给我回去"时,岩波好像相当愤怒,也不行礼,就要回去,结果又遭到老师呵斥,再次罚站。

有时,他拿着盒饭离开家,但不去学校,算好大家放学的时间,在别人后面回家。为此,学期末的通信簿上便写着:出课不足,不及格。据说,母亲很吃惊,马上跑到学校和老师交涉,终于让他及格了。听说后来,他追忆此事,对妻子说:"母亲太厉害了,结果竟让不及格的我及格了。"不过,到高等小学时,他便萌生了很强的学习念头,因此逃课可能是在普通小学时的事了。

下面是他同村友人矢崎九重的讲述:从岩波十一、二岁,即普通小学时,在离村子四、五町(一町约等于一〇九米。——译注)远的一个叫田边的村子里,每年八月末举行祭火节。岩波和朋友三人在赶往祭火节的途中遇见了母亲,就缠着要零花钱。母亲听说别的孩子的零花钱是二钱(一钱为一日元的百分之一。——译注),就给了岩波二钱。岩波执拗地再请求了七次,每次一钱,就又得了七钱,共拿到九钱,这才大笑起来。母亲嘱咐说:"要和大家一样花哟。"几个人就赶到了祭火节。每人花了二钱,买了一钱四个的菱形馒头。在回家的途中,岩波将剩下的七钱分给三人,每人二钱,自己拿着余下的一钱回家了。这就看出了岩波执著、正直、无私欲的性格,很有趣。

茅野还讲了下面的事:岩波每日偷祖父——这位传吉祖父于一八九五年九月四日、岩波上中学的那一年去世了——十钱,买自己最喜欢的芝麻米条,在往返学校的途中,在田里的稻禾垛后面和朋友们一起吃。以他的性格,不会偷偷独食,而是一定要分给朋友们。

下面是进入高等小学以后的事了。每周六举办的校友会的研究会要开到夜里十一二点,大家肚子饿了,就去吃年糕豆汁汤。每每这时,岩波都会说着"算了、算了",把大家的账都结了。

多年后,他还是一见到人,就拉着人家请客,不让别人请而是喜欢请别人,这个脾气从那时就养成了。

岩波于一八九一年升入高等小学。学校叫中洲高等小学,位于一个叫神宫寺的村子。岩波说,他即使上了高等小学,调皮捣蛋也没停,还是几乎隔一天就要被罚站。但他唯独害怕校长,由于校长从上诹访通勤,所以周一来得晚。学校租用山下法华寺的房子,所以岩波就叫上大家,登上后山,在山上高声喧闹,铃响了也不下去。这时,只要说"校长来了",大家就会急急忙忙地跑下山去。

但是,高等小学四年级时,岩波在一名叫金井富三郎的老师的指导下,创立了校友会,并担任会长,大家都叫岩波"会长、会长"。每周六晚上,大家在学校集合,举办研究会,演说、讨论、写文章等,经常熬到很晚。

据矢崎九重说,岩波创立校友会是在高等小学四年级时,而冢田广路则说是在冢田四年级、岩波中学二年级时,这说明从高等小学后期到中学初期,校友会几乎由岩波一人承担。校友会由金井指导,作为课外讲座,介绍了当时著名的稻垣满次郎的《东方策》(这是英国人西利的著作,是讲述近代英国海外扩张的历史评论),大家为英国、俄罗斯对日本的压迫深感愤慨,关心日本向海外发展、伸张国威,进而对规划新日本兴旺发展的明治维新抱有很大的兴趣。当时,金井还讲述了岩波毕生崇拜的西乡隆盛的事迹,岩波总是急着央求"快讲后来、快讲后来",并让同伴学习南洲(西乡隆盛的号。——编注)的大胆和吉田松阴的气概。说到当时高等小学的最高年级,可比现在的要成熟得多。在日本的又一个兴盛期,年纪小小却怀忧国之志的人可能不止岩波一个,但他确实是其中最热烈的那个少年。

总之,从小学后期到中学时代,岩波承袭时代之风潮,洋溢着青春的热情——忧国之情怀、慨世之热忱以及立身扬名的风云之志。当时的岩波,身着短筒袖和服,膝盖以下露在外面,那样子简直就是缩小了的西乡。

关于上述的校友会,还有各种各样的内容:集合有志少年,征集论文、随笔、游记等,经小学老师的审查,争夺天地人的名次;夜晚,挑灯开演讲会、讨论会、将征集到的文章印成当时流行的紫色胶版;还唤来村民,相互(中学生之间)用英语会话给他们听,说是日本迟早也要说英语,所以现在就请听听吧。当我听说岩波讲外语给人听时,既感到滑稽,又为乡下少年的自命不凡忍俊不禁。

岩波还发起了当时在少年中流行的试胆会。在通往位于神宫寺的小学途中,有一处叫新井堤的地方,芦苇丛生,野狐出没。夜里,他就让每个人单独往返。又例如,学校在法华古寺,后山是诹访神社,是一个古树苍郁的地方。他每次就从同伴中选出一人,命其从中穿行而归。这足以想见他的活跃程度和对村中少年的威力。

据金井说,那两年,岩波几乎没缺过课。即使是因感冒等身体有恙、母亲很担心的时候,他也会撑着上学。他还是一个热情的努力者,例如,数学题没解开——他数学尤其不擅长——若到下节课还不懂,就会眼中含泪,或到了下课时间也不离开座位,一直思考。他的头脑在年级中不是最好的,但在努力学习上却没人比得上他。岩波自己也说,"在二十几个伙伴中,比我厉害的只有一个家伙,只有那家伙,我怎么也没能超过他。"岩波在一九四二年明治节(昭和前期的节日,每年十一月三日,纪念明治天皇诞辰。——编注)举办"回顾三十年感谢晚宴"时,特地从信州邀请了这位金井老师参加。后来,一九四五年九月,岩波在长野患脑出血病倒,在该市的裾花河畔养病。当病情好转、允许散步时,他发现邻居门前挂着金井富三郎的门牌,他奇怪竟与传闻已经过世的老师同名,便通报了名片,没料到竟真是自己的老师,就和这位年已八十的老师久久欢谈。这记载于他的病床日记中。

高等小学四年级时,母亲给他三十坪(一坪约等于三点三平方米。——译注)的旱田,吩咐他靠自己的力气种菜。他种了瓜、茄子,每到周六、日,岩波就把菜装入竹筐,用扁担挑着,来到上诹访町吆喝:"买瓜吗?买茄子吗?"边走边卖。卖的钱就托付给村公所,捐赠给慈善事业等。这看起来是他赞同母亲的意志所为。后来他到了东京,再后来,在回乡埋葬亡母时,不顾亲戚的反对,将水田、旱田、家具全部卖掉,只购买了当时的扁担和竹筐带回东京。就这样,岩波自少年时代就身强力壮,经常帮忙干农活或捡柴火。岩波说,一高时代寄宿在田端时,看到周边的农民干活就像游戏一样。据说,他曾和同乡的名取和作说:"轮流挑过粪桶的人可真强壮啊。"

岩波为母亲所深爱,也珍爱母亲。但是,他那一旦下定决心、便既不告诉母亲也不告诉别人、立即行动的脾气,非常让母亲担心。那是高等小学时期的某一天,他说了句"出去一下"就没影了,晚上也没回来。村里人敲钟打鼓地搜寻,乱成一团。天亮时,他却突然回来了。问他去哪儿了,他却没事人一样说,偶然兴起,一个人去守屋山露宿了。众人都目瞪口呆,说真是个奇怪的孩子。由于好冲动而让周围的人担心、给身边的人添麻烦而自己还无动于衷,这种性格在他成年后还保留着。守屋山位于神宫寺后深处,是那一带最高的山,诹访当地的人说"守屋阴天就下雨",据说也是一座流传着古老传说的山。

三 父亲的死与诹访实科中学时代

诹访郡的有识之士，创办了四年制的郡立实科中学。当时在岩波的村子里，升入中学已是特例，特别是继承家业的长子。岩波极力升入这所中学，是日清战争（即甲午战争——编注）胜利结束的一八九五年、岩波十四岁那年的春天。然而，第二年，即一八九六年正月五日，父亲病亡。哮喘是宿疾，但最后死于心脏病。追忆当日，岩波在他自己去世那一年、一九四六年的同一天的日记中这样写道：

> 那日是打扫族人墓地的日子。我到那里打扫完后回来，拉开拉门，看到父亲躺在有暖炉的病床上，看起来很痛苦。父亲说，我有话和你说。可我认为应先叫医生来，想说的话等叫医生回来后再听，就亲自跑到上诹访。好像是问了亲戚，打听到有名的小泽医师的住处，就去请他，可他不方便，没有请到。让我至今难忘的是，木屐带在回来的路上断了。记得回来时，天已黑了，这时，父亲已不在人世。我无论如何也没想起村里的医生。后来我想，父亲说有话要说，可能他自己也知道病入膏肓，打算留话给我吧。他想说什么，我已永远无法得知了。

父亲去世后，母亲虽知他热切的求学之志，但以守寡之身，无法阻止亲戚们的反对——据后来他写给杉浦重刚的信中记载，这是他上完中学二年的事，所以可能是一八九七年三月——让他暂时退学。后来,由于他的苦苦恳求,半年后又让他复学了。父亲辞世后的心境，岩波在一九四二年"回顾三十年感谢晚宴"

11

晚上的致辞中,是这样描述的:

> 失去父亲,我初次体会到人生的悲伤,半年里茫然不知所为。一日,读到孝经中的"立身行道,扬名于后世,以显父母,孝之终也",始知孩童心中尚存孝养之道,终于从无法挽救的心境中得以救赎。自此极大振奋,本应终止学业、投身家业,却得到了母亲的特殊应允,得以在前一年入读的乡里的实科中学继续学习。

那时的心情,岩波在《呈给杉浦重刚先生的信》中这样写道:

> 诹访中学二年结束,乞下年入学,未允。再三号哭乞求,母岿然不为所动,遂断然决意自修以达目的。辞校庭,与锄犁为友过半岁。偶时势突进,知仅以暇余自修不可及,复学之念勃发,遂以至诚动母意,终再入学。后亲戚等百般阻挠,余每遇冲突,其志弥坚,现今已四年。今母知余不可阻,窃奋勉余,岂不感泣至哉。

休学期间,岩波好像还入读了邻村的大同义塾,但可能只是去学习规范,是否入学,连岩波本人都没有记忆。母亲深爱岩波,但又非常严格。据说在诹访那样的寒冷地区,即使是在严冬,也不给他穿短布袜,不允许戴围脖。当时,诹访中学生的风格原本就粗犷,没人穿西服,大家身着短外褂、和服裙裤,脚踏木屐,结队缓行。而且,有人还故意弄破裙裤,或把短外褂的带子拉得老长、在带梢处打个结,挂在脖子上。这个打扮,在我的家乡松山也可见到,这恐怕是东京书生的习气传到乡下的结果。

据冢田广路说,岩波在冢田高小四年、岩波中学二年时,曾劝冢田上中学，并说"学费我家出"，所以，冢田不顾哥哥的反对，参加了考试并入学。可是，临近入学典礼时，又遭到了哥哥的拒绝。尽管在此之前已用岩波的存折买了十本教科书，但还是决定放弃入学，便到岩波家说明，岩波还说为什么之前不和我商量呢。这个插曲表现了岩波和他母亲不同寻常的热心和侠义心肠。这位冢田深深感谢岩波的厚意，而他对岩波的评价也很精准："岩波正义顽固，既非天才儿童也非才子，是努力型的、极为精悍的人。"

岩波和母亲的热心、侠义不止这些。上诹访的伊藤长七，后来成为了东京府立第五中学的校长，是中学校长中的卓越之人。当时，岩波和母亲同情长七想入高等师范学校的志向，在商量后，决定资助他的学费。但是，资助两三年后，收成不好，岩波家没钱了，就卖了一块田硬撑着继续资助他，岩波母子还绞尽脑汁不让伊藤知道这事。据说后来，长七知道这件事后非常感激。

岩波在诹访中学时代发生的大事，有父亲的死、参拜伊势及九州旅行。这些岩波少年时代的故事非常精彩，就根据他的讲述记录在这里。可能是父亲死后的第二年，即一八九七年、岩波十六岁岁末的事。

那时，在岩波的村子中金子，每年秋收后都"会做"（伊势代代讲），即大家凑钱，遣人代替村民参拜伊势神宫，拜领护身符后发给村子。往年都是两三个志愿者结伴而行，可那年不知什么原因，一个志愿者也没有，所以，岩波就申请说自己想去。可他还是个孩子，所以没人当真。岩波就回家征求母亲的同意，母亲说："这不是别的事，是对神的信仰，你可以去。"岩波就意气昂扬地返回村子的集会，请求道："母亲同意了，就让我去吧。"终于，村里决定让他一个人去了。他带着村子积存的钱、自己的存款以及母亲给的钱就出发了,时间是十二月三十日的凌晨。

　　那天早晨,遍地霜染,月色皎皎。母亲送他参拜了镇守神,便向茅野进发。从富士见来到甲府,在那里住了一宿,那时还没通铁路。

　　途中有个插曲,他遇到了非常可怕的事。两个摊贩打扮的男子挑着篮子,故意挡他的路。他想超过去,可那两个人却用篮子撞他,不让他到前面去。他听说过东海道上有扮成旅人的骗子出没,也感到很害怕,但事到如今也不能折返回去,就鼓起勇气,一阵风似地从两个人中间闯过去,拼命逃走了。跑出很远后,感觉那两个家伙又跟上来了,害怕极了。这时,终于来到一个村子,稍稍放心了,可一会儿又离开村子,来到了河滩。正巧这时,对面走来巡查的人,就马上向他告状,虽然巡查的人可能只当是小孩子话来听,可还是安慰道:"下面的事就交给我吧。"岩波这才暂时放下心来,急忙赶路。即便如此,在甲府住宿时,他还担心那两个家伙会不会跟来。

　　第二天,从甲府来到富士川上的码头鳅泽,本打算乘江船到身延后再去东海道。可到了鳅泽一问,人家不发船。这可难办了!可慢慢打听后才知道,还是发船的,之所以说不发船,是因为看他的打扮可疑。那一带经常有乘江船逃跑的人,所以,他完全被当作那些人的同伙了。总之,最后终于坐上了船。据说那时,他手持樱木的藏刀手杖,即使在船上,别人也提防着他。

　　下船后,参拜见延山,并住了一晚。一起投宿的还有一个自称是九州武雄农村的、名叫辻湛海的男子。他身材矮小,说是为了建日莲宗的寺庙,去房州小凑的诞生寺申请许可。手续已经办完,路过这里,然后就回家乡。第二天,岩波和辻一起乘船沿富士川顺流而下,在东海道的岩渊下船,换乘火车,在名古屋和那男子告别,赶往伊势。时间是明治三十一年(一八九八)元旦。

第一章　故乡的生活

在名古屋换乘火车去山田时，他生平第一次在绘本之外看到真实的陆军士官，他们身着正装，帽子上有白羽装饰，军服上有绚丽的金丝线。他说，这着实给他留下了强烈的印象，即使在上了年纪后，那身姿、那色彩还在眼前闪现。

那天夜里住在山田。第二天，他参拜伊势神宫，买了几枚要发给乡里的护身符，完成使命。然后，他来到二见浦，生平第一次看到了海。令他惊奇的是，即使天空晴朗，海浪还是不停涌来，水花飞溅。与此相比，诹访湖的水就像风吹过榻榻米般，发出吧嗒吧嗒的声音。他习惯了诹访湖水，对伊势海水的这种现象，确实感到不可思议的惊异。

从伊势来到京都，首先就是去同乡先贤、佐久间象山的墓地参拜。岩波从少年时代起，就为松阴、象山等维新志士所感动，中学时代，还在桌边摆放了西乡南洲的石板画。在那里，他也买了象山的肖像。

为了不费太长时间就能有要领地观赏京都，他买了张地图，选择重要的名胜古迹，用两天时间就游完了京都。正巧，在去东寺的途中，他向一个和服的筒袖上搭着金扣外套、脚蹬木屐的年轻男子问路，那男子说自己也去东寺，一起走吧。路上，两人互相通报："我在诹访中学"、"我在一高"，岩波不知道一高是哪儿，就又问了一遍，那人答道是第一高等学校，岩波说"那也是我向往的学校"，就这样，两人越谈越起劲。男子名叫木山熊次郎，是冈山县人，后来成为岩波一直信赖的前辈。他和木山一起，从东寺登上丰太阁（丰臣秀吉的尊称。——译者注）在阿弥陀峰的墓地，一边从石阶上眺望京都市的景色，一边交谈。临别时，岩波把象山像送给了木山。那时，木山可能看岩波是从乡下来的，就对他说："东海道有乔装旅人的骗子，在火车上要特别当心。"后来，木山给岩波的中学寄来过明信片等，并写下了岩波喜欢的诗句"天下不乏才能之士,而乏气节之士"。

岩波从京都到神户,再从神户乘船直接去鹿儿岛,目的是去参拜他所崇拜的西乡南洲的墓地。可能是在旅馆听说了二等舱好,所以在他的记忆中,他花了当时极大的一笔钱——八日元五十钱,进了二等舱。在同一个房间里,他第一次看到了洋人。亲眼见到陆军士官是第一次、洋人是第一次、海是第一次、汽船是第一次,以前乘火车去过长野,所以火车是第二次,但那时的窗户不会开关。可能是由于天生的性格、或信州人的性情,他竟然还和初次见到的洋人搭话。洋人问他去哪儿,他不会说"墓"字,反倒是对方教他的。在船上,他还结识了一个名叫今木人诚助的、出生在鹿儿岛的同龄青年,学了少许鹿儿岛话。

到达鹿儿岛,参拜了南洲墓。在问路时,由于略去敬称、只说南洲二字,还遭到了当地人的训斥。岩波还参观了南洲的家和私塾,但私塾拉门的木框已脱落。至于城山,不知为何他没有去。他说,还记得从鹿儿岛去日向的赤江滩等地时,还吃惊地看到了不知是鲛还是鲨的鱼群。

令我吃惊的是,他当时还想去硫球。不巧船刚开走、无法叫回,又不想等下一班,最终放弃了。

回来时,本打算顺便去长崎,可由于晕船,就在熊本附近的三角下船住宿,可整晚都感觉像在船中摇晃。对熊本,他说没有印象,可能是因为晕船,就径直通过去了。之后,他乘火车去长崎,回来时,顺便去了肥前的武熊,那是因为旅费将尽,打算向曾在身延一同投宿的辻湛海借钱。在倾盆大雨中走了二里(在日本,1里约等于四千米。——译者注)路,也没找到他家的踪迹,这才意识到湛海是小偷。他虽然信任湛海,可母亲曾再三提醒缠腰不能离身,所以,只有缠腰他是牢牢抱住的。因此,就连小偷湛海也无从下手,感到无望后,在名古屋和他分手,这是岩波的解释。他说,自己对这些竟一无所知,还傻乎乎地相信湛海、想向他借钱,湛海真是不像话。有人听了岩波的这些说辞后取笑他说:"想从小偷那儿借钱的您才厉害呢。"

这时他想起,在途经的广岛,有位原诹取中学的老师叫川面,调任时,岩波还在礼堂发表了送别演说,他现在担任当地师范学校的校长,岩波就去那里借了钱。本打算回来时再慢慢游览奈良等地,可那时已经想家了,归心似箭,就买了从广岛到东京的车票。即便如此,他还是在名古屋下车,游览了名古屋城,然后,就跑到东京的舅舅家去了。

去京都、鹿儿岛事前都没和家里、村里说过。所以,二十几天后回到村里时,众人大吃一惊。据说,当时在诹访,几乎没人去过鹿儿岛。如果岩波再去琉球,那就可能不仅仅是吃惊了。

岩波在发动同辈、前辈及村民参加前面提到的校友会活动的时代,曾在院子里立起单杠做器械体操,有时还在守屋山山口的平地打棒球,结束后,拾些细柴背回家让母亲高兴,这些都极大地锻炼了他的体力、脚力。对于登山他特别有自信,有时好好的山路他不走,而喜欢一口气直线登山。

其中有一个例子,是原辉美讲述的、关于中学时代和岩波一同登蓼科山的轶事。那是在诹访巡游称为山中温泉的"新汤"、"滝之汤"时,看到天气很好,就决定登蓼科山。一行四人开始登山,但山路迂回,不像想象的那么顺利。快到山顶了,在晴朗的天空下,山峰看起来只有四五町远,在岩波的提议下,决定在卧松中穿行、直线登山。然而看和走大为不同,没有路、难以前行,大家都累得筋疲力尽。岩波觉得这是自己的责任,就不顾衬衫被撕破,走在前面引导大家。这时,远远地看到了田地,就挣扎着走到那里。原来那是佐久的领地,在砍柴人的指引下,终于找到通往山峰的山道。到达顶峰后,众人欢欢喜喜地回到了温泉旅馆。岩波可能是由于身心疲惫，身体突感不适，睡了整整一天。

这种直线登山的事此后还有。岩波将祖父的牌位收存到诹访附近唐泽山的寺庙时，曾邀后辈矢崎九重同行，就是那时候的事。存放完牌位后，岩波提议去平石山。本来须先下唐泽山，然后再登平石山的，他就主张直线登山。攀着断崖、穿过荆棘，终于登上了平石山顶。不容分说，这种直线登山完全符合岩波式性格，而之后他也是百试不厌。

据岩波说，诹访中学时代，几乎没受到老师的影响。最初入学时，由于他生来的纯粹、认真，对学生、老师不严肃认真的态度极其厌恶，于是站在整饬风纪派的前列，为同伴所畏惧。

据藤原咲平说，当时诹访中学的老师分严格派和骄纵派两派，相互抗争。岩波所属的最高年级开始还有近五十个学生，可后来急剧减少，气势不振；在低年级的学生中，虽有后来成为知事的、精力充沛的丸茂藤平，以及在一高和岩波同年级的樋口长卫等人，但岩波在罢课、反抗校长后还是被开除。岩波的学年无力领导全校，特别是岩波不满那种制定规矩式的教育方针，感到极为不快。这时，他耳闻日本中学的自由校风和校长——天台道士杉浦重刚的豁达的教育方针，就一直向往，再加上自小学后期以来养成的雄心勃发，使他无法在乡野的小天地中局天蹐地。

对于诹访中学时的岩波，藤原说，开始只觉得他比自己高两级、目光闪亮——汉文老师也说，他的眼睛是"目光炯炯"的实例——但印象模糊。后来，听岩波的邻居宫坂春章说，茂雄是很有精神的人，他憎恶虚伪、懦弱和放浪，经常召集同伴学习，磨砺精神，所以印象就深了。后来，岩波和藤原成为最紧密的同乡友人，终生未渝。

中学时代，岩波曾寄和歌给《文库》，并发表在一八九八年一月那一期上，题为"月　信浓岩波茂雄"：

　　细数雁群，月光清冽。

同一时期，他还给这家杂志或是其他杂志投稿，并得到"大有前途之青年哉"的好评，为此极其高兴。

第二章

东都游学

(一) 在日本中学的一年

岩波进京求学之意已无法抑制。但他觉察到，周围的情况很难使母亲答应。深思熟虑之后，他决定将家里的一切财产分给妹妹们，并让她们照顾母亲，自己进京求学。如前所述，不久后，妹妹美都江嫁给井上胜卫；几年后，最小的妹妹世志野招堀内虎田入赘为婿，但妹妹死后，虎田又离开了岩波家，所以，遗产最后又回到了岩波手里。

当时，日清战争结束，日本踏上了发展的道路，国民意识日渐提高。陆羯南、三宅雪岭（雄二郎）、杉浦天台（重刚）、志贺矧川（重昂）等人利用杂志《日本人》、报纸《日本新闻》以唤醒日本的国体观念和国民自觉，对抗二十年代初期的欧化主义。加之岩波的青云之志、英雄崇拜的心理，使他越加无法在家乡待下去。在岩波仰慕的现代人中，就有杉浦重刚，他是教育家、日本中学的校长。岩波已无法准确记起是从谁那儿得知杉浦的，但有贺牛之丞说，可能是当时诹访中学的老师三轮三吉。岩波像崇拜神一样地崇拜杉浦，渴望转入杉浦的日本中学，为了一边工作一边读书，他还希望做杉浦家的学仆，并给杉浦写了一封信。这封信，在杉浦死后的一九四一年，日本中学的办公人员偶尔发现它还留在学校，就还给了岩波。岩波在"回顾三十年感谢晚宴"时，曾公开过这件事，他自己还坦白道："看到这封信，自己都惊讶当时的心境至今基本未变，依然是吴下阿蒙。"这话的确正确。多年之后的他，其实早就存在于青年岩波之中，而这心境又在信中表现得栩栩如生。"吴下阿蒙"是他的自谦词，但同时又是他的得意之词。这篇文章虽幼稚，却如他晚年的宣言文章一样，实际上可能是他执著苦心雕琢的结果。信中有的地方没用敬语，如"意稍尽孝道之际，忽失父君，悲伤何如"，这在他晚年的会话中也往往如此，可以说，这完全符合岩波的性格。下面，就让我引用这封信，以再现岩波的中学时代。

请愿书

谨呈我大日本教育家

杉浦先生阁下

在下一信阳寒生，泣血顿首再拜，叙己境遇，倾诉苦衷，斗胆向阁下请愿。拙文虽有渎阁下耳目，但乞赐一读之荣。

常思人生悲叹莫过于年幼丧失父母。父母生我、养我、爱我、教我成长，其间劳苦辛酸笔纸难尽。吾尝言，亲莫如父子，人伦道德之百行皆以此为本，故离别之悲哀莫如父子之别。尤死别，人生纵难免，然临父母之死无不恸哭矣。童心无邪之时，稍感死别之痛。然渐以成长之身，意为父母稍尽孝道之际，忽失父君，悲伤何如。呜呼，余实乃陷此悲境之可怜人也。

余七岁初入小学，十五岁春毕业，入读本郡实科中学。

日月如流水，二十九年一月五日，我大恩之父君溘然长逝于九泉之下。噫，生我养我，未报些许即离我而去。我魂夺魄散，茫然不知所为。梦非梦、幻非幻，神魂迷随机数月，忧郁无常之念充塞胸间，无法释怀。一日幡然顿悟，死者不再来乃必然之定理也，徒然哭泣莫如奋力刻苦，立身扬名。故发奋振作，立大志。问大志若何？曰：力所能及磨砺学识，培养人格，出社会之时，以至诚一贯，改革现今之腐败社会，为国家奉献身骨，以成就大事业。一报皇恩，二慰亡父之灵魂，聊尽孝道。

余性顽鲁钝，纵无超然之才能，然不羡世间之才子也。观现今才子，博学却无国家观念，其才终为国家之害。纵为蒙昧之人民解一丁之字，其心亦如风光霁月。

前首相伊藤侯硕学明达，善用人才，临机应变，尽心为国，人呼伟人、大英雄。然彼窥探人心，如处暗云之侧。时而玩弄奸计，瞒上欺下。余推崇伎俩手腕远不及伊藤侯之板垣伯，因板垣氏起于至诚、死于至诚，不戴假面，乃真正之伟人也。余知有称板伯愚直之辈，然此贬语胜伊侯英雄之褒词，盖因真正之价值不在名，而在实、在心、在诚也。

余有大志，有大抱负，奈何性卑怯，故平素苦心养成钢胆不屈之大精神，遂决心修阳明学与禅学。禅学使心沉静，不为外物所动；阳明学培养果敢之气，以此养成活动之精神，欲以二者成大事业，不可不学。余计出此策，又思青年时代乃学术修养时期，故暂将此事藏于心底，意余暇之时习之。余书斋有西乡翁之石版肖像画及对幅卷轴，一曰英雄神威排万欲，一曰至诚不动者未之有也，此乃余心印意刻之格言也。案头常放西乡南洲、吉田松阴两大先生之传、

第二章 东都游学

西国立志编（斯迈尔斯著《自助论》的日语译本。——译者注）及阳明学等。余暇翻阅，培养忠愤义烈之魄，志高识广，此乃我爱读之物，亦乃吾人之典范也。余远敬西乡大先生，意欲请教；近亲吉田大先生，冀为知己。余愤慨时事之混沌，欲止而不能，此乃吾志望之所在也。

我志坚不可动，无奈境遇阻之。夫吾家仅母、余、二妹，余有袭家养母之义务，故东都游学未轻易得母应允。诹访中学二年结束，乞下年入学，未允。再三号哭乞求，母岿然不为所动，遂断然决意自修以达目的。辞校庭，以锄犁为友过半岁。偶时事突进，知仅以余暇自修不可及，复学之念勃发，遂以至诚动母意，终再入学。后亲戚等百般阻挠，余每遇冲突，其志弥坚，现今已四年。今母知余不可阻，窃奋勉余，岂不感泣至哉。

余意脱离如此之境遇，达东都游学之目的，有异于世间子弟承父兄之允而后游学。故余知弗如世间学子，可得父兄之汇款，仅可凭一己之力筹之，遂决心不让母存汇款之担忧。为解此事，人云有如配送牛奶之方法。余愿将此身托于真正伟人之家，乞督管，以减故乡母亲之挂念；不厌任何之贱业，蓄金钱、充学资，以全此志。故欲作大家之学仆，抑或曾经杰士之弟子。今急求可为其学仆之人。尝闻阁下英迈卓识、磊落奇伟、超然脱俗，为教育竭尽心力，呜呼先生，余苦心寻求者实乃先生也。

愿先生不计吾之愚钝，哀余不幸及可怜人之至诚之心，以余为学仆，不知先生应允与否。

余曾邂逅日文学士赤沼氏，问及此事，赤沼氏云：为学仆之事几乎不可能，余始虑此事，尝上京拜谒诸贤门，然未得一次面谒。余初闻此事，失望欲止，后又自勉曰，精诚所至，金石为开，先哲不欺我。若未如吾愿，亦即吾志诚不足也。吾所欠缺之处，乃身体力行之勤勉也。

先生岂有不许之理。至诚所动之处，唯恐亵渎尊威。翘首屈指以待命下，若幸得回信，则无上荣光。

顿首百拜

信州诹访郡中洲村
岩波茂雄

日本中学校长
杉浦大先生
阁下

杉浦似乎也被岩波的志气所感动，回信大意说虽不能收为学仆，但不管怎么说先进京吧。岩波就将自己的决定告知母亲，乞求母亲的应允。母亲顾虑村人与亲戚的意见，没有轻易答应。但母亲向来是爱他、理解他、信任他的，内心可能更不想让他在村里空老此生，就答应了他，并对外谎称岩波未经同意便进京了。母亲身处田舍，被一群说三道四的亲戚、村人包围着，能够做出这样的决定实属不易。仅凭这一点，就知道他的母亲非平庸之人。

就这样，母亲私下同意岩波从他的前辈兼朋友、住在上诹访的伊藤长七家出发。关于伊藤，前面已经谈及，他同久保田俊彦（岛木赤彦）、太田贞一（水穗）、冈村千马太、矢岛音次等或在中央诗坛称雄、或在信州教育界占一席之地的人一样，是早年长野师范毕业生中出类拔萃的人物。岩波从上诹访出发，于明治三十二年（一八九九）、诹访实科中学四年级结束那一年的三月下旬，在伊藤那高亢的"男儿立志出乡关，学若不成死不还"的吟诗声中，迎着湖畔略感寒意的晓风，踏上了旅途。岩波

第二章　东都游学

从上诹访出发到下诹访,翻过隘口,来到上田,在矢岛音次处住了一宿,然后来到东京。

他到达东京是三月。一到东京,首先来到一高的宿舍,寻找以前在旅途中结识的木山熊次郎,并在木山的带领下去了藩的寄宿地长善馆。关于进京之事,岩波事前已写信给木山,并博得木山的赞同。据矢岛说,进京的第二天,岩波就参拜了当时还在郊外的、世田谷的松阴神社,看来确有其事。在《呈给杉浦先生的信》中,也写道:"余远敬西乡大先生,意欲请教;近亲吉田大先生,冀为知己。"他感到西乡的茫洋豪胆很难企及,而对松阴的热情与气概感到亲近。

关于岩波进京之初以及在日本中学的情况,守矢真幸的记录比较详细。守矢生于岩波的邻村宫川村,是诹访中学小岩波二年的后辈,他是在岩波的劝导下,与岩波一同进入日本中学的。下面就是根据他的记录写的。

进入日本中学必须考试。守矢进京比岩波晚,到了长善馆与岩波见面后,在第三天即四月四日与岩波一同参加了考试,守矢考三年级,岩波考五年级。结果,守矢得以入学,而岩波却不合格——杉浦校长曾亲口说是由于英语分数低——岩波非常愤慨,连呼"不像话、不像话",并固执地说:"我是如此仰慕杉浦先生而来,若不肯让我入学,还不如去死呢,去死、去死。"即便到了晚年,岩波有时还会表现出这种缠人孩子似的、不理性的样子。然后,他就直接去和杉浦校长谈判。杉浦回答说,不合格也没有办法呀。岩波便哭诉道,自己从乡下来,丝毫没有进其他学校的意思,如果不让进日本中学,除死之外没有别的路,也不会厚着脸皮回家,请无论如何让我入学吧。最后竟说,如果不让入学,就不离开这里。校长好像也被他的热情所打动,就说我再考你一次吧。结果,作为特例中的特例,岩波竟然被获准入学了。但据守矢推测，恐怕那考试也只是形式上的。开始是暂时入学，在第一学期内就正式入学了。第二年、明治三十三年（一九〇〇）三月，他与小坂顺造、后来成为外务次官的小村欣一、成为警视总监的长谷川久一、成为医学博士的盐谷不二雄等各位才子一同，从日本中学毕业。盐谷说，那时的岩波是个"集中了信州人最优秀质量的青年：纯真善感、朴素、喜欢学问，正义感与上进心非同寻常地强，精力旺盛、振奋"。而他的邻居宫坂春章也在暑假回乡的岩波的劝说下进京，并进入日本中学。据宫坂说，当时岩波住在曲町平河町的幽灵宅第，那里没人租，所以租金便宜。但房子阴气重，虽然岩波劝他也住在那里，他还是拒绝了，并让岩波帮他找别的房子。岩波事事照顾他，但令人吃惊的是，宫本家里寄来的学资，全部被岩波拿走并用掉，宫本觉得这可不行，这才发现岩波自己的学资也同样被花光了。也就是说，他完全不在乎是自己的钱还是别人的钱。岩波对金钱的观念到后来也是这样，但没想到当时竟至如此。他始终认为，自己的钱如果能对他人、社会有益，就是值得高兴的事，并尽量如此去做。

据守矢的记录记载，当时日本中学的老师对学生不做任何干涉，但如果被杉浦校长叫去，说"你被开除了"，那就是鹤鸣一声，百鸟哑音。学校没有固定座位，优等生、用功的学生早早来到学校，占最前面的座位；留级生们坐最后面，上课时也在玩。后面坐着很多不良分子，天冷时，他们捣毁门窗，丢到唯一的火盆中焚烧，令脏乱的教室里烟雾迷漫。守矢后悔自己怎么进了这么野蛮的学校，而岩波却感到自由放任、无拘无束。他穿着鞋上讲台，大声喊叫也不在乎，就连把体育老师推到沟里这样粗野的行为，和诹访中学的清一色规矩相比也令他高兴。岩波后来也说，虽然在日本中学只是五年级一年，但他打破了地方的褊狭独善，感受到了自由的解放，感觉很好。此外，岩波将自己当初的不合格，归结为即使是在当时的京城里，日本中学的英语水平也尤其高，与地方的实科中学相差悬殊。在当时的日本中学，既有无赖野蛮的学生，也有相当优秀的学生，进入一高的升学率正如岩波所说，虽不是京城第一，但也是相当高的，以岩波的英语水平，入学难也是事实吧。

守矢在日记中这样写道，入学后的四月二十二日，和岩波、金井清（前诹访市长）一同参拜了松阴神社。但这并不能成为否认岩波进京第二天就参拜过的理由。岩波还带守矢来到上野公园的西乡铜像前，守矢后来忆述，"毫不介意众人是否在看，'小西乡'一定要向大西乡的铜像致最高敬礼。仅仅如此还好，他还命令我也照做。周围的人都在偷笑，真是不好意思，太为难了。岩波催促道，敬礼呀、敬礼呀，最后只好照做，对此我总是大伤脑筋。"而且，守矢还发牢骚说，"岩波对于自己所崇拜的人，不管别人是否崇拜，总要强迫别人。"这个有趣的事情也说明了岩波性格的一方面。

另外，还发生过这样的事：守矢和岩波一起住在长善馆时，夜深了，岩波却突然提出马上就远足去横滨，有七八个赞成的，就一起出发了。岩波走在前面，在黑暗中放开嗓门吟诗，同伴们也都应和着，乱成一团。马上就遭到巡逻人的斥责，并问他们一边走一边嚷什么，岩波回答说在吟诗，并说要远足去横滨，巡逻人听了，又训斥道，有深更半夜地去远足的吗。多方道歉，终于放过他们。可刚拐过第一个弯，岩波又活宝似的开始吟诗。天亮时，众人筋疲力尽，总算到了横滨。从这件事可以看出岩波是一个精力过剩的青年。其实，在高等学校时期，岩波、藤原和我三人也曾在半夜十二点离开东京，徒步去过市川的鸿之台，但那时也不至于像这次大喊大叫。他们到横滨后解散，并相约在码头集合。岩波、守矢还有另外一名同屋的人一起去了牛肉锅店。守矢担心钱包丢掉，就将钱包寄放在岩波那里。吃完饭后，岩波说要去朋友那里，让两人在公园等他。可左等右等也不见他回来，钱包还在岩波那儿，无奈打算步行回去。终于想起同乡的朋友，就从那儿借了三十钱，这才省去了通宵劳顿。之后，在开往芝浦的船站和同伴们会合，一起回到东京。此时，一直不见踪影、让人担心的岩波，却先回来了。守矢就追问道，你让人在公园等，自己去做什么了？岩波若无其事地说，我也找了，没找到你们，就乘火车回来了。岩波确实有不顾及他人、无动于衷的一面，但这也有些过于特别了。在守矢的日记中，还记载着和岩波一同去看高等学校的柔术比赛以及观赏上野全景的事等。

同样是上日本中学时发生的事。暑假回家后，岩波和亲戚井上、守矢三人在乘鞍山麓的白骨温泉住了四、五日。这次也是除去回去的旅费外，把所有的钱都放在岩波那儿了，还问他，这回不会发生像横滨时的事了吧，他回答说不会、不会。然后在途中，他们进了一家有位老爷子的饭馆吃午饭，岩波问有什么好吃的吗？回说有大麻哈鱼，岩波就说尽管拿来。结果吃饱后一结账，钱不够！老爷子怒气冲冲地说，没钱说什么大话。当时，岩波手里拿住一本很难的书，他一个劲儿地解释那书的好处，并说要把书留下，可老爷子不答应。于是，岩波拿出怀表，总算用它结了账。后来，又走了很远的路，肚子饿了又没钱，真是大伤脑筋。终于，进了一座寺庙，里面有位记得叫岛木赤彦的人——当时可能当过老师——向他借了钱，给那个饭馆汇去后，才把怀表还回来。

岩波充满生气，一旦想到什么，就不计后果也不和别人商量，立刻行动，这给同伴带来很大麻烦。尽管如此，正如守矢所说,"他孝敬父母,是值得我们信任的好前辈。"这可能正是岩波的品行所在吧。

据矢守的日记记载,岩波于一八九九年进京,住在本乡元町的长善馆,与守矢同住。同年九月搬到曲町富士见町,十一月搬到神田猿乐町,第二年、即一九〇〇年搬到神田南甲贺町,辗转迁移。上面宫坂春章说的曲町平河町的幽灵宅第,或许其实是富士见町,但这已不得而知。而在岩波的劝说下来到日本中学的宫坂春章、守矢真幸,在诹访实科中学改为五年制的诹访中学后,又回到原校。

岩波从日本中学毕业的时间是一九〇〇年三月。据同年四月的《日本中学学年考试优劣表》记载,岩波的成绩在百余人中位列第二十五名,可见成绩并不坏。

岩波的深情厚意是对所有人的,即使是对仅入学一年的日本中学亦如此。同级会的事务所就设在岩波书店内;岩波书店发行的书都要捐赠给学校;互通消息,如有同窗进京,就组织联谊会;欢送引退的校长等等,着实无微不至。

从日本中学毕业后,岩波的中学时代也随之结束。后来,他是这样回顾中学时代的:

> 追随师弟、与城山之露一同飘散的堂堂男儿南洲先生的心境,以及真实、至诚的化身松阴先生的高风,是我少年时代的目标。对他们的尊崇之心至今丝毫未改,只是如今愈加痛感自己的梦散、魂衰、钝根、凡骨以及学无止境。当年,曾因倾羡南洲翁,从故乡信浓只身前往鹿儿岛拜谒其墓;十六七岁时,又读苏峰的《吉田松阴》,昂然自诩为吉田松阴第二。现如今,唯有徒然怀念这野心勃勃的中学时代。

三 一高生活

一年级——舢板狂人时代

在岩波的一生中,进入第一高等学校意义深远。

如前所述,岩波于一九〇〇年三月从日本中学毕业。据岩波的备忘录《惝恍录》(一九〇三年夏)记载,母亲"于明治三十三年(一九〇〇)五月一日晚特意来京,她在寄宿地、神田骏河台含泪训诫我的种种事情,至今仍不敢忘"。谈话内容不详,但我想可能是母亲向岩波倾诉守寡的苦衷,并对他进行教诲。同年七月,岩波参加了一高的入学考试,但没有合格。而岩波也因为备考学习,身心疲惫,便和宫坂一起去箱根休养。箱根环翠楼的铃木英雄的弟弟(可能是弟弟)是岩波在日本中学的同级生。因此,当他们身无分文地徒步来到那里,通报说是令郎的同级生,身上没有钱,能否留宿时,主人就出来了,说是不巧儿子不在家,但请进来吧,便被让到了漂亮的房子和干净的浴室。宫坂深感不安,而岩波却一副完全不在乎的样子。宫坂先从浴室回到房间,吃惊地发现三个女佣正在整理他们的行李和衣物。但他们只住一夜就回去了,回去的车票钱可能也是从环翠楼借的。在来箱根的路上,二人在大几的海岸游泳时被大浪冲走,便大声呼救,但除了海浪声什么也听不见,猛地站起来才发现,水只没到大腿,二人庆幸自己的叫声没被听到,落荒而逃。岩波虽已身心疲惫,但仍免不了冒失莽撞。

后来,在伊藤长七位于信州小诸的住处度夏时,岩波曾去上田听内村鉴三的演讲。在那里,他第一次亲聆内村的教诲,深受感动。但身体的疲惫并没恢复,又感到神经衰弱,因此,于同年十月转到伊东,在那里住了三个月。他独自住在一流旅馆的单间,每月十日元五十钱,从早到晚吃鲜鱼,身体渐渐地硬朗起来。因为想在东京度过二十世纪的第一个元旦,就在岁末的三十一日回到东京,在本乡台町(?)的北辰馆迎接新年。与内村鉴三的交往,始于他在伊东期间。正巧在温泉旅馆山田屋,他再次聆听了内村的演讲,非常感动,便为徒步去热海的内村挑行李。到达热海后,内村请他吃牛肉,岩波感到过意不去,内村便说:"就算请来往行人帮忙也要……"岩波对内村不理解自己的心情,把自己当作往来行人对待的态度十分愤慨,就写信说从今往后不再以师相待。可看到内村诚恳的回信后,立刻解开心结,又出席了内村的星期日演讲。

那年七月,岩波再次参加入学考试,终于进入梦寐以求的一高。在诹访时低他一年的樋口长卫也和他一起入学。当时的一高,虽不如现在有众多的报名者,但在全国的高中里仍是最难跳的龙门。而且,当时几乎没有大学的入学考试,考入一高是当时青年学子的最大欢喜与自豪,岩波想必也非常得意吧。有意思的是,岩波除了让自己曾经的老师前田元敏作保证人外,还让他后来固执地排挤的同乡、小川平吉做副保证人。

还有记录显示,岩波在结束一高的入学考试后,于七月二十三日参加了长野佛教青年会的户隐山之行,并登上饭纲山。

借此机会,我想先提一下当时岩波入读的一高的校风问题。一高的学生大多抱有一高汇集了天下人才的自豪,加之学校为鼓励这种自豪感而为学生提供的宿舍生活,给予青年们集体切磋钻研的机会,从而形成了一种校风,这是不可否认的。这种校风大致的倾向是以皇室为中心的国家主义、爱国主义精神,即以富国强兵为理想,对抗欧美列强,相应地就形成了恃运动竞技的尚武精神傲世、排他自大的校风,这在至今仍为青年学生喜爱的宿舍歌《呜呼玉杯》中明显地体现出来。一高的各运动部,以宿舍为活动场所和组织,舢板、棒球、柔道、击剑等项目大致都可称霸天下。同时，其选手中有相当多能够突破困难的入学关卡的才子，也不乏品行超群的学生，他们都陶醉于才俊的强烈自豪中。正如日本在明治二十七八年（一八九四、一八九五）日清战争结束后，给军人戴上光荣的桂冠一样，一高以运动部为自豪，大多数一高学生都为运动部的胜利而喜悦，并颂扬运动员，一高的校风与当时日本朴素的爱国军国主义步调一致。第一个对一高的这种校风提出批评的，可能就是岩波在诹访中学时期、在京都的丰太阁庙前邂逅并结下终生之交的一高学生木山熊次郎。他在寄给《校友会杂志》的文章《猜疑的自治宿舍》（一九〇一年一月）中，感慨本应明朗率直的自治宿舍，却盛行着怀疑、猜忌之风。自此以后出现的疾呼自治宿舍危机、要求采取救治措施的文章，在一九〇二年以后受高山樗牛的影响；再往前追溯，则受内村鉴三、北村透谷等的影响；再往后又受清泽满之、近角常观、纲岛梁川等的影响，以一高文艺部为中心，潜心自我的个人主义倾向有所抬头，它和笼城主义校风的论者相对立，中间也有折中立场。在反对旧校风时，阿部次郎深入、有系统，鱼住影雄有热情、有宗教情怀，笔者也是其中一份子。其中，鱼住激越沉痛的名文《自杀论》（一九〇四年五月）明显受藤村操自杀的影响，文章明确地肯定自杀，热烈地赞美殉情。而他对校风的反抗与否定，到发表长标题论文《站在个人主义的立场上，阐释现今的校风问题，进而论及全体寄宿制度的废止》时（文章是在岩波离开一高的第二年、即一九〇五年十月发表的）达到极致。这引起了与以运动部为中心的校风拥护论者的正面冲突，废除文艺部和对鱼住实施铁拳制裁的主张在校内沸沸扬扬，但由于我们的反对，终归不致如此。当时，一高辩论部恰好站在仲裁的立场上，召开校风问题讨论会，阿部次郎、丸山鹤吉、前田多门等也从大学赶来参加讨论，但岩波那时已不在学校了。在此风潮中，岩波于一九〇一年入学，从一九〇二到一九〇四年夏在一高度过。

下面，我们言归正传。岩波进入在家乡时就一直憧憬的第一高等学校后，就勇往直前地投身到这种校风中去，立刻成为热烈的舢板部成员、精神抖擞的向陵（一高的别名。——译注）健儿。但是，入学一年半后，以他那强健的体魄和不屈不挠的精神，却放弃了狂热的、玩命的舢板部，倦怠学业，丢弃世俗的野心，一心希望生活在友情和自然中。这种倾向本来只萌生在日俄战争前的部分青年学生、特别是部分一高学生中，但一九〇三年五月二十二日，藤村操留下《巌头之感》一文跃入华严瀑布的事件，却强烈地刺激了这种倾向，岩波也是被卷入此种风潮旋涡中的一人。但他虽然对人生的意义抱有疑问，可性格上却少有怀疑、虚无、嘲讽的情结，对真善美的理想的憧憬、投入自然的怀抱、为爱和友情而生的愿望依旧强烈，同时它们也时常慰藉、鼓舞着岩波。

这种友情，尤其在一高时代给予他很多优秀的朋友。不料这些朋友对他日后的事业、特别是出版事业又给予了极大的帮助，为他的事业打下坚实的基础。当然，他不是为了利用价值而交友的，而是他与生俱有的美好品行，使他能以无私的心为这些人当中的真、善、美所倾倒，从而自然而然地获得友情。

如前所述，岩波的入学时间是明治三十四年（一九〇一）九月。由于当时实行全体寄宿制度，因此，他很快就进入了东宿舍十五号房间。同室十二人中，一直交往的有生于富农之家、后来从事无产阶级运动的新潟人玉井润次；担任三菱要职的乡古洁；进入名古屋的银行工作、后来死于战争的入谷铧之助；任职于宫内省、擅长书法的工藤壮平；在东大农学部主讲兽医学的岛村虎猪等；广部一是毕业于东大化学系的才子，为岩波所敬爱，可惜在留学欧洲结束后英年早逝。岩波属于年级中的一部甲，俗称英法文，以英语为第一外语，但因法语是初级，所以课时与英语基本相同。又分为一班、二班，岩波在二班，同班中有鸠山秀夫、阿部次郎、上野直昭、铃木宗奕（后来的宗忠）、林久男、渡边得男、白根竹介、工藤壮平、荻原藤吉（井泉水）等。一班中则有上述的乡古洁、入谷锌之助、石原谦等。

鸠山总是占头名，阿部考试的内容一点也不学，却总是第二名，着实是位才子。二班中也穿插文科，哲学志愿的学生一定被编入二班。一年级时，岩波很难决定学什么。据岩波说，初到东京时，曾经想学农科的林学。有段时间他曾认为，森林荒废则国家灭亡，要学林学，使青山常绿。正巧我本人在中学四、五年级时也有这个想法，所以感到很有趣。

往年曾称霸运动竞技界的一高，由于入学考试的困难及其他原因，当时已萌生衰微态势。岩波入学的第二年、我入学当年的一九〇二年秋，曾经天下无敌的棒球部首次败给新兴的庆应和早稻田。岩波首先沉迷的是舢板。他在开始入住的东宿舍十五号房，就得了舢板狂人的绰号。另外，工藤是习字狂人，入谷是柔道狂人，人称"三狂"。岩波又因为他的脸型等特点，还得了"狰狞"的绰号。

尽管岩波在中学时还不懂划艇，但在入学当年就进入舢板部。由于他的热忱与勤奋，当年年末就早早地成为一部（后来的文科）的选手，还和渡边得男、上野直昭、白根竹介、林久男等一起成为班级选手。岩波于一部选手中第三艇，由高岩波一年的文科生吉田圭为协调，五号是岩波、三号是白根、二号是林、中心人物一号是渡边。但一开始训练，由于岩波的进步明显，就将他和渡边对调，渡边对此并不拘泥，欣然同意，令整体漕力增强。第三艇的实力有超越第二艇之势，因此在隅田川上，第二艇经常忌避第三艇的挑战。那时,一高毕业的工科大学选手漆野佐一郎是位勇猛的战将,经常睥睨斥责隅田川的其他舢板选手。而岩波的风采容貌和顽强拼搏酷似此人,因此,又赢得了"漆野二世"、"新漆"、或"漆"的绰号。岩波自己也曾骄傲地和我讲述此事,我也记得漆野的长相,的确酷似岩波。一高舢板部规定,寒假(那年是从十二月二十四日到第二年一月三日)要到利根川远漕,这是在隅田川、中川、小利根、大利根上下七十里的远漕。在年末的远漕途中,他们住在佐原附近的大船津的旅馆,工科大学的选手也住在那里,人称这是"真漆"和"新漆"的见面仪式。还听说双方乱闯对方的房间,结果互相扭打起来。在流山附近横渡二里八町的运河,快到取手市上游的大利根时,岩波突然闭起眼睛划,问他为什么闭眼,他说这是第一次见到大利根,想等进入河中后再看个够,所以之前先闭眼感受,船上的人都大笑起来。在鬼怒川畔,岩波和吉田相扑比赛,结果被吉田拉倒,沾了一脸沙子。最后,在铫子的大新旅馆,岩波奇怪为什么向摆在玻璃帘上的鲤鱼刺身猛倒酱油,酱油却不留在上面。有关他们到达铫子时的情况,《校友会杂志》上登载了"如漆者大声欢呼,欣喜击桨"的报道。而且还写道:"十余日远漕中,终朝终日、不倦不息努力者实为面具、土佐小哥儿、漆,三人皆记功一等。"

那时,大家商议,要恢复与一桥高等商业学校(现在的一桥大学)的校际舢板竞赛,岩波自身也反对狩野校长的禁令。一高的名选手们暗地里在一部、二部(理工农科志愿)、三部(医科志愿)中选人时,岩波是有力人选。大家认为他虽然还不成熟,但只要加以指导就可成才。那时,后来成为公使最终自杀的佐分利贞男仍然是大学生,是一高舢板部的元老,一直在为和高商的对抗赛斡旋,因此,岩波和吉田还一起拜访过佐分利。但是,由于狩野亨吉校长的断然拒绝，对抗赛最终未能实现。

总而言之，进入一高的第一年，由于岩波全身心地投入到舢板中，因此，每天都过得很充实。周六日也总是在隅田川度过，每日每夜都在宿舍用划船练习台埋头苦练。从隅田归来的途中被狗咬，并往医院跑了一个多月可能也是这时候的事。在东宿舍十五号房间时，他每夜大声练习，也不管是否给别人添麻烦；还和吉田圭一起跑到高他一年的同乡、第一艇选手矢崎揔治的寝室，使用划船练习台练习，累得筋疲力尽也不肯停，那气势连充当教练的矢崎都受不了。但是，虽然付出了这样的努力，在一九〇二年春的各部竞赛中，岩波他们还是输了。在比赛回来的途中，他们几个第三艇选手顺便来到一家茶馆，商量说实在不好意思，不如剃和尚头谢罪吧，但付诸行动的只有岩波一人。矢崎曾感慨道，在吉田、岩波二人的鼓励下，在第二年、即一九〇三年春天的比赛中，一部的第一、第二、第三艇得以全胜。但那时，岩波已不是选手了。在一九〇二年春的舢板比赛前，岩波的母亲于四月五日写信给他，信中写道："听闻近日有舢板比赛，勿靠近危险场所，万事注意，留心勿出差错。待人亲切，切记勿做越分之事。考试将近，牢记用心学习，争取佳绩。"

岩波成为舢板选手是一九〇一年十二月，而在此之前的十月，足尾铜山的矿毒事件正舆论鼎沸。众议院内有田中正造，外有内村鉴三、木下尚江等人，他们猛烈攻击古河一方。为此，都内的学生进行了共同考察。当时，还是立教中学学生、年轻的前田多门在神田青年会馆的报告演讲等得到很高的评价。支持弱者的岩波无论如何要和他们一起去渡良濑川考察，就和渡边、林一起恳请吉田，周六日不参加舢板训练。吉田出于协调的责任，开始没有答应，但听他们说下周日会一大早就进行两倍以上的训练后，终于答应了。那时，报社记者攻击当地豪族的主人古泽某,说他对这个问题十分冷淡,竟说古河是无偿的等等,岩波还曾耐心地劝说过这个男子。从那时起,岩波开始对社会密切关注。但这些活动和现在的学生运动的政治性、政党性不同,是纯粹的人道主义。

第二年、即一九〇二年,日英同盟建立。在一高历年的自治宿舍纪念祭时,学生们都要制作饰物。同年三月一日是岩波第一个宿舍纪念祭,在他的首倡下,东宿舍十五号房被收拾得干干净净,只留下两条腿的大桌子,在上面贴上纸,制成一双木屐,再从天花板垂下两条腿,让它们穿上木屐,题为"蹂躏天下的自治木屐"。还用大字写下"天柱摧地网缺",挂在墙上,创意非常新奇。绳子和稻草是赶到三河岛收购、并用几台板车运回来的,气势庞大。总之,岩波这时的精力旺盛得令人担忧。而他实际的状态是靠在椅子上,一边摇晃身子一边读书,一日元五十钱买来的椅子很快就被晃垮了。那时,宿舍经常举行集会,和隔壁或对面房间一起,用不超过五钱的会费买来咸豌豆、烤红薯、糯米豆沙点心等开茶话会。岩波经常发起这样的集会,还受理参加其他寝室集会的申请。听说用功的学生对此有点儿厌烦。十五号房间前面的十六号房间是二部二年级,它的隔壁是一部二年级、法国法律学生的房间,后来成为内务大臣的已故潮惠之辅、还有已故村上恭一、芝硕文等人都住在这个房间。听说岩波曾邀室友到横滨近郊的杉田的梅林赏月夜梅花(可能是一九〇二年冬天二月)。回来的途中困了,就在生麦的洋人遇害事件的石碑边,盖上旁边的稻草就睡下了。感到冷了,便又继续赶路。还听说他为了听动物园里狮子的咆哮,夜里跑去不忍池畔;有时说半夜睡不着,便在月下的校园漫步。

但是,如此倾注热情的舢板选手,却在一年后放弃了。大家都说,如果他能坚持三年,可能就成为优秀选手了。还有件无聊的事：岩波一年级那年的五月十日，同班选手上野直昭作为棒球运动员，参加了一高和横滨的美国人业余俱乐部举行的棒球比赛，一高学生前去助威。结果，一高棒球部没送对手一分，获得了全胜。岩波和林久男为此极其兴奋，在回校的途中，二人从新桥到上野与铁路马车赛跑，并超过数十台马车，大声欢呼，精力之旺盛令人担忧。但就是这两个精力旺盛的人，却双双在第二年的五月份成为几乎要发疯的烦恼人。岩波在署名为铁云生的遗作《漫录》中有这样的记载：学期考试结束后的六月二十日，他与平日关系密切的上野、白根、渡边、林五人经青梅、冰川到日原。在日原住一晚后，游览钟乳洞、登御岳。住在五日市，游过高尾山后，结束了三天的旅行回来。游览钟乳洞等时他也是胡闹，整个旅途精力充沛得惊人。

同室的工藤说，岩波在一高固然不是头脑杰出的学生。他沉迷于舢板，不埋头学业，给同室用功的学生添了不少麻烦。而且对反对自己的人毫不客气地谩骂、讽刺。但他的本性笃厚、爽快，因此大家都喜欢他。只是一谈到母亲，他就像换了个人似的，变得很深沉。经常在寂静的夜晚想念母亲，并多次流着泪说："不能这样无所事事。"还经常给家乡的母亲写信。

二年级——烦闷时代的开始

可不管怎样，岩波顺利地通过了六月的升级考试，在九月份成为二年级学生。暑假里，岩波回到家乡。八月初，与矢崎一道出任诹访中学的舢板教练，诹访中学在这一年首次设立了舢板部。据说今井登志喜、小平权一等人在二位教练的指导下，完全成为一高派划法。这时，校长说，可不给你们酬劳哟，岩波还非常愤慨。然后，岩波去了房州岩井的桥场屋，每天在海里游泳、读书、午睡、静养。这可能是他第一次去桥场屋，后来，他就经常光顾那里了。

我是在一九〇二年九月入学的，岩波刚上二年级。我的房间离他很近，他那脸上带疤的狰狞容貌很抢眼。那时，他看起来对舢板还有热情。在新生入住宿舍之初，各运动部夜里提着灯笼来宿舍宣传——这既是显示运动部的威武，又是为发现新选手——我记得岩波也加入其中，执拗地劝我们加入舢板部。记得有一天，偶然发现他拄着粗粗的拐杖走在我前面，整个身体像孩子一样不匀称。没想到他竟是溜肩，肩上歪着不匀称的头，人们常形容这样的头为火山堆，晃着大屁股走着，非常可爱，感觉并不那么可怕。

一九〇二年秋、即岩波二年级新学期时，他和阿部次郎、渡边得男、工藤壮平、荻原藤吉（井泉水）等一起住在西宿舍六号房间。即使在那里，他仍旧在划船练习台上练到深夜。对此，荻原是这样描述的：

> 夜晚熄灯后，有人会点起蜡烛读书（所谓的蜡烛派）。我也是其中之一，但不是读教科书，而是写俳句。在烛影下，我桌子的左侧就是窗户，右侧隔着早已睡觉的人的椅子，蜡烛的灯影正好可以照到约一间（日本旧时的长度单位，约一点八二米。——译注）的空间。在这个空间的地面上，放着形状像小船一样的箱子。一个男子双脚踏在箱中，两手向前伸出，一边唉、唉地叫着，一边反复做着划船的动作。在淡淡的烛光下，那影子在走廊一侧窗户下面的墙板上摇曳。

同年秋天，在全宿舍晚餐会上，曾做过英国法讲师的推事平山铨太郎说，法律制裁对人心的改善无效，并要求停止宿舍的制裁。对此，岩波在上述《漫录》中抗议道，一高的铁拳制裁不是因为憎恨对方、而是因为爱对方。这显示了他身为校风发扬派的本色。

例年的空枪演习在十月举行，那年是去铫子，我也是第一次参加。桑木严翼、原胜郎当时是一高的教授，在演习前又取得了文学博士学位。二人穿着全套的一年志愿预备役少尉的军装，英姿飒爽地与我们同行。一高的这一活动也是为了在演习的同时观光。当时，山区出身的岩波站在犬吠崎的峭壁上，被太平洋的大浪所惊呆，不知不觉地把帽子掉了下去。第二天只好头缠白扎带跟随演习队伍，这一事迹也很有名。在《校友会杂志》上，还用六号铅字刊登了题为《岩波的帽子被岩波冲走》的报道。岩波当时在一高的名气是可想而知的。

荻原写道，每年秋天，在驹场的农科大学都会举行都内专门高等学校的田径比赛。学校包下从饭田町到新宿附近的火车，全校学生都去助威，岩波是声援队队长之一。当时，看到一高的选手（阿部彦郎、山内冬彦等）输给了学习院的选手（三岛弥彦），岩波像铜像一样一动不动地站在昏暗中。这也是一九〇二年秋天的事，我虽然是新生，也早早地跑去助威了。

岩波在其慷慨派、校风派时代的最后活动，是对本乡龙冈町的日本女子学校校长西泽之介及女子美术学校校长藤田文藏中伤一高学生的严重抗议。一高是三年制，由二年级学生在宿舍内组织中坚会，主要是在风纪问题上对新生进行规诫，岩波与同室的已故清原德次郎是西宿舍中坚会的委员。当时，女学生的"堕落问题"引起公众关注，在回答报社记者提问时，可能是为了替自己的立场辩护，西校长对读卖新闻（一九〇二年十月二十八日）说，大学及高校的学生给日本女子学校的学生送情书，这是导致女学生堕落的原因。第二天，女子美术学校的藤田校长对该报纸说,大学、高等学校中有很多堕落的学生。对此,西宿舍中坚会决定查出真相。二人迅速与校友会的文艺部委员野上俊夫、荒井恒雄一起——或者只有二人——拜访藤田和西校长。可西或拖延约定的时间,或谎称不在,如此行为多达十几次。对此,他们就在大清早前去拜访,坚持要求与二人见面。对于含糊其辞、徒劳辩解的西校长,二人最终使他同意在读卖新闻上刊发更正错误并道歉的文章,并在屡次督促之后,终于使西校长践约。而藤田面对"如果有这样的一高生就告诉我们"这样的进迫,终于将言责推给报社记者,说自己说的是没有堕落的学生。然后,在事件结束后的十二月份,西宿舍中坚会为消除寄宿学生的误解,向日本新闻寄送了告白书——据说文章是阿部写的——这就是事件的始末,岩波的愤慨与奔走是显而易见的。传说当校长借口不在时,岩波高声斥责,声音大得要震坏玻璃窗;还从窗户跳进去,强行要求会面。但一起前去的清原的记录应该是正确的,因此,就采纳了他的记录。

让人称舢板狂人的岩波离开舢板的,除了人生的烦闷、失恋的困扰,令父亲死后他那立身出世主义的理想为之崩塌以外,还因他发现,自中学时代就憧憬的、过于理想化的自治宿舍,和俗世没有什么区别,尊崇之情逐渐减弱。而且,热衷舢板部的结果,却使他不得不承认,在他所认定的明朗、纯粹的一高运动部,也有与社会相同的阴影,这使他对运动的幻想破灭。有记录显示,岩波于明治三十五年(一九〇二)十一月七日参加了第二十四届舢板比赛。而且,在岩波的遗稿《漫录》中,有一份《于三十五年秋季一部竞赛联谊晚会上的演讲》的草稿,因此,这可能就是七日晚上的演讲草稿。岩波下定自称为"一生一次"的决心,喝得烂醉如泥,然后哭着慨叹运动部的腐败,发表了倾诉平日满腔不平的演说。最后,他被扶上了舢板部的一部第一艇选手、同乡矢崎揔治的车，终于回到宿舍，穿着鞋睡着了。岩波的泣酒之名一时在全校闻名。于是，如前所述，在一九〇三年的春季各部舢板比赛中，岩波没有上场。可以说，岩波的校风发扬时代、舢板迷恋时代最终在一九〇二年结束了。

岩波从荻原井泉水所谓的"慷慨悲愤派"到"冥想怀疑派"、从"发扬校风主义"向"潜心个人主义"的转变，在一九〇三年五月、藤村投瀑自杀后格外明显。但其实早在一九〇二年九月、岩波升上二年级以后，在他对运动部感到幻灭的同时，对人生问题的关注已日渐高涨。二年级初期，如上所述，他对舢板还有余热，对校风的关心也很强烈，但他却因病——岩波说是因病，但不知何病——放弃了年末的期末考试，如岩波常说的那样，"携一卷《圣经》"，在房州度过寒假。那段时间，他的烦闷与日俱增。查其原因，我们不得不认为其主要原因是失恋了。岩波曾对我说过，自己爱恋的女子爱上了同级同乡的、现早已成为故人的Y，而且，是在回家的途中产生感情的。据说，岩波的恋爱对象是诹访的女性，也在东京上学。我第一次和岩波说话，是在一九〇三年九月、岩波留级和我成为同年级时。如果大胆想象的话，岩波的恋爱及失恋可能都是在一九〇二年夏天。

岩波在入读一高以前就尊敬内村鉴三，为内村所打动。他从自己敬畏的前辈木山熊次郎那里借来内村的过期杂志《圣经的研究》，倒着从第三十期读到第一期。因此，和佛教相比，他对基督教更感亲切。当时，近角常观在本乡森川町开办求道学堂，讲释亲鸾上人的信仰，网罗青年学子。岩波曾向近角倾吐自己的烦闷，近角深深地同情他，并将自著《信仰余滴》借给他。岩波虽然觉得这本书中少有能够打动自己的地方，但他听从近角的劝导，买来了托尔斯泰的著作《忏悔录》阅读。那时，在本乡三丁目的十字路口附近，有间名叫文明堂的书店，店里年轻漂亮的老板娘和加藤直士翻译的托尔斯泰关于信仰书籍的传单，至今还留在我的记忆里。据岩波自己的记录记载，明治三十五年（一九〇二）十月十日夜，他在一高的宿舍开始读此书，"熄灯后，借着烛光读书时的感动，仿佛这本书就是为自己写的。"当读到托尔斯泰的"没有信仰就没有生存"时欣喜若狂。他告白道："可以说，这是我思想上的一大转机。我懂得了，人生问题不应该用五十年解决，而应靠永远的信仰才能解决。我感到从这里找到了解决烦闷问题的头绪，感到自己从以往的黑暗世界来到一个光明闪耀的世界。"第二天早晨，大家惊讶地看到岩波的脸上闪耀着喜悦。但是，"尽管它给了我通向信仰的线索，我却并没获得信仰。此后的一段时间里，我放弃学业，只对自然感到眷恋，毫无目的地走来走去。那时，可能是因为沉迷于米勒的画，竟决定去南美放羊，还和前辈木山熊次郎照了离别照，并办理了去美国的手续。但当时由于移民问题，出国非常严格，我被叫到东京府政府，并被告知不批准，这一筹划才没能成功。携一卷《圣经》去房州也是这个时候；来到野尾湖上的孤岛，在昔日神官所住的主殿旁边的房间里，铺上凉席、自炊度过整个夏天，也是在这个时候。"

自那以后，岩波放弃学业长达两年之久。岩波在记录中写下的心境是真实的，但时间有些混淆，这点我们稍后再论。

在第二年、一九〇三年的第十三届纪念祭上，岩波的西宿舍六号房间还是利用大桌子，贴上黑纸，装饰成书的形状，并用金字写上"Holy Bible"黏在书脊上。窗外悬挂着用大字书写的大型传单，那是工藤壮平拿手的毛笔字，内容是《圣经》中的语句"负重担的人到我这里来"。这不知是否岩波的创意，恐怕是阿部的提议。

西宿舍六号房间有自己的寝室记录，大家都可在上面随便写,也可以此增强斗志。其中有荻原的《小豆汤评判记》等,还有不知是谁写的众生预言记,写岩波漫游欧洲,在耶稣墓前小便。还写岩波身为慷慨之士周游天下,在失意的生涯中,于下关邂逅同室的清原,相拥而泣。据工藤说,那时在隅田川和岩波熟识的藤村操,有时也来到六号房间,在窗下读这些记录。

关于藤村投华严瀑布事件带来的巨大冲击,岩波自己是这样写的:

> 那个时代,以忧国志士自居的书生,承继了"吾辈不出而如苍生何"的慷慨悲愤,又为"人生为何物"、"我从何处来、又向何处去"等问题而内省、烦恼。那个时代,男子以说立身出世、功名富贵为耻;为获得永恒的生命、坚守人生的本意而赴死不辞。而现实中,时年五月二十二日,同学(低一年)藤村操君留下《巖头之感》投身华严瀑布,结束了十八岁的年轻生命。

> 悠悠哉天壤,辽辽哉古今,欲以五尺微躯谋求偌大之物,赫雷修的哲学竟值何权威?万物之真相唯一言以蔽之,曰"不可解"。我怀此恨,烦闷终至决死。立于此巖头,心中并无些许不安,始知大悲与大乐一致矣。

> 犹如晴天霹雳,庄严的大字震撼了我的一世之魂。当时,我与阿部次郎、安倍能成、藤原正三三位可尊敬的朋友交往——(与安倍、藤原的接触是在此四个月以后)——常为人生问题烦恼,以致旁人担心我们会自杀。而藤原君却作为先驱者,投身华严结束生命,这是我们憧憬的目标。《巖头之感》至今不忘,当时读此文章,更曾几度哭泣。正是那时,朋友把我的住处称为悲鸣窟。虽知世上除死之外别无安居之处,但我没有自杀,是因为认真不足、勇气不足。

第二章 东都游学

我甚至还产生了厌世的念头，认为世人被授予自杀的特权便是"神即是爱"的证据。（遗作《野尾湖回忆》）

在那个时代，并不是人尽如此。但藤村的自杀给我们带来的冲击确实是巨大的。以未成熟之身，苦思冥想人生"是一切还是皆无"，最终走向自杀，这种倾向存在于我们身上确是事实。我入学时，与藤村、藤原是同级，藤原与藤村尤为亲密。红颜美少年的藤村死时年仅十八岁，而周岁仅十六岁零十个月，比岩波小五岁。当时及之后，低我一级的鱼住影雄在每一期《校友会杂志》中，都要痛切地论述人生、宗教问题，这在前面已经提及。鱼住与藤村相知，是最为藤村的死感动的人之一。

岩波受到藤村自杀的刺激，在东片町的寓所读《巖头之感》，与林、渡边一起恸哭。而给岩波打先锋的却是去年夏天从横滨回校的途中、与岩波一起和铁道马车赛跑的、同为信州人的林久男。林不上课，搬出宿舍，独自一人住在杂司谷的田里的一间房子里，闭门不出。在云雀鸣叫的晚春（一九〇三）、麦色浓郁的季节，白天也闭门苦闷。为了安慰林，同样悲伤的岩波和渡边得男一起去了林的住处，悲鸣窟指的好像就是这间房子。但林的样子又渐渐亢奋，以致到了要发疯或自杀的程度。这次轮到岩波非常担心，他和当时一高的教授桑木严翼、精神病博士吴秀三商量，并听从他们的劝告，把林交给可信赖的老师。在和当时长野高等女校校长、著名的教育者渡边敏商量后，岩波和渡边得男即刻赶往长野，祈求渡边敏进京。他进京后不费一句训喻或劝说，便把林带回信州。不久，林便恢复到平日的状态。说句题外话，林后来和渡边敏的女儿结婚了。

通过岩波的备忘录《惝恍录》可知，前一年、即一九〇二年末，岩波因病（不知何病）没有参加期末考试，携一卷《圣经》

前往房州，在房州过了十九日。第二年、一九〇三年六月的学年考试也中途放弃，为此留级。在岩波如此为人生问题烦恼时，能够使他感动的书便是博文馆出版的《北村透谷全集》。他说，我当时想，有和我的心情如此一样的家伙吗？但同为我们二人朋友的北岛葭江说，那时，看到岩波在读草村北星的《露子》等无聊的恋爱小说，还为此流泪，就笑话岩波的艺术眼光之低。这本小说我也读了，确实低级。岩波那难以忍住的泪水，很容易就被这种无聊的小说勾引出来。上野直昭在少年时听化学老师说，人吸入臭氧后，心绪会变得异常，信州臭氧多，所以疯子也多。他平时还以此嘲笑岩波他们，但看到信州人的林和岩波都开始烦闷后，反倒为他们担心起来。

前面之所以说岩波的记忆可能有出入，是因为岩波在藤村事件后，住在东片町。读《巌头之感》并恸哭的多半是在这里。后来，岩波搬到千駄木，这从伊藤长七寄到野尾湖的信中可知。信中写道：你自六月十日以后就没给母亲写过信，也不知道你已搬到千駄木，你母亲非常担心。关于悲鸣窟，在当时同年级的朋友中有各种各样的传说，但这里，采纳当时悲鸣同伴之一的渡边所言，将它定为林在杂司谷的寓所。

独居野尾湖

在靠近越后边界的信州的野尾湖中，有个小岛叫弁天岛（因其形状，也称琵琶岛）。时年暑假，从七月十三日到八月二十日，岩波独自一人在这个岛上生活了约四十天。而在此之前，如前所述，岩波已从宿舍搬出，又从东片町搬到千駄木。在岛上的住所，据岩波讲是在与主殿一体的右侧房间，是原天台宗僧人、名叫云井的神官住过的地方。这是由于他希望远离世人、家人，独自一人将苦闷的心投入自然的怀抱。岩波自己将此心境称为

第二章 东都游学

"不是简单地热爱自然,而是感到被自然同化,十分幸福"。(《教我诚实的母亲》)粮食是由一个他称为牧童的少年(石田才吉)偶尔运来的。如果有事,他就游到对岸——听说一八八九年之前还有桥——去村子里办。为此,他把浴衣寄存在岛对岸的、名叫风景馆的旅馆。夜里、在月光下,他游到对岸,登上小船,划着船在湖中四处转。然后,再把小船系在对岸游回来。朋友(可能是林)来时,有天夜里,二人游到对岸,惊动了牧童家,然后头上顶着芋头游回来。"风雨交加的夜晚,躺在神殿的木板间,凝神静气地听着大自然的愤怒。突然,防雨门的缝隙亮了一下,进来一个黑影。我吃惊地坐起来一看,竟是浑身湿透的母亲。她不顾一切地请求船夫开船,顶着暴风雨来了。"(同上)

可能是母亲担心岩波荒废学业、自杀,便亲自赶来。"一看到母亲,我便被母亲的爱所打动,被迫决定离开我深爱的小岛。……离开小岛时,我伏地号哭。"(同上)

我在一、二年后,从岩波那里听到这个小岛的事,非常羡慕,并在一九〇五年的整个八月(日俄战争结束前),一个人在岛上度过。听说村子里的人说,"这次住的书生没游泳出来"。

最近(一九五六年末),在库房里发现了岩波在岛上写的备忘录《惝恍录》(附记为一九〇三年夏、暑期)。读后,我对岩波当时的心境有了详细的了解。其中,也有与岩波的记忆不符、需要订正的地方。它是我们了解岩波其人的重要文献,更重要的是,岩波日后的性格、本质已在那时充分地体现出来了。在这个意义上,我相信通过该备忘录,既可以说明当时的岩波,也可以说明岩波的性格。

那么,关于岩波上岛的动机,第一是因为他放弃了学年考试,升级无望,没有颜面与被闲言碎语的近邻、亲戚包围的母亲见面;其次是因为失恋。通过他对我的讲述,失恋这一事实是显而易见的,但在他的备忘录中并未具体说明。不难推测,他离开朋友来到这里的主要原因,是失恋带来的对人生的绝望。在来到岛上的夜里,他告白道,"寂寞难耐,呼唤友名,朋友不来,徒增凄伦。恐怖之情和对死的恐惧向我袭来。渴求寂寥却呼唤友名,厌生又惧死,人真是矛盾的动物啊!最弱是人心。"(《惝恍录》)这可能确是他的真情流露。在岛上期间,与当初远离朋友的期待相反,他还和伊藤长七、上野直昭、樋口长卫、吉崎淳成(同室的一高学生)、林久男、阿部次郎等通信,他们的来信也抄录在该备忘录上。伊藤由于和岩波家的关系密切,故劝他体谅母亲的苦衷,早日修完学业走上社会,让母亲早日放心。阿部也劝他考入法科大学。他自问为何来到岛上,一言以蔽之,是因为要知"我",是为获得安慰,为远离眼目、自由哭泣。实际上,他在岛上确实昼夜痛哭。

首先,母亲上岛是在岩波上岛的第十天、即七月二十三日,他的文章容易让人误解为他为了母亲立刻离开小岛。而且,当时的情况也被他诗化,比如说,将早晨写为半夜。他离开小岛是一个月后,而母亲的到来则是早晨。由于母亲的到来,他决定继续一度要放弃的学校生活。据他所说,总之,决心继续读一高,同时摒弃一直诱惑他的自杀念头。在母亲看来,自己不顾周围人的反对与白眼,硬撑着忍受困难送岩波上学,如果中途夭折,就更无法忍受了,岩波十二分地理解母亲的这种心情。

他写道,母亲上岛的一九〇三年七月二十三日,与他的生日一八八一年八月二十七日、父亲的死一八九六年一月五日、东都游学一八九九年三月二十六日一样,是值得纪念的重要日子。自六月十日以后,岩波就没给母亲写信,母亲也不知道他的住所。岩波来到岛上之后,在伊藤的劝说下,才写信给母亲。而母亲是从回娘家的妹妹世志野那里得知他的住处,由于过分担心,便亲自找来了。母亲从早上九点多开始和岩波谈话,一直到下午两点半才离开。岩波把她送到柏原车站后回到岛上,写道:"是夜躺在床上,思前想后,想的不是母亲的深情厚爱,而是追忆我的罪孽深重,思绪纷乱,辗转不寐。情绪高潮之时断下决心:'我的理性提示我生是何等的无意义,我的感性告诉我死是何等的安慰,但是,只要我唯一的母亲尚存命于天地间,我就断不可、断不可自绝生命。'"(《惝恍录》)接着,他还写道:"即使知道万物之不可解,亦不可学藤村君,从如花之绝命中获得安慰;即使在摆脱人生忧苦的道路上失败,亦不能追随维特。啊!一旦下定决心,本应欢喜的我,却立刻陷入莫大的悲伤中。啊!泪流满面的一夜。这是得到了母爱的日子,是失去死之自由的日子,是在人生的荒野上不知走向何方的我,仅得一活路的日子,难忘的明治三十六年七月二十三日!"当夜,他将同样的心情,写在了给母亲的信中:

> 小生无论如何厌世,如何不信神佛,即使事业失败,失爱于天下,只要母亲大人尚在,只要妹世志野尚在,决不、决不寻死。……

母亲对岩波发自内心的爱、岩波对这种爱的感激,以及无法回报的痛苦、悔恨,贯穿岩波一生。在岩波从岛上寄给母亲的信中,他为自己的不学习、不健康、不节俭、事事让母亲烦恼而道歉。母亲在贫困生活之中,以守寡之身,忍受着小村里亲戚、近邻的冷眼,送他去东都求学,事实上,岩波辜负了母亲的这种厚意。他学业上不上进、不爱惜身体、不计后果地浪费是事实。他自己也慨然道:"我追求高处之理想,却忘记近处母亲的爱,我是不孝之子。"并反省道:"我遥望天上的星星,却不知脚下踏着的土地。"但必须承认,他的志向所在,终违背了母亲的意愿。他设问该依靠人、依靠神、还是依靠自然?并感叹道:"做神子吗,可又如何向母亲隐藏忧愁;做世人吗,可又不得不放弃信念;那么,做自然之子吗,奈何非母亲期待之所在。我不知该走向何方,呜呼!"

岩波没有详细讲述失恋的事情,但《惝恍录》处处都有零散的、传达失恋信息的内容。他说,"怀疑信仰,不相信宇宙的灵魂……我实在是厌世、厌生,失去所有的希望,然后终于,我厌自己。""失去爱的我,除宗教之外没有安心之所。而宗教果真能给我安慰吗?这还是个大大的疑问。"他还说,"我虽知生存之无意义却尚未死,唯因母亲的爱啊,让我无法赴死。而母亲的爱并非我所求,我既知母爱的珍贵,亦知除此之外,还有应亲近之爱,我愿为之奉献我一半生命的,正是此爱。"岩波又将妹妹加入其中,"悲哀啊!此两者之爱成为我的慰藉,更转化成我莫大的痛苦,我不能安于此两者之爱。"正如他所说,天下得一知己足矣,无论男女老幼。也可以认为,这间接体现了他对可爱的如花少女的眷恋之情。他还说,"男女相爱实是人间之至情,浊世之光明。"进而又说,"我不忍失去曾经所爱,他欺我而我不可欺他,他怨我而我不能怨他,他颐使我而我不能不追随他,纵然终不能得他的心,罪不在他,我只能恨我,只能独自哭泣。"他还写道:"为与她的灵魂合二为一,水火不辞,生命不惜,唯全力不懈求之。我虽如此追求她,却不敢视她为神,她的缺点我认之。纵不知如何撼动这灵妙之力,我的灵魂将不懈地追求她的灵魂。若终无法得到她,我将速绝此无望之生命而无憾。反之,如若最终得到她的心,纵然她的肉体即刻消亡,我的心灵也不会饥渴,因她的灵魂不会与她共死。我纵然孤独一生,亦会因她灵魂的慰藉而欢喜地、洁净地、真诚地度过此生。此乃余之恋爱观也。"

第二章　东都游学

这是粗糙的、柏拉图式的恋爱告白。在岩波抒发理想之爱的深处，或许存在着抛弃他，不，冷淡他的异性的身影。我听说，这个女性是位快活的、世俗的女人。

而且，他还写道："余今之心底密事，之所以欲言又止，并非因余心胆怯。想起过去之罪，终不能对人隐瞒。"这似乎是有关情事的讲述，但真实情况无法确认。结果，他对她的恋爱或者说是失恋，并未具体讲述、表达，只是抽象地、理想地加以描述。但是，他哭呀、哭呀、不停地哭确是事实。让我们对岩波失恋的诠释到此为止吧。

岩波要知"我"，甚至写道："应知者我，应求者信仰。"岩波按照自己的方式，十分认真地探求自己，从这里可以看到这种印迹。自己徒然慨世，却忘记责问自己；追求理想却忘记现实；尽解人生意义之后选择职业之人，竟一生无为而终。停止这些无用的思索，首先，应清扫书斋，若双亲尚在就伺奉双亲，若有妻子就爱妻子；停止思考宇宙的本意，其次应尽当下的应尽之责，人生的价值不是授予的，而是自己创造的等等。他在尝试严肃地自我反省的同时，对自己的性格也作了种种思考：要做神子，却慨叹没有信仰；要做世人，却不允许有自己的理想；虽愿成为自然之子，亲自耕种于富士山麓的土地上，得一爱人，享受和睦的家庭生活，但又茫然道，"我有不稳的精神和狂野的根性，内心潜藏着同情精神和忧国至情。此种境况之于如今烦闷的我，无疑可给予安慰，但我能停止一切社会活动，终生避世生活吗？此乃极大的疑问。"

前面曾经写过，他于去年十月读了托尔斯泰的作品，看到"没有信仰就没有生存"的语句，感受到巨大的光明。此后，他为从基督教中获得信仰，辗转各处教会听教。但不久，他认为无论是牧师的说教还是祈祷，都无法从中获得真正的信仰，便远离教会，直接接触《圣经》。在他自己的记录中显示：当年（一九〇二）年末起，他与《圣经》日渐亲密。岛上生活期间，他不停地寻求信仰，有时还喊道"信仰是爱"。但作为自己生存根据的信仰的匮乏，是他反复痛苦的根源，并几次险些给他带来绝望。他虽怀疑道德，但他怀疑的是俗世的道德，而并不否定道德本身，这源于他原本的合乎道德的性格。就这样，他在反复失望之间，不停地寻求信仰，他下面的话非常痛切地表现了这一点：

> 余虽知信仰之必要，却仍无信仰。若不信复活，则不能信仰基督救世主；如不钻研佛教，则不知解脱为何物。然而，我有我的神，我的神是真理？是拥有人格？是万物本身？我不得而知。我只想说，我的神赐予我渴望自由、正义、博爱、纯洁之信念。我的神在我心中？还是在心之外？其又为何物？我分毫不知。我唯知此物之存在，亦可欣然为此物而就死，此乃余之神也。

以至于他还写道："余知社会之冷酷、人生之悲惨。我乃避世、厌人之厌世者。余不知何故应为此残酷之社会尽义务，亦不知何故有救悲惨人生之责任，然余不能视社会趋势之卑污而旁观，亦不能任人生之堕落而自若。啊！此为何故！宇宙有灵妙之力，却不能支配我。"岩波对道义的宗教——基督教有同感，亦知其所以。而事实上，他一直未受佛教的感化，没有佛教的知识，也没研究过。而且，他视基督教为适合自己性情的宗教，并列举以下自己最喜好的六点：

一、积极、进步、有活力
二、《圣经》中道德的崇高、热烈
三、正义观念尤其敏锐

四、与佛教的超然脱世不同,与世抗争、救世

五、作为宗教的纯粹(即哲学性道理少,直入人心)

六、不使世人失望,给世人以希望

他的这些见地并未超出世人肯定基督教的一般见解,但足以显示他当时所达到的水平。他不相信基督复活和救世主,但他视基督为人类存在以来最伟大的所在,视为人类牺牲、流淌在十字架上的血是世上最宝贵之物,由此也可以说,岩波信仰基督的十字架。为此,他呐喊道:"我从此圣者学到为爱牺牲的宝贵。'杀身成仁'自幼便是我的理想所在,不,是我本来的性情。"他那粗糙的历史观即视历史为正义与权势的斗争,也与基督教的历史观、世界观相通。

看到他在野尾湖四十多天的多泪、多情、多恨的痕迹,更不得不承认他求生的意志与体力的坚强。岩波说自己终生未获得一定的信仰,但他凭借自己的性格、信念与本能,不断地肯定生命,并积极地生活。比起思考,他更多地靠直觉行动,按照自己的信念,积极地从事社会性活动。我们必须意识到岛上这段生活的重要性,是成就他这种本色的一个时期、一个契机。

岩波在他的《离岛之辞》中写道:"啊!纵使世上看不到光明,纵使不知生的意义,我不得不暂时成为母爱的俘虏,继续痛苦地生存。不得不上学,无望地努力学习,不得不再次踏入痛苦的向陵之地。"他又怀疑道:"芙蓉湖上月余的闲散生活,使我知道爱、信仰、希望的宝贵,我想唯得到此三者,始知人生真趣。而陷入绝望深渊的我,是否还有追求此三者之气力?"而且,他还感叹道:"啊!不知何时才得光明永驻?泪谷之外,今世可有他所?"进而,在十月后写的《秋风录》中,他告白道:"目下所求非解决人生问题,亦非探求人生真义,唯欲使我得以慰藉,使感情治愈。"由此我们足可窥见,岩波并未完全失去希望,只是

光明和安心还未降临。

我一直忙于剖析岩波的心境，其实，从岛上还可以望见黑姬、饭纲、妙高三峰。特别是妙高峰，身姿峻秀、云烟奇妙。岛上老杉茂盛，岩波每日远眺高山、烟云，近聆鸟鸣，夜里静听鱼跃之声。从岩波的房间到岛上码头的神社牌坊仅两三町远，但他完全沉浸于自然之中，在中间往返两次便日落了。据说，即便听到同乡前辈矢泽米三郎来到岛上，他也避而不见。

野尾湖幽居还有后续。岩波离开野尾后，正好是八月下旬，一高同往年一样要进行最后的远泳。就在远泳前一天，岩波来到位于房州北条的一高游泳部，说明天的远泳一定要让我游。那时，曾在水泽的纬度观测所工作的桥原昌矣、像黑金刚一样的田径运动员阿部彦郎——上大学后，他从一高时的文学部转到法律部。那时，他寻欢作乐，竟和吉原的拉皮条茶馆的姑娘结婚，后来成为律师——舢板朋友吉田圭、白根竹介等人异口同声地反对道："岩波，很难啊，明天清晨开始游的冲之岛、鹰之岛三里（快的要游四个半小时，最慢的要游七、八个小时）是整个夏天的最后冲刺，腿没劲儿的人根本不行，你到底能行吗？"岩波并不屈服，说无论如何都要游。结果，他玩命地游完整个远泳，一跃成为最高级的一级，那是一九〇三年八月二十三日。他对游泳部的神传流、水府流游法一概不知，完全是村舍的"胡乱流"。腿的动作既不是剪式打腿，不像蛙腿开叉，毫无章法。尽管如此，他硬是凭借体力和气力坚持到了最后。当时，参加远泳的七十人中，全游下来的只有四十人。

在岛上幽居的四十日里，除了哭泣，他还经常游到对岸，找一条船再来回划，这些行动非比寻常。一九〇五年夏的七月份，上野和岩波一起来到野尾湖时，曾听岩波说，"白天游时，身体漂浮状态不好，感到有点儿恐惧。"他对岩波的举止感到吃惊，说岩波"可能在烦闷之余，身心得到了锻炼"。这就是岩波后来跑到房州的原委，愈发让人瞠目结舌。这可能都应归结于岩波天生旺盛、顽强的生命欲和生命力。岩波经常对我说："一想到死，我就感到厌烦。"岩波在《惝恍录》中，讲述了这样的回忆：可能是在高等小学时代，担心睡着的时候死会降临，便不睡觉以避死。死的恐怖、生的欲望、杀身成仁的愿望，三者交织在岩波心中，相互对抗，相互矛盾。

从北条回来的途中，岩波和吉田圭走在外房的海边，要去大原探望吉田的同级土屋幸正。刚完成远泳、还有些气喘的岩波，一看到水便又要游泳，吉田制止说不能在不了解的海上随便游，可岩波根本不听，终于在小凑诞生寺旁边风平浪静的妙之浦游起来。可岩波没有意识到，有一股海流正向岸外涌去，自己正不知不觉地被冲离岸边。在吉田的提醒下，才总算横穿海流，保住性命，游上岸来。岩波在家乡自家屋后的小河宫川游泳时，就不十分擅长。后来，进京的第二年夏天，在大几游泳时也没成功，这在前面已经记述了。很久以后，已经开书店的岩波为拜访作者高桥诚一郎，去了他的住所大几，又提出要一起游泳。据说，在擅长游泳的高桥眼中，岩波游泳的技术实在太差，但高桥看到岩波那总要凌于波涛之上的样子，不禁钦佩地想：他的处世之术应该也是这样吧。

从房州回来时，他在东京参拜了浅草观音，然后和吉田二人钻进路边小店，包括关东煮店、天妇罗店、丸子店，打算左一个右一个地全部吃光。终于，在吃到第七、八家时吃饱了，二人你看我、我看你，哈哈大笑起来，那光景实在可怕。顺便说一下，岩波饭量大，住宿舍时，吃遍了梅月、青木堂、淀见轩、门前的荞麦面馆等。之前，宫坂、守矢经常被岩波领着去汤岛的梅月（糕点店）、江知胜（牛肉店）等。宫坂说，岩波曾在梅月吃光了一木箱栗子点心。那种木箱不是很大，也就像砚台盒大小，但他有足够的资格当"向冈吃将"，确是事实。直到晚年，岩波的饭量都很大，而且，还随着年龄的增长，向请人吃的方向扩大、发展。

两度落第与一高生活的结束

岩波于一九〇三年九月从房州回京。不久，就避开宿舍的喧嚣，来到当时还是闲静乡村的田端，在旭馆寄宿。那时，学校虽实行全体寄宿制，但也有相当多的学生拿着医务室开具的、神经衰弱的诊断书在外寄宿。这样，田端便成为离开宿舍、寻求孤独者的巢穴，阿部次郎、鱼住影雄、藤原正等都在那里住过。

九月九日，岩波还作为游泳部成员在隅田川游泳，又列席上野公园的大型联谊会，并作为远泳参加者之一受奖。尽管岩波由于母亲的热切期望，决心继续在一高学习，但心中的不安并未平息，仍无法安心学习学校的课程。

我和岩波第一次说话是一九〇三年九月、岩波留级到我所在的班级。他在教室中昂然站立的身姿，仿佛仍在眼前。之后，我俩不知不觉地开始交谈，关系逐渐亲密。也是由于藤村的缘故，在整个年级中，岩波和藤原正及我的关系尤为密切。另外，山田又吉是后来的，但关系也很好。岩波与中勘助的结交也是由于我和山田等的关系。而和岩波一同留级的还有荻原井泉水等。

时年秋，岩波怀念藤村，带着同乡好友宫坂春章来到日光的华严瀑布。他一会儿从瀑底向上看，一会儿又从瀑口向下看，不肯离去。还对宫坂说，死在瀑布也在所不惜，……只是想到家乡的母亲，便无法赴死。他还在五郎兵卫茶馆涂鸦，写的是德语教授岩元祯教的、据说是席勒的话"大地愈加美丽，为人亦是欢喜"。这是岩波喜爱的诗句，在寄给我们的明信片的边缘等处，他经常写这句话，这也说明他从自然中发现了安慰的心境。

第二章　东都游学

一九〇三年九月至翌年六月，我没怎么上课，岩波也几乎不去上课，可能也没有好好地参加考试，这些都没有确切的记忆。我不记得有缺席考试，但在六月的学年考试中落第了，岩波的第二次落第和我在同一时期。除一九〇三年秋游览日光外，没有关于岩波的记录，我也没有记忆。虽然按照惯例，连续两次落第便要被开除，但据我们的老师岩元祯说，由于岩波连学习的意愿都没有，因此被排除在特例之外。岩波感到对不起母亲，又不愿再上学，他写道："这时，可能由于沉迷于米勒的画，想去南美放羊，还和前辈木山雄次郎君拍了离别照。"这在前面已经引用过。岩波可能也和木山拍过离别照，事实上，我们、即阿部次郎、藤原正、北岛葭江、已故椎名纯一郎也和岩波一起拍了离别照。而且，阿部次郎还保留着这张照片，照片背面写的正是明治三十七年（一九〇四）初夏。岩波很喜爱当时在美术学校的同乡友人、宫坂春章送给他的《米勒画集》，例如《晚钟》、《拾穗者》、《播种者》等——那时，这些画作的照片版逐渐进口了——特别将表情悲痛的米勒自画像视为珍宝。去美国、在南美做牧羊人等的空想可能以前便有，但去美国的动机确是由于两度落第，无路可走。"携一卷《圣经》去房州也是这个时候；来到野尾湖上的孤岛，……自炊度过整个夏天也是在这个时候。"这是岩波的记忆错误。根据当时岩波的记录，去房州是一九〇二年年末，去野尾湖是一九〇三年七月至八月。感于母亲来岛，决心继续学业，据岩波的备忘录记载，也是一高学生生活时期，而对去美国以及又放弃之事只字未提。决心进入大学专科是一年后的一九〇四年夏天以后的事，在此之前，首先是决定去美国。这些记忆随着时间的流逝而混淆，先后发生的事有的变为同时发生。但有一点很有趣，也可以说很奇怪，那就是岩波以落第为耻，连夫人也没有告诉过，夫人也是偶然听到我们的谈话才知道的。我原本认为，在落第之初感到羞愧可能是人之常情，但那两次落第，却成为日后形成岩波的性格和生活的重要因素。时到今日，这应该是既不致蒙耻，也不必夸耀的事实，于是我便提起此事并嘲笑岩波，结果他立即反击道："你把落第当招牌了。"岩波店里的伙计和他谈及此事时，某个店员问他："结果您两次落第啊？"岩波说："可能是吧，安倍总坚持说是两次，一次应该是不会错的。"看到这些，我想，岩波不可能忘记这件对自己来说打击极大的事，总感觉有些滑稽。但如果他真的忘记了，那就不得不把他作为一个"愚不可及"的大人物来尊敬了。

岩波曾认为"一技傍身，以绝世交"的生活稳定，就决定进音乐学校。结果，被阿部次郎等人阻止，不记得这是第一次还是第二次落第时的事了。

就这样，一九〇四年六月，岩波的一高生活结束了。但岩波和他在一高时结下的友情却愈加深厚。当时的校长狩野亨吉好像还不到四十岁，着实是个坚定的人。由于他不允许一高和高商的舢板比赛，岩波开始时对此反抗，并抗议说校长万事消极、不积极，但不知不觉地就被降服了。后来，岩波一直亲聆狩野教诲，并在狩野晚年给予了极大的关怀。岩波终生留恋一高的生活，对于自治宿舍、对于他度过一二年级的东西旧宿舍，他这样写道：

难忘啊，屹立于向丘的东西旧自治宿舍。它不如现今的新宿舍清洁、正规、明朗，但我从心底喜欢旧宿舍。它如城郭般坚实，结构粗犷，它那高大、陡峭、直冲天际的身姿是那么尖锐、雄大、庄严，使仰视者感到一种迫力、威力、魅力。散步时，从上野隔着不忍池，看暮色下耸立的旧宿舍，是无比的庄严肃穆，亮灯时景象尤为壮观。它虽然阴郁、不清洁，但比起新宿舍，我的兴趣使我毫无疑问地选择旧宿舍。想来，从新宿舍可能会诞生干练的事务主义者，但按照德国幽深的森林产生伟大的哲人这一推理，身负国难而奋起的卓越人物会从旧宿舍而不是新宿舍诞生。我就是这样看旧宿舍的。

而且，他还怀念那天晴的日子，登上三楼远眺富士山，以及"明月夜，自三楼宿舍下雨（小便）的快感"。

三 专科入学、结婚及母亲的死

专科入学与结婚

岩波听从母亲的劝诫，而且旅行签证又没签下来，故放弃了去美国的念头，决心进入东京帝国大学文学部哲学科的专科学习。后来，当店员问岩波为什么读专科时，他说他对文学学士的头衔等没有特别的执着，无论是本科还是专科，实质上都是一样的。而且，读本科就必须参加高等学校的考试。这都是真的，为进入本科就必须参加高等学校所有学科的考试，这并不是一件容易的事情。毫无置疑，这对于当时的岩波来说，是无论如何无法做到的。我记得，那时他可能正住在小石川水道端的、有很多树荫的寺院里。

我曾去这座寺院找过岩波一两次，那是同县的儿玉八代（Yayo）介绍的。我想八代当时已经超过三十岁了，但身材小巧，看起来很年轻。她独身、是基督徒，又是植村正久的信徒。后来，她和幸田露伴结婚时，就是在富士见町教会由植村主持的，我由于岩波的缘故，也被邀请参加仪式。八代在岩波烦闷时给予他同情，对他很好，可当后来岩波有了恋人并生活得很幸福时，就突然对他冷淡起来，这是岩波对我说的。

　　岩波从这以后到第二年的情况，我也忘记了，又缺少记录。一九〇四年秋，他从寺院搬到第六天町一户普通人家寄宿，我也去过一两次。可能是在那时候，岩波和在某女医学校上学的来自伊予的种坂章江（后更名为绫井）相识，并介绍我认识。从那时到第二年，我记得他可能就住在那里，但已记不清楚了。岩波是个爱搬家的人，就连他母亲在写给他的信中都说，没有人像你那样熟悉租房子了。据章江说，岩波那时带妹妹去了房州和伊东。我只见过岩波的妹妹世志野一次，可能就是在那时。世志野患有严重的神经衰弱，房州桥场屋的女主人忍足堰（Seki）后来曾敬佩地对我说，当时的岩波对病妹的态度是完全顺从，没有任何违背。确实，岩波这种贯彻始终的样子是他人无法企及的。

　　总而言之，岩波在夏天回到家乡，然后又进京，并在上午和下午分别去小石川的德意志协会学校和神田的正则英语学校上课。当时，德意志协会学校有大村仁太郎、山口小太郎、谷口秀太郎三位教授，三位"太郎"的德语语法书为社会广泛使用。其中一人讲《查拉图斯特拉》，说当时大力倡导尼采本能主义的登张竹风根本就没有好好地读这本书，岩波听了，对三位"太郎"充满敬意。岩波还经常和我讲起正则的斋藤秀三郎的事儿。岩波可能在进入一高前，就已经上过他的课，但和我讲的应该是这时的经历。岩波说，上课铃声一响，斋藤便以惊人的速度跑上楼梯，脚步声很大。一进教室，便拿起粉笔在黑板上写字。中途，好像想到什么事，突然撕下笔记本，用铅笔作记录，然后塞进口袋里。上课时，没有一分钟的空闲，但铃声一响，不管是讲到一半还是什么地方，他都会立刻离开教室，跑下楼梯。此等举动有些酷似岩波，岩波可能在感到和斋藤有所共鸣的同时，也被斋藤的态度所激励。后来,岩波书店出版了斋藤的遗著《英和中辞典》,可能在很大程度上是基于对斋藤的感激。

岩波到后来成为他夫人的赤石吉(Yoshi)家寄宿,据说是在一九〇五年七月。而那年七月上旬,上野、白根、石原(谦)在大屋与从家乡赶来的岩波会合,在野尾湖畔住了一宿。然后来到饭山,探望了在那里的中学任职的林久男,并一起来到涩温泉。在长野和林分别后,上野、石原、白根翻过盐尾山口,来到诹访湖,住在岩波家里。结束了十余日的旅行后,三人返回东京。由此我推测,岩波寻找寄宿是为此后认真准备专科入学。岩波于时年九月入学。很难判断,岩波是以前就在德意志协会学校和正则英语学校学习,还是只参加了夏季讲习。他从一九〇四到〇五年都做了什么,我既没有记忆也没有记录。但从岩波将朋友带回家这件事看,岩波和母亲的心情当时可能都稍稍稳定了。

然而从当时寄宿的牛込出发,每天上、下午跑两所学校确实不便,所以,岩波便在神田附近找房子。正巧在北神保町十六番地,找到了打出租房告示牌的赤石家,便决定在那里寄宿。这一决定将岩波带入了和恋人结婚的命运中,和高等学校时代的失恋、郁闷、仿徨相反,专科时代成为岩波订婚及建立新家庭的幸福时代。

赤石吉生于北海道石狩町,父三次郎、母利差(Risa),都来自靠近青森县的旧南部领地。父亲在一处渔场工作,是赤石与一的手下。他被与一所器重,并从南部娶妻,以赤石为姓组建了新家。吉被与一家收养了做孙女,在与一家还有一位终身未嫁的养母良久。与一家以经营旅馆为业,但吉讨厌在客人面前伺候、戏谑,就离家来到东京。与一的遗孀、吉的祖母堰(Seki)非常担心,便追到东京,在北神保町买下房子,和吉住在一起。吉在现在的共立学园前身——共立女子职业学校上学。家里有三间屋子，二楼的一间空着，刚打出租房的告示牌，岩波就出现了。那是明治三十八年（一九〇五）九月，日俄战争达成和解，对此不满的人还引发了日比谷打烧事件。

关于岩波搬来后的情况，就按照吉的讲述来描写。

吉曾告白道，某日，刚从学校回来，就听到二楼传来非常爽朗的男子声音。她感到这声音有说不出的美，很有魅力，自那以后，就再也没有忘记。吉还从声音想象，其人该是何等的美男子啊。可见面后才吃惊地发现，岩波和想象正好相反，长着一张可怕的脸。

在吉见到岩波之前，祖母就对她讲了各种各样关于岩波的事情，并感叹说，一见岩波就觉得很满意，真是一个好人、出色的人，所以二话不说便将二楼租给了他。渐渐地，吉也和祖母有了同感。我不觉得岩波有那么美的声音，但自从吉听到楼上岩波的声音起，二人的缘分就已经结下了。

那时，吉除了打扫之外，就没有进过岩波的房间。岩波每天早上一起床，就朗读《圣经》摘录集《每日的力量》，桌子上也总放着那本书。他穿的和服裙裤破烂不堪，就像被墨水沾污了的裙带菜一样。虽然样子不好看，也很邋遢，但吉仍然认为他是一个非常出色的人，心地善良、诚实。老派的祖母也像口头禅一样，一遍一遍地说岩波是个出色、不简单的人，将来一定能成为了不起的大人物。岩波不分男女还是老人，都亲切对待，吉对此非常感动。我有时也去岩波的寄宿处，从现在的岩波书店销售部所在的神保町十字路口，向高架水渠方向走不远，再向左拐便是。邻居们对岩波的印象很好，说岩波一走进小巷，就知道是他回来了，他就像燃烧的烛火被风扇动一样，发出啪啪的声音，大摇大摆地走来。吉也说，一听就知道是岩波。岩波摇摆着屁股，很有气势地晃着左右肩膀，从狭窄的小巷中走来，那样子用烛火来形容,其实是被美化了。即使是邻人的言辞,如果说有谁会为这脚步声而心跳,那就自不待言了。据说那时,除上述两所学校外,岩波还要在每个星期日出席内村鉴三的《圣经》讲座。可能就在这时,我在岩波的介绍下,也去听了一段时间内村的讲座,但年代不确切。时值夏季,角筈的橡树林也绿了,小山内薰在浴衣外穿着和服裙裤,戴着角帽,志贺直哉和黑木大将的儿子、已故的三次也一起来听讲座。

就这样,在岩波租下赤石家的房子后,岩波的母亲从信州赶来,住了一晚就回去了。岩波偏离了母亲的立身处世的理想,是母亲不停操劳的根源,所以,当母亲听岩波说起吉,便来看看吉本人和她的家人。我想,在母亲来看,要是对方人好,也有意让已到结婚年龄的岩波稳定下来,而吉基本上也被母亲看中。但这只不过是我的想象,并没向岩波证实过。

一九〇五年九月,岩波通过考试,进入东大文学系的专科。入学后,据同乡宫坂春章说,宫坂那时在上野的美术学校学习,有时,岩波会找他在晚上陪自己,到大学内僻静的地方去。他看到岩波眺望着黑暗的天空,好像在思考人生的问题,并自言自语,就想岩波是不是精神异常。那时,岩波可能仍在为恋爱的事犹豫吧。年末,岩波回到家乡。他在给工藤的信中写道:一家和乐,迎接新年。由此可见,母亲也为岩波入学而暂时放心。一九〇六年春,岩波入学半年后的一天,他问吉去不去浮间原摘樱草。渡过荒川的河口便是户田,户田原这个名称至今还在,但不知道户田原和浮间原是同一个地方,还是后者是前者的一部分。在交通不便、缺少游玩之地的年代,此处为东京人所熟悉的踏春地。吉说要和祖母商量,便问祖母:"岩波君问我要不要一起去浮间原摘樱草,我可以去吗?"祖母马上回答:"可以呀,只要是和岩波君,去哪儿都行呀。"祖母的这番回答,吉后来一直清晰记得,念念不忘。祖母尊信岩波,认为他像神一样完美。

二人来到浮间原游玩后,在空地上吃便当。这时,岩波非常害羞,难为情地问:"赤石小姐,有点难以开口……你不会去别人家吧?"吉回答说自己是赤石家的养女,不会再去别人家了。岩波便问:"那我把家让给妹妹,做你们家的女婿可以吗?……怎么样?"由于事发突然,吉的心扑通扑通地乱跳,回答道:"不管怎么说,必须和祖母商量。"岩波又追问:"那你的意思呢?"吉说:"我可以。"岩波:"那作为表示,握握手吧。"乡村出身的女孩吉,即使在荒野上也担心会被人看见,忐忑不安,无论如何也不肯握手,最后坚决地说:"那种事绝对不行。"岩波确认道:"那总而言之,你愿意做我的妻子吧?"吉回答说:"嗯。"岩波的求婚就此成功。吉说,后来两人去浦和还是什么地方喝茶时,自己都像做了什么坏事似的,激动得手抖个不停。

岩波也非常高兴地将求婚成功一事告诉了我。但四五天后又说:"那件事不行了。"过了一两天,岩波又更正说:"我误解了,赤石小姐已哭着和我解释了。"原来是岩波看见吉和年轻男子亲密地谈话,嫉妒了。

就这样,二人欢天喜地地订婚了。那时,尽管养祖母在九段的邮局有七百日元的存款,但她不想动这笔钱,就命令吉让养母寄钱。吉为此忧虑,便一直用打工的钱上学。岩波觉得吉还有一年就毕业了,决定和母亲商量帮助她。二人商量后,为节约费用,决定让祖母回家乡,吉则暂时住在前辈伊藤长七家,养祖母便卖了房子安心回去了。但是,吉实际上没有住在伊藤那里,而是住在岩波母亲的哥哥、在神田佐久间町做薪炭生意的井上善次郎家。吉从那里上了一年的学,然后从职业学校毕业。

我也去过一次佐久间町的家。那是因为我要给一直关照我的那家人的女儿买些什么,就花三十日元买下岩波原来为吉买的风琴。当然,也是因为二人当时需要钱。

岩波在北神保町的家解散前、即一九〇六年春的三、四月份,搬到上野樱木町的东渐院自炊。同住一处的还有一高以来的友人、法科大学的学生山本唯次、太平洋画会的画家庄野宗之助(号伊甫)。之后的十二月,岩波又搬到本乡春木町的绿春馆,馆主人叫浅贺。岩波只住了半年,但和那里的夫人及儿子关系很好。后来,那家的儿子正美还在岩波书店工作了一段时间。吉住在井上家时,有时会去看望岩波。那年年末的圣诞节,岩波邀请吉的朋友和阿部次郎及我聚在一起。吉还记得,次郎读了马太福音三章,吉唱了圣歌。那时,岩波和吉都有些基督徒的味道。后来,浅贺的父亲经营寄宿生意失败,隐居在弓町,岩波特意去看望,还送了中村敬宇翻译的《西国立志编》给正美,正美对此非常感激。

明治四十年(一九〇七),吉从职业学校毕业的同时,双方父母进京。三月二十五日,二人在神田佐久间町的井上宅举行了婚礼后,立刻就去房州岩井的桥场屋度蜜月了。旅馆的女人们对吉的评价很好,都说长相粗陋的岩波从哪儿抢来这么漂亮的太太。据大森祥太郎说,弟弟大森忠三作为信州的小学教育者被寄予很大期望,但当时患肺病,而患有同样疾病的同乡小池元武在桥场屋住宿,一边养病一边在小学工作,便拜托小池让自己的弟弟也住进来,那是一九〇七年。我想,这可能就是在岩波度蜜月的时候,但时间不确切。岩波由于这个缘故,直到大森病死一直对他周到备至;和小池也一直交往,盛情关怀。那年夏天,岩波还去了房州。八、九月份,我通过岩波将表弟堤常转到岩井的附近,托桥场屋的老板娘照顾,也是同一年的事情。

吉毕业了,可岩波还是学生。所以婚后,吉暂时回乡,岩波则住在本乡某个穷人家二楼一个六张榻榻米的房间里。同年十月四日,吉离开石狩回到东京,不久便在本乡弥生町三番地的大学后门对面,租下二楼的六张榻榻米和四张榻榻米两间房,营建爱巢。二人商定,不依靠家里的帮助独立生活,吉挂出请藤原正写下的"裁缝店"的牌子;岩波每周去木山家二、三次,帮忙编辑《内外教育评论》,每月可得七日元的酬劳。可能也是在此前后,岩波还去神田的私立中学或什么地方教书,赚取零用钱。另外,可能是在一高退学时,岩波看到开成馆月薪三十日元的招人广告,就去报名,可人家看他写的字后,便彻底落第了。在弥生町同一所房子里,还住着新婚的梅室纯三夫妇,两家缺什么就互相借,关系亲密。据说,岩波每周日都会和妻子去展览会或美术馆。那时,岩波还忙于毕业论文,题目应该是《柏拉图的伦理说》。

第二年、一九〇八年二月,岩波搬到木山附近的出租屋,房租六日元五十钱。这期间有一件事,就是堤常受到了岩波的关照。堤是我在母亲家乡的表弟,他父亲是落魄的旧士族,和父母及妹妹都被东京的姐夫收留。堤稍早前曾患呼吸系统疾病,卧床在家。由于不忍看他这样,便将他转到房州,在桥场屋的老板娘等好心人的温情照顾下,身体渐渐康复。可他沉迷于钓鱼,终于又着了凉,旧病复发。没办法,我又把他接到东京,在和我有远亲关系的岩井祯三医生的关照下,住进东京红十字社医院。出院后无处可去,我就请求岩波安顿在他家里,费用自理。那时,堤才十九岁。我带他过去一看,岩波夫妇早已点起了被炉迎接堤了,我不禁为他们的热情流下了眼泪。堤后来又在岩井的关照下,去美国人惠特尼任院长的赤坂医院的药局帮忙,曾立志成为药剂师。但岩波开书店后便去了帮忙,和岩波结下终生之缘,不得不承认缘分的不可思议。

那时,吉已经怀孕,可房子地势高,汲水等有诸多不便,于是就在四月份搬到大久保百人町的新房子里,租金八日元五十钱。六张榻榻米的房间两间，还有两张榻榻米、三张榻榻米的房间各一，这对当时的岩波来说，可是了不起的房子。六月，岩波的征兵检查为丙种合格，无需入伍。据说二人曾商量，如果岩波入伍，吉就在营门前开个小店，既可时而见见面，又可以维持生计，为此还大笑不止。在关系亲密的伙伴中，惟独岩波有住处，自一九〇八年二月，新婚的藤原正也和他们同住了一段时间。因此，作为二人共同的朋友，我、阿部次郎、石原谦、上野直昭、山田又吉、吉田圭、北岛葭江等络绎不绝地跑到岩波家里，也不体察人家家计的艰辛，常在那里吃饭。据说妻子颇费苦心，人多时就做咖喱饭，人少时就做猪肉火锅。

岩波在专科学习期间，没有上过漱石的英国文学讲座。凯比尔的哲学讲座，虽然听不懂但还是出席了，并为自己接触到他的高尚人格而感动。

母亲的死

岩波毕业前夕，正巧和征兵检查结果的通知擦肩而过，明治四十一年（一九〇八）六月二十五日，母亲因脑溢血长逝，享年四十六岁，这对岩波来说是何等的遗憾啊！岩波在中学一年级、十五岁时失去父亲，曾坦言一时茫然，不知所措。可决定岩波一生的力量在于母亲，岩波与母亲生命的羁绊更深一层，这是无法否认的。前面也已经写过，岩波在一高时期热衷于运动时，在为人生苦恼时，一想起母亲，便无法无所事事，觉得自己必须学习。这种焦虑常萦绕在他的心中，有时也会向朋友倾吐。他说：

> 把我从深深的绝望和自杀念头中拯救出来的，是母亲无言的爱，是在故乡寂寞地等待我归来的母亲的身影。

母亲没有学问，但非常活跃，有女丈夫的气概，一个人帮忙处理村子的纠纷等,不辞劳苦创立爱国妇女会支部,为村子尽心尽力。她还是个诚实的人,正确的事情一定要坚持到底。在一次进京时,我带母亲去上野公园,她首先来到西乡的铜像前恭恭敬敬地鞠躬,然后对我说:"要常来参拜西乡先生呀。"母亲爱正义。

想到母亲难得进京,至少要带她去看看歌舞伎,但刚一提出来便遭到了训斥:"在你从学校毕业之前,我是不会去看歌舞伎的。"然后,只去了"银世界"赏梅,那是代代木储气罐遗址上的梅林。

我一直将诚实作为信条。我不会做无聊的妥协,也不会随机应变,唯时刻提醒自己以诚实面对任何事情。虽然没有什么价值,可我能有今日,全因母亲无言的教诲。我想,母亲在地下,也会因我诚实地活着而感到满足吧。

母亲待人亲切善良,并有爱哭的一面。她经常照顾穷人,对佃农们也很和善。(载于一九四〇年二月《新兴妇人》)

他在《惝恍录》中这样记载母亲的训诫:"走正路、待人亲切、正直、决不妄下虚言、努力学习、为身体健康而养生、勿做越分之事。"虽说岩波没有完全按此训诫去做,但如此看来,岩波大部分性格还是像母亲:坚强的意志、亲切、侠义、正义、对世间积极的态度等,皆是如此。母子致命的病都是脑溢血,这也说明二人体质相似。她在风雨的早晨,来到野尾湖哭劝岩波回到学校;在第二次落第后,阻止岩波去美国;而且,还是岩波婚姻的理解者。训斥说在你毕业之前不看戏的母亲,在岩波毕业十几天前去世,这是何等悲哀之事!

时年七月,岩波从东京帝国大学文学部哲学科专科毕业。至此,岩波的学生生活结束了。

第三章

女校教师时代

岩波从明治四十一年（一九〇八）七月专科毕业后，到翌年三月在神田高等女校任教头前的这段期间，仍继续帮助木山熊次郎编辑《内外教育评论》。木山出生于冈山县的富豪之家，容貌出众、意气风发。从东京帝国大学文学部社会学科毕业后，开始经营这本杂志。当时，东大的毕业生主要在官场求职，文科生多当教员，因此，像木山这样独立经营杂志的人很少。人们都评价该杂志在教育杂志中新颖、独具一格。我也是在岩波的介绍下认识木山的，并在杂志上登载过译稿等。木山后来还兼任《读卖》的记者，可不幸的是，他于一九一一年九月七日英年早逝，年仅三十二岁。当时，三宅雪岭赞赏木山在帝大毕业生中独具特色。木山和明石照男是同县，是长明石一、二年的前辈，岩波经木山介绍认识了明石，后来，明石对书店的经营给予了很多帮助和忠告。关于岩波和木山的初会则已在前面讲过了。

在进入神田高等女校前，岩波曾在今天的河田町边的奎文女校工作过一段时间，为赚取零用钱，还在女子体操学校工作过。神田高等女校在神田桥畔，校长竹泽里，他的女儿恒后来成为阿部次郎的夫人，岩波能在这里任职就是阿部介绍的。月俸三十五日元，奖金五日元，职务是教头。岩波依旧不辞劳苦，全力投身于学生的教育中。岩波基于平素的见识，明白日本教育中女子教育最落后，虽自身也有矛盾，但出于作为尊重女性论者的热情，他仍积极地投入到这份工作中。他在这里工作仅四年多，可这段时间可能是岩波一生中最贫困的时期。如前所述，我们清闲自在，几乎每天都去他家，他也依旧和我们一起吃饭；对远道而来的朋友还盛情款待。和岩波一同两次落第的椎名纯一郎从家乡秋田县角馆进京探望岩波时，我正巧也在，便一起来到四谷荒木町的"色叶"(Iroha)牛肉店吃晚饭。中途，岩波说稍等一下便出去了，后来才听说他去当铺将父母留下的短外褂当掉，筹了四日元。就用这四日元，我们在"色叶"的内厅张狂地饱餐了一顿牛肉。岩波还为节约通勤的电车费步行上班，可又发现鞋子爱坏，还是不划算。有一次没钱坐电车，便去住在附近、同乡兼同窗的樋口长卫家借，但樋口也是一文不名，没办法只好走到学校。当时的电车费开始是五钱，后来涨到七钱，如果在七点前乘车，用单程的钱可以买往返的票。岩波说那时是五钱，但我记得当时已经涨到七钱了。据岩波说，当时乘电车从新宿到日比谷，再在日比谷换车到神田桥。另外，为节省邮资，岩波大都用明信片。

在岩波当教师的前一年、明治四十一年（一九〇八），也就是岩波二十七岁那年的八月十四日，长女百合在百人町的家里出生，岩波初做人父。孩子出生后，家里变得窄了，藤原夫妇便于同年秋天离开，搬到柏木。岩波亦为节约八日元五十钱的房租，于翌年二、三月份，在儿玉八代的介绍下，搬到同是基督徒的那须利三郎在千驮谷住宅的附属建筑里，租金五日元五十钱。那须利三郎原是木匠，和内村鉴三也认识。虽说是附属建筑，但下面是放酱菜的地方，登上摇晃的楼梯，上面是六张榻榻米和

第三章 女校教师时代

三张榻榻米的两个房间，还算干净。岩波说他把这个地方称为"巢"。在这里，我们庆祝了百合的第一个女儿节，阿部、山田和我还送了女儿节人偶。岩波想为百合买辆婴儿车，据说当时还没有橡胶轮的，岩波便找遍整个东京，终于在京桥的后街找到了。他把在松屋花二十五日元新买的外套当掉，筹到八日元，买下了十日元的婴儿车，并一直拖回千驮谷。我们也经常去那个有酱菜味儿的"巢"玩。但六月份，环境又有所改善，搬到关龙一在西大久保的房子的二楼，楼上还让朋友山田又吉住着。关家开始时害怕岩波的容貌，有些犹豫，后经再三恳求，才答应租看，但他们的关系很快亲密起来，儿子关龙一等非常倾慕岩波。第二年、一九一〇年一月，岩波家又搬到曲町富士见町二丁目、靖国神社马场北侧的南部伯爵家，和我一起居住。我兄妹二人住二楼，岩波一家住楼下。一九一一年春，我们结束共同生活，岩波又搬回原来百人町的房子，八月十一日，次女小百合在那里出生。时年七月二十几日到八月，岩波、我和田部重治、市河三喜及我的义兄藤村苾带着帐篷，以信州大町为基点进行登山旅行。从高濑的溪谷经乌帽子岳、野口五郎岳、赤牛岳，又从黑岳经立山温泉登立山，越过粗（Zara）山口、针木山口再回到大町，历时七、八天。当时，登山向导曾对市河说："大爷，让年轻人先登吧。"他说的年轻人指的是长市河五岁的岩波，可以想象岩波是多么精力旺盛。之后，我和岩波去了二人的旧地——野尾湖，又来到高田。前一年夏天，夏目漱石在修善寺患重病时，胃肠医院的医生森成麟造曾长期照看漱石——那时岩波还不认识漱石——因此，我们来到森成的家乡越后高田拜访他。在高田住了一两日后离开，途中遇到信浓川发洪水，向小千谷方向逆流而上，过桥后经过长冈，到达新潟。在信浓川桥边的旅店里，我们住在存放灯笼的房间。然后，乘船从新潟到羽前的酒田，拜访了伊藤吉之助，住了一两日后，坐马车沿海边来到秋田县的本庄，拜访在当地中学工作的藤原正，三人通宵徒步走到秋田。当三人到达位于大曲附近角馆的椎名纯一郎家时，岩波就接到次女出生的电报，便和我们分手了。

记得是在百合出生不久后，阿部、我和岩波曾在户山原散步。当时，上野直昭好像在又好像不在。当阿部提起对一个女人的纯粹的爱能否持久感到不安时，我记得岩波否定了他。上野也有同样的记忆：阿部、岩波和上野三人在户山原散步，次郎说婚后如果互相厌烦了可以分开，岩波却坚持己见，认为一旦结婚就不可能厌烦。上野说不记得当时有我，但我认为这可能是同一时期的同一段话。我清楚地记得，当时的问题不是能不能分开，而是阿部提的、对一个女人的纯粹的爱情能否持久。而且，上野说这事可能是在岩波结婚前，但岩波是在一九〇七年三月末结婚，不可能在那以前。

我记得是一九〇九年秋，当时，岩波一家住在西大久保，二楼住着山田，附近的柏木住着阿部次郎。就在那时，夫人曾背着年幼的百合离家出走了。她心烦意乱地走到大川端，又回心转意回来了。岩波的解释也颇具岩波特色，大意是说"内人是由于过于信任我才这样的"，听起来好像是因为过于信任，才将他的玩笑话想得很严重。具体情况不明，但可能是岩波强烈地斥责了吉吧。岩波的老婆崇拜时代、呵护时代已经过去，之后的唠叨时代已渐渐开始萌芽。当然，这也是很自然的事情，还没达到和岩波理想的恋爱感情相矛盾的程度。但从夫人的立场考虑，妊娠对女人来说是身心半病的时期，要照顾婴儿，还要想方设法维持家计。而在这样的情况下，又挤进新婚的朋友夫妇，二楼也住着朋友，那是非同寻常的疲劳和艰苦。特别是岩波超乎寻常的好客，虽然夫人也非常积极地配合，但想到岩波的急性子和刚烈，从结果来看，这种配合做起来非常困难,这都是完全能够想象的。

在神田高等女校的四年里,岩波的确竭尽全力,用爱引领学生。他为那些来自地方、不会英语的学生,在早晨上课前讲英语;作为特别讲义,他讲授《论语》、《圣经》等,为此放学后还留在学校印资料;寒冷的早晨也不休息,做课外讲义;如有教师休息,岩波还主动代课。一次,他讲得入迷,竟从讲台上掉下来,他曾说:"我希望教你们的时间愈多愈好。"据他当时的学生、后来的堤(当时叫坪田)久子说,他讲的英语、国语、西洋史及汉文等是任选科目,但他还给我们讲赤壁赋、东湖的诗等等。总之,岩波对教育的热情炽烈地燃烧,为此,这所不很起眼的小小私立女校,其学业和成绩都有很大提高。

中午,岩波和学生们一起吃便当。他吃的是夹着咸梅干的特大饭团,学生们觉得他十分朴实,可这是因为岩波觉得女学生们遮掩着便当吃饭不好,就特意握着大饭团吃。

关于考试,当时的学生、后来成为吉田圭夫人的静江这样写道:

> 长着大大的眼睛、一字大嘴、棱角很深的老师咚咚咚地走进教室,拿起粉笔用力写下考试题,长长的粉笔啪啪地折了几根。然后,他大声、非常快地读一遍,又用教鞭边指边快速读,然后离开教室,不知去哪儿了。不久,时间到了,他又咚咚咚地回到教室,问写完了吗?便整理试卷拿走了。老师那时的表情充满了无以言状的慈爱。

女高师(女子高等师范学校。——编注)毕业的优秀同事都赞叹道:"岩波君的那种态度实在了不起,我们怎么也模仿不了。"

为了启发学生们的知识和兴趣,岩波还带她们去校外听讲座，参观大学，拖她们去看展览会等，一点儿也不感到难为情或嫌麻烦。当时，同岩波一样在私立学校做教师、开成中学的田边元说，他曾在某个秋天的下午，遇见岩波带领很多女学生去参观文展（文部省美术展览会的简称。——译注），他不禁敬佩岩波那专注的教育态度，并为自己彷徨于钻研学问和教育者两条道路的态度而羞愧，这件事他一直铭记在心。

他和学生的亲密也是非同寻常的，他生性的女权主义可能也加深了这种亲密。秋天远足去相模的神武寺时，他和五、六个学生钻进深山，手牵着手唱着、说着，过于兴奋竟忘记了时间，急急忙忙跑向车站，终于在发车二分钟前赶到。从车窗里探出头、一直等待他们的竹泽校长，对上来的岩波训斥道：如果迟到了怎么办？岩波轻轻地低头致歉"哎，不好意思"，学生们都忍不住偷笑起来。据说一起迟到的学生向他道歉时，他只是轻松地说"校长当时大发脾气啊"，便不再提起了。一个关系亲密的学生失去了父亲，对岩波说"老师就像我的父亲一样"，岩波听了笑道："像父亲呀，也行，可哥哥怎么样？"还有两个学生去岩波家拜访，临走时拿出了装着鸡蛋的盒子，岩波大喝道：这是干什么啊！二人手忙脚乱地放在玄关就走了。岩波从后面抱着盒子追，站在傍晚的大久保街道中间，大声喊道：就放这儿啦，便头也不回地走了。二人都要哭出来了，没办法，只好又把盒子拿回了家。这是由于岩波的洁癖，或许也是他那只给予别人而不要别人给予的、一种个人主义的体现。

但是，岩波和学生过于亲密、无任何顾忌，也不是没使学校的校长和同事为难。总的来说，岩波在这一点上无法处理得恰到好处。他和同学们的这种亲密关系，不仅是在毕业后，几乎持续终生。当时的学生中，有后来成为岩波的朋友吉田圭的夫人的；有成为书店经理堤常的妻子的；也有在岩波的关照下结婚的。而且，这种亲密交往还涉及到她们的丈夫、孩子和父母等家人。有红白喜事或有人生病时，他也非常担心，殷勤探望，有时还操心人家家人的工作。同窗会他是务必出席的，还会负担全部会费。她们终生都对岩波满怀敬爱。岩波还严守交往的礼仪，一次，在千叶的本桥信（Nobu）家举行同级会，岩波竟罕见地没有到场，大家正在担心时，收到了他的电报，说突然肚子痛，不能来了。第三天，岩波特意来到千叶的家中道歉，本桥对此既感动又感到过意不去。

据说岩波将同级会命名为铃兰会，这和他给长女起名叫百合、次女起名叫小百合一样，显示了岩波的文学青年式的情调。

岩波的教师生涯仅四年多，之后再未从教。总之，作为一名教育者，他也是一位有特色的、无与伦比的老师。

岩波通过岩波书店，极大地推动了日本的社会和文化，而在这一时代来临之前的岩波的前半生，和他所尊敬的明治天皇的时代一起，就这样结束了。

岩波出生的明治十四年（一八八一），正是下诏设立国会的、明治的黎明时期，它历经一八九四、一八九五年，即从岩波高等小学四年到中学的日清战争，以及一九〇四、一九〇五年，即岩波高等学校时期的日俄战争，从日本的崛起时期，一直持续到明治四十三年（一九一〇）、通过吞并朝鲜获取进军大陆根据地的时期。岩波在小学结束时，读《东方策》，为英国人蛮横的扩张而愤慨。他崇拜南洲、松阴，将明治日本的富国强兵的国策理想化，一心要为立身出世而生存。而在日俄战争时期，他和我们一样，不顾及战争等事，埋头于自己的烦闷，为托尔斯泰感动，从《圣经》中寻求救赎而不得。不久，他获得了爱情和婚姻，以朴素、谦虚的态度投身于女子教育。但结果，他仍未在这段生涯中找到安身之所。

第二篇 岩波书店

大正二年(一九一三)——昭和二十一年(一九四六)

第四章
旧书店开业
——旧书按标价销售

首先是成为商人的动机,这还是让岩波自己说吧:

> 当时,为理想而奔忙的我不满学校的经营方针,也曾想过开办私塾,可左思右想之后,还是认为像我这个连信仰也没有的人,应离开除误人子弟之外别无他能的教育界。而对当时三十元的月俸(实际上是三十五元),我没有丝毫的不满。我还记得,为节约往返十四钱的电车费,我从大久保走到神田,但吃惊地发现鞋子破损严重,便选在早晨打折时间乘车,以往返五钱的电车费解决问题。

岩波的确有"误人子弟"的意识,他虽然也痛感教育之难,但他喜欢这个词,前后曾反复使用。但放弃教职的根本原因,是他内省之后,自觉没有信仰的自己没有资格教人子弟。这正如岩波自己的告白,他说,其他的比如教育上的理想呀、主义呀、感动呀、独立等理由与此相比都不充分。实际上,在教育者当中,可能很少有人能像神田高等女校时代的岩波那样热情、勤奋、不计报酬地投身到教育事业中。但这种紧张和专注慢慢松懈,激情日渐淡薄,使岩波希望改变生活,他在开店致词中也阐述了这种心境。而且,他不满于校长的做法,而周围人对他那不顾前后、勇往直前感到不知所措等等,这些可能都使他感到厌烦。

当时的神田高等女校校长竹泽里,和鸠山春子等一样,都是旧东京女子师范——东京女子高等师范的前身——的毕业生。从经营私立学校的观点出发,其营利倾向比教育倾向更明显。例如,在新学年开始前,学校会款待市内的小学校长等,诸如此类的做法是每个私立学校都会尝试的招生策略。而岩波的心情则不平静:不配备学生教育和教师参考所需的书籍、教具,竟将钱花在这些地方!岩波对挽留他的同事、一位女教师也曾说过自己的想法:不要戴着教育者的面具赚钱,如果想赚钱,就打着牌子、堂堂正正地赚钱。总而言之,岩波对教育工作的激情再也无法持续了。

> 离开教职之后,我拿定主意,要在富士山麓过从前就憧憬的晴耕雨读的生活,连地方都想好了。可又想,自己还年轻、不到三十岁,便暂且将田园生活珍藏起来,想先过一段市民生活。众所周知,自封建时代以来,就有士农工商之说,商人被认为是社会最低等级,但在尽社会义务方面,商人的做法未必就是卑贱的。如果尽力为人们提供廉价、必要的商品,那么,既可满足人们的需要,又可以维持自己的生活。如若这样,经商未必卑贱,它和官吏、教师不同,商人自由、独立,又没有误人子弟的担忧,这样想来,我便选择了市民生活。我作为一介市民,决心开始经商,就是缘于这种心境。什么生意都可以,当时,我还拜访了在新宿经营中村屋的同乡前辈相马夫妇,征求他们的意见。

第四章　旧书店开业

实际上，在相马的指导下，我还去待售的干货店看了一下。

在能够看到富士山的地方农耕，是岩波长久以来的梦想，当时以及后来，岩波也曾多次和我讲起。但他还在犹豫做什么生意，开点心铺？还是经营饭店，让人吃得既美味又便宜？如果开点心铺，要作为手艺人实习两三年，妻子说，如若那样，还是做裁缝吧，等等。相马激励他说："根据我自己十几年的经验，在这个时代，经商也需要新知识。所以，要打破旧习惯，采用全新的方法，反倒是学校出来的外行更有利，你一定要发奋一搏。"还说岩波将来一定能成为新宿有前途的人。

还有一件事很具有岩波特色。在终于决定开旧书店后，岩波以商量或宣布的形式将此事告诉了很多前辈、朋友和后辈。即使在后来，岩波和别人商量事情时，大多是自己已决定要做，即便别人劝他别做了，他也很少有就此放弃的。但他态度认真，使对方感到他是只和自己商量，非常感动。这不是策略性的，实际上，无论男女老幼，岩波非常尊重熟人的人格，对方也总被他的真情所打动，这的确是岩波重要的品德体现。话虽如此，当他说"只对你说"时，有时并不真的是"只对你"。但除少数人之外，谁都会无意识地这么说，不值得对此过于指责。据说岩波在神田高等女校的学生们都拼命劝阻，只有一个人说："如果老师无论如何都要做，那就做好了。"岩波高兴地说："你说得太好了！"但岩波商量或听岩波宣布过的大部分朋友、熟人，虽然没有说出口，但都因为岩波正直、莽撞的性格而对这个生意感到不安或危险。可我记得，当岩波到我这儿和我商量时，我立刻就说好。

其实，岩波开旧书店也是机缘巧合。书店开业那年、即大正二年（一九一三）的二月二十日，发生了神田大火。在火灾中被烧的旧书店尚文堂，在自家店的旁边新建了一家店用来出租。

与岩波同县出身的伊东三郎是当时尚文堂的特定代理，经常出入神田高等女校，可能以前听岩波说要做生意，便向岩波推荐这家书店。地点靠近神保町的十字路口，位置极佳，房子是新建的两层楼。换成现在的话，新手不可能租到这样好的位置。原本旧书店就不需要太大的资本，也无须长期锻炼，而且，经营的还是和自己以往的生活密切相关的书籍，容易上手。

这样，时年暑假，一家人放弃了旅行的计划。七月二十二日，从大久保百人町租借的房子，搬到神田区南神保町十六番地的租借店铺里。二十九日，神田高等女校的送别仪式结束后，岩波就径直拉着车去书市了。那时，岩波在给自己的学生、后来成为堤经理妻子的坪田久子的信中也写道："今天，学校的送别仪式结束后，径直去了旧书市，采购了很多书籍，用车拉了回来。无限感慨。"终于，八月五日迎来了书店开业，岩波年方三十二岁。在百人町商量店名时，夫人说不喜欢只知商号而不知店主是谁，所以，直接将姓作为店名，起名岩波书店吧，岩波也赞成道："嗯，这样反倒好。"便定为"岩波书店"。

开业的资金，来自卖掉信州诹访中洲村的田地所得。岩波以前就讨厌做所谓的"不在地主"收取佃租，田地一直委托叔父岩波音藏管理，而叔父后来也辞退了这份工作，就决定卖掉了。据夫人说，开店前一年偶然丰收，因此田地卖价较高，卖了八千五百日元，只留下宅地。岩波在回乡处理此事时，周围的人都说，动用祖上留下的田地真是荒唐。当着这些人的面，音藏虽嘴上反对，但内心还是同情岩波并同意他这么做。据音藏的女儿小山常代说，从村子来到上诹访开米店、并成为有钱人的伯父源吉，喝了酒像红脸关公一样满脸通红，挥舞着大刀，怒喊道："我要杀了音藏和茂，卖掉祖上的田地，这是怎样的报应啊！"二人藏在仓房里，源吉面对音藏妻子一个人的辩解，不断叫嚷：

"让音藏出来，让茂出来！"当时，周围满是围观的人。从未听岩波说过这位源吉伯父平素待他好，而夹在他们中间、同情岩波并为他担心的音藏，多年之后，他对岩波成功的喜悦之情是可想而知的。

书店开业前，神田警察署迟迟不下批准。为此，朋友吉田圭找到时任警视厅保安科科长的长谷川久一（日本中学及一高的同窗，后成为警视总监），向他介绍岩波的为人。第二天一大早，神田警察署的巡查就专程送来许可证，说了一番恭维的话后回去了。八千日元的资本，在用于室内装修等花销后，还剩不到七千日元。开店伊始，为填满书架，花了二千日元购买书籍。第二年也花了二千日元，第三年又花了二千日元，渐渐地变得心中没底了。

正如岩波在告白中说的那样，开书店源于他非常朴素的心愿，即作为一名自由、独立的市民，独立经营生活，至于后来立志为日本文化做贡献等等，并不是当初所预期的。他在"回顾三十年感谢晚宴"上也说："我开始做生意，是源于一种极为消极的情绪，即隐身市井，谋求一个家，过一种责任轻、内心没有痛苦、称心如意的生活。开始时，并没有为日本文化多少做些贡献，或为振兴学术稍尽绵力等等的抱负。自青年时代便为之苦恼的人生问题，归根结底是生死的问题，即便到这个年纪，我仍没有可以与人言的信念。但是，只要不否定生命，那么，没有他人的照顾就一天也生活不下去。因此我想，应尽量不麻烦别人，即使是身边的小义务，也应尽力忠实地履行。无论是做零售业还是出版业，我唯留心不忘此事。这种生活态度带来了今天的成果。"这是他的谦逊，但也是他毫不虚伪的告白。

他向大家寄去如下致词，作为开业通知：

肃启　秋风凉冷之时，谨祝健康平安。野生为摆脱无激情生活之束缚，且为免误人子弟之不安与苦痛，辞去教职，自一介市民之生活，求早已冀望之独立自营之境地，创办下列书店，经营新刊图书杂志及旧书买卖。

借鉴以往身为买主之诸多不快经历，以诚实真挚之态度，尽力为大家谋求便利。希望作为独立市民，度少伪之生活。欲以不才之身及贫弱之资，步入艰险世路，披荆斩棘，在自己之领域开拓出一片新天地。深知必会遭遇诸多困难，为实现野生新生活中极少之理想，恳请给予同情、帮助，幸甚之至。

敬具

大正二年九月

　　　　东京市神田区南神保町十六番地（电车站前）

　　　　　　　岩　波　茂　雄

　　　　（电话　总机　四二五四）

　　　　（转帐东京式六式四〇）

又及　若有事来此地，敬请顺便光临。

致词中还附上下面的语句：

桃李不言，下自成蹊。

生活要朴素，情操要高尚。

天上星空灿烂，我心道念盘横。

大地愈加美丽，为人亦是欢喜。

正直之人多磨难。

邪不压正。

正义是最后的胜者。

这些是岩波平日喜爱的格言,在"回顾三十年晚宴"的致词中,他也附在里面朗读。

开店致词迅速引起反响。首先为此感动的是奈良农夫也,他在北海道日高国沙流郡长知内教育所,从事阿依努族的教育工作。当时,他正要在《读书之友》上发表《读书论》,旨在作为地方读书人向中央书店提出要求。但他看到岩波的开店致词后,觉得与自己提出的要求一致,便中止了那份草稿。自那以后,他成为岩波书店在地方销售的有力顾客,并成为理解书店的店友。此人在《芦花全集》出版时,应德富芦花的邀请,辞去教职来到东京,帮助编纂全集,并担任德富家的出版顾问。后来,出版《岩波文库》时,德富家无偿赠送了《自然与人生》作为创刊贺礼,也是缘于他的关照。他住在浅草的小旅店,也教孩子们英语。据说在东京时,他留着长发。他去世稍早于岩波,和岩波一直来往密切。

岩波当然是个缺点很多的粗人,但他也是少见的、了不起的家伙,这种感觉在他死后愈加强烈。这种了不起的最大的表现,便是旧书按标价出售一事。这当然需要勇气、果敢,但究其根源,如果没有极度讨厌虚伪和讨价还价的性格,以及顽固的道德信念,是无法做到这一点的;而且,还需要绝不妥协的勇往直前、将这种勇往直前贯彻始终的耐力,以及经得住由此产生的各种麻烦的坚强。我们可能会嗤之以鼻,认为旧书按标价出售何足挂齿,可这一行动在当时是对整个东京、乃至整个日本的商业习惯的完全叛逆。尽管如此,岩波还是果敢地在自己的店里实行,并逐渐将其作为原则普及。

岩波实行旧书按标价出售基于一种信念,即对于人来说,无伪的生活或许是不可能的,可对无伪、真实的生活的欲求,是俨然潜存于我们意识里的事实,是盘横在我们心中至深至高的诉求。岩波厌恶虚伪，因此辞去教职成为商人。无奸不商是世间的常识，可岩波认为那是迷信，他已做好思想准备：如若诚实地经商不能成功，那么，即使放弃也没有任何留恋。因此，他彻底抛开开始时的稍许不安，告诉自己，只要诚实地做就没问题、一定能成功。然后，他拿出康德的话——我没有发现康德说过相同的话，后经人指教，在康德的《宗教哲学》一书中发现了与此意思基本相同的话——Du kannst,denn du sollst.（你能够，因为你应该），来诠释这一信念。这是他通过实践的水深火热而获得的信念，这种信念里有足可羞辱白面学者和知识分子的伟大。

旧书店与旧衣店一样，其性质最恶劣之处便是讨价还价，将价钱杀到要价一半以下的也很常见。在旧书店的巢穴——神田的正中央，这样的旧书店对面三家、左邻右舍地围着岩波书店，而岩波一分一厘也不让。因此，同行嘲笑说，这无谋、不懂生意、什么都不懂的教员开的店，也就只能持续三个月或半年吧。这种嘲笑也不是没道理，但岩波对此毫不介意，还将"严格执行标签价格"、"如标签价高，敬请提醒"两份告示，吧嗒吧嗒地贴满在店里每根柱子上。当时日本有很多中国留学生，因此，书店还将"言无二价"及英语"one price shop"的标签贴在书上，以贯彻到底。

但是，由于岩波不懂书籍及书籍采购的技巧，因此，也出了不少差错。虽然岩波也经历过学生生活，可他当时并不是喜欢书的人。有时，他感动于作者的名字或书名，就高价买入。他曾在柜台上听一位教授客人冗长地讲解书的价值（value）和市价（market price）的区别。如果客人说他的书比别的店贵，他就不卖这本书，立刻将书撤下来，让店员去附近同行的店里调查价格，然后标上比别的书店低的价格。且为避免打折的误解，第二天才摆出来。他认为不应让客人承担自己无知的责任，为此，对于这样的书，他会不顾损失，更换价格标签。当时，和岩波书店相隔一家店的进省堂主人、已故的鸭志田要藏、店员吉田三五郎，以及持有西方书籍最多的东条书店等，经常充当岩波的顾问。岩波开始买书时，经常去进省堂商量。他一个人采购时，价格有时比新书还贵；但买得便宜时，他会真心地说"真对不起卖主，买得太便宜了"，没有为买到便宜货高兴的样子。

开业伊始，由于货品不足，店里的书架出现很多空缺，岩波便将从朋友那里借来的书、自己的书偷偷地摆到书架的最高处，尽量不被客人买走。每当客人去拿这些书时，他都提心吊胆。经济学家福田德三还曾为不卖这样的书而愤慨。

但是，如此卖力地实行按标价销售，仍然不被客人理解。每个来店的人都说，旧书还有不让价的道理？店员也不做让步，解释说按标价销售是书店为客人付出牺牲。开店当初，每天都和客人进行这样的争吵。过了两年，植村道治进入岩波书店时，也是每天如此，可见这是一场长期的战斗。一次，岩波尊敬的学校老师——岩波曾和我说，他是写过《路德传》等的已故村田勤——从店里拿走了三省堂的百科辞典。后来，他来店里问："那本书多少钱卖给我？"店里回答说："按价格标签，一分钱也不打折。"他也说，卖旧书哪有不打折的道理，便回去了。岩波对此非常愤慨，认为如果是偶然路过的客人就不计较了，原以为会理解自己的态度和心情的人竟也这么说，便说"如果对价格不满意，我一本也不想卖，除非愿意买，否则，就请将书还回来"，竟叫人拉车去取了。没想到，那个人为自己的态度道歉，并说书就这么卖给我吧，岩波也非常高兴。后来，二人的友谊一直持续。

有的人质疑旧书还有定价？然后转了几家店又回来买；还有的人，即便连进价都坦诚相告，可还是冷笑相迎。对于这样的人，岩波终于生起气来，下逐客令说："无论多少钱我都不卖给你了，请到别的店去买吧。"因此，有很多客人因为不让价、不打折就不买了。

每天，从早上六点到晚上十一点，可以接触很多进进出出的人，因此，坐在柜台里看此等客人询问的样子、买书的样子也非常有趣。有的人风采堂堂，乍一看像绅士，可对只赚一钱的杂志竟要求降三钱，遭到拒绝后更拂袖而去；还有穿着短外褂、让人看了想把书白送给他的壮工，却毫不犹豫地按标价付款。有人来询问书时恭敬地鞠躬，礼貌得让人觉得麻烦；也有人仪表堂堂，开口却张狂傲慢："喂，你店里有如此这般的书吗？"除扒手外，客人大都会讨教还价，但讲价的方法多种多样：即使说明按标价销售，也有可怜人为降一、二钱而纠缠十多二十分钟；《少年汉文丛书》从以前的三十五钱涨到三十七钱后，也有细心的人为了降那二钱，两天内来三、四次，结果还是以定价三十七钱买走。也有穿着礼服、戴着礼帽的绅士，二、三钱的教科书也让书店专门给他送去，还训斥送书的小孩儿为什么不打折。当时，讲价最甚的是中国人，这可能也和国民性有关，但据岩波观察，也可能因为在中国人看来，旧书店尤其缺乏诚信。岩波惊奇地发现，来买书的女人很少，更吃惊于她们讲价方法的精细。帝大、一高中有些人讲起价来很过分，但总的来说买得也最干脆。其中，还有人有着可怕的习惯惰性，无论多便宜的书，都认为不打折就买是种耻辱。每当听到有人满不在乎地要求降到进货价的一半时，岩波都气愤得想反问：您以为我是骗子吗？

以上是岩波在柜台里的观察，仅看到这些，就知道旧书按标价销售需要何等繁杂的程序，以及会带来何等的不快。而它竟源自于简单生活这一基本方针，即以诚实为宗旨，排斥无用的周折，简单、率直地生活。可是，想始终坚持简单生活并不简单，

第四章 旧书店开业

这不仅需要勇气,还需要忍耐。岩波在整个生活中大体坚持了这一方针,但在书籍的销售和出版事业中,更可以说,他几乎完全执行了这一方针。在高山樗牛的文章中,有句大意是这样的话:天才将事物简单化,常人将简单的事物复杂化。炫耀复杂的人常为毫无价值的复杂自高自大。实现简单化、单纯化需要信念、忍耐和努力。岩波按照自己坚定的信念,实行旧书按标价出售的简单化,完成常人无法完成之事,在这点上,可以说他是天才。仅此一点,我认为岩波也是应该流传后世的、了不起的人。

岩波的经商方法在于尽可能地高价买入、尽可能地低价卖出。岩波说,在一高同寝室或是同年级的投票中,自己当选为最不适合经商的人,如果说这样的人有什么经商秘诀,那就仅此一点。岩波坚信并能够力行这一经商方法,虽然我一再重复,但仍要说他是个了不起的人。

按标价销售好像也没有好结果。当时,岩波书店的销售额仅十五日元,而其他书店的销售额一般为三十日元。如同下面我要讲述的邮购一样,对读者愈恳切反而愈费力不讨好。

几年后,岩波的旧书按标价出售,在旧俗颇深的旧书商中开始实行,如今几乎普及。后来,岩波开始出版事业后,又废除了新书按定价九折或八折出售的商业习惯,断然按标价销售,这都基于他上述的简单、诚实主义:如果能打折,那定价时就打折岂不更好,这最终也使天下仿效。那些不喜欢岩波的人,也应该敬佩他作为人的力量和根本的信念吧。

为读者忠诚地服务,是岩波在书籍行业一贯的精神和实践。在开旧书店时,他也十分注意缺页——其他的旧书店也大致如此——让店员、来帮忙的女学生们一本一本地察看买来的书籍,如发现缺页的书便毫不客气地退给卖主;若不小心卖出去了,便重新收购回来,严格执行。在开始出版事业后也是如此,每卖一册书籍，店员都会事先和客人说明如有缺页就拿回来换。

开旧书店时的紧张和学习非常辛苦，等到开书店时，岩波感到必须学会骑自行车，便买来自行车，提着灯笼到九段下的牛渊练了一个晚上，第二天便会骑了。据说，店员铃木峰吉当时和岩波一同去练习，可岩波没让他动一下自行车，请他喝了冰水，但自行车一直被岩波独自占用。这样，岩波骑着自行车或去旧书市买书，或给顾客送书。早晨五点起床，穿上藏青色的细筒裤，在早饭前去客人那里买旧书。当时，旧书市每周开三四次，再加上原版书市，几乎每天都有。没有书市的日子，岩波穿着草鞋，从早上开始转本乡、早稻田、青山、三田的旧书店，订货或买些似乎能在神田卖得不错的书回来。有时，他累得一上二楼——当初二楼是岩波家人的房间——便躺下，长出一口气；有时，大汗淋漓地回来，对妻子感叹道："啊！劳动是多么神圣啊！"开始时，他是把书放到包袱里背着，后来才买了带货箱的车子拉着出去。曾经玉石混淆、贫乏寒酸的书架也渐渐地充实了起来，但是，岩波对往来旧书市场的热情并没持续太久。

除销售旧书外，岩波书店特别标榜的是销售《圣经》，让横滨的《圣经》公司直接寄来。这正如岩波自己所说，其原因是由于内村鉴三的教诲，使他非常尊重《圣经》。当时的一个插曲：去书店时，一度经常看见一个吊眼角、高颧骨，乍一看长相与众不同的男子在店里，他就是岛仓仪平、《圣经》销售的经纪人，后来成为震动报界的杀人狂。在新刊杂志中，内村的《圣经的研究》很早期就摆在店里卖了。对于自己特别敬爱的作者、特别想卖的其他新刊，岩波便让出版商寄来。除《圣经的研究》外，当时岩波爱读的还有《妇人之友》、同乡岛木赤彦（久保田俊彦）编辑的 *ARARAGI*——一九一四年五月为经销商，翌年三月成为发售商——每月都在店前打出广告牌宣传。当时，内村为感

第四章　旧书店开业

谢岩波的厚意，曾说要在岩波书店前就读书的必要性举行演讲。一九一五年时，岩波就从名叫良明堂的经销店购入新刊杂志，而从一九一七年起，也有为日比谷图书馆进书，所以，可能在此之前，岩波书店基本上也销售新刊了。

岩波还开创了面向地方的邮购，那是开店一两年后的事情了。邮购建立在相互信任的基础上，自己店里的书自不必说，还代理邮送其他书店的书，薄利或是无利，更经常自掏腰包，为读书人迅速、周到、低廉地提供便利，是一件奉献性的工作。尽管如此，有的地方上的人仍然因书没到而喊他们是贼。对于这样的人，岩波曾爽快地说，您也是从事教职的人，却不辨真伪，说别人是贼，今后，我们拒绝和不信任他人的人做交易。岩波也像口头禅一样常对妻子说，书店的根本不应该是金钱，首先必须要信任。这种邮购业务，其中本店发行的书由于战时纸张匮乏、无法出版而中断；其他书店的书、尤其是旧书，则于一九二〇、一九二一年停止。

开店当初，杂志习惯打折销售，但有个店员由于不熟练，而将旅游指南也按标价出售了。由于不知道对方是谁，岩波还曾考虑在报纸上登广告道歉。岩波的这种态度，虽然容易被人说是小题大做、伪善，但岩波确曾这样认真地考虑过。

当时，早稻田大学哲学系毕业、曾担任小学老师的房州人铃木峰吉等四个小伙计在店里做店员，还有神田高等女校的毕业生及吉田圭等熟人帮忙。一般在晚上十一二点关店，完成一天的账目核算后，岩波或叫来砂锅面条，或去路边小店和大家一起吃关东煮。店里没有盈余，无法支付像样的工资，令岩波觉得很过意不去，店员们却没有牢骚，忠实地工作着。当然，其中也有一个人由于不满而离店。

但是，在断然实行这些售书方法的短时期内，岩波仍属"士族经商，赔个精光"，书店的效益始终无法提高。为此，岩波请来以前寄宿那家的儿子浅贺正美做邮购主任，认为他是个认真踏实的人。浅贺正美对书店这种清高的方针感到不安，便引用熊泽蕃山的话"武士就要像个武士，商人就要像个商人"，建议岩波改变书店的做法，但岩波并没同意，他便辞职了。

尽管遇到这些困难，岩波书店还是渐渐地得到世间的认可，博得了信任。虽说邮购业务也是苦劳多功劳少，但它使地方认识了岩波书店，对打造岩波书店的基础，出乎意料地起到极大的间接作用。

就这样，原来预计岩波书店早晚会倒闭的坊间的旧书商们，都惊讶地睁大了眼睛。而这期间，岩波作为商人还做了件世间的旧书商、或从教员转行的商人绝对做不到的事。一九一三年，同文馆在神田大火中局部烧毁后，将那些被水浇过的、被烟熏过的书集中到书市，岩波没通过投标、而是通过直接交涉，全部高价买下。当时，同文馆出版了几种哲学、商业、教育等百科大辞典。岩波的胆大无谋使同行震惊，但岩波将这些书拿到书市上卖，又挂上大大的牌子在店里卖，总之，将它们都卖出去了。那时，旧书店串通要以一册五日元买下的书籍，岩波以八日元八十钱购得，经过修缮等处理后，以十五日元卖掉。他还买入《大英百科全书》三十五册，这在当时也是大胆的做法。但岩波购买的书并不都是完整一套的，也有零散书籍，虽然这些零散书籍也拿到书市上去卖，但由于缺失过多，据说并没赚到钱。另外，当时很便宜的《古事类苑》，他以两百多日元中标，创下高价纪录，令行家们震惊。

开店第二年的一九一四年九月、即开店一年多后，岩波出版了夏目漱石的《心》。但实际上，在此之前的开店当年年末，他还受人委托，关照过芦野敬三郎编《宇宙的进化》的自费出版。

第四章 旧书店开业

就这样，书籍销售和出版并行或交错，但首先，让我从书籍、特别是旧书的销售开始整理吧。

开店后的重大事件，便是从大正三年（一九一四）末到第二年年初，岩波书店一手代办台湾总督府立图书馆一万日元的图书采购。那时，前帝国图书馆司书长、日本图书馆协会会长太田为三郎是那里的馆长，后来，他从岩波书店出版了《日本随笔索引》，但当时，他与岩波无一面之交，却在和日比谷图书馆馆长今泽慈海商量后，选择了岩波书店，可见当时岩波书店的信用在有心人当中已经存在。那时，官厅规定采购一千日元以上的货品时必须招标，太田在预先取得长官的谅解后，借用附近书店或个人的名字，准备好手续后，才提交了付款申请书。岩波尽最大可能提供了方便，当时，书虽然便宜，但岩波可能收集了九段下书店街所有有价值的书。据说每次交货时，对方都吃惊地问："书这么便宜就能买到吗？"实际上，岩波的价格比其他书店便宜两成以上。接着，岩波书店继续被指定为该图书馆的图书供货书店。但是，当时的一万日元是个大数目，恐怕相当于现在的六、七百万日元，因此，岩波的购书资金不够，便请求在出版《心》时而得到知遇的夏目漱石筹措三千日元，没想到漱石即刻答应，将所持股票借给他。岩波将股票作为抵押，从银行借到了钱。漱石并不介意，可漱石夫人主张必须要文契或其他手续，这本是理所当然的事，可岩波却觉得意外，可见他那时还缺乏普通的商业常识。从那以后，岩波也经常从漱石那里借钱。

之后，岩波书店就一直为图书馆供货。一九一七年，如岩波所愿，又开始为今泽任馆长的日比谷图书馆提供新刊书籍。如前所述，岩波书店认真查找书籍缺页，为此，图书馆方面免去了一本一本查找缺页的繁杂，得到了极大的方便。但一两年后，岩波以东京市付款拖延、为利息所苦为由，谢绝了供货。这可能真是由于为利息所困，也可能是因为愤慨于官厅该付的钱不早些付的态度，这也是具有岩波特色的商业类型。不过，据说奥田义人担任市长时期，由于支付速度快，岩波还曾非常感激。后来，岩波书店又为山口图书馆供书，该馆馆长是经常翻译左翼书籍的佐野文夫的父亲。大约在一九一六、一九一七年，岩波书店由于报价单及付款申请书中每本书的价格与总价不符，经常出现过多或过少的情况，因此遭到该馆的训斥。这也说明强将手下无弱兵，店员和店主同样疏于计算。

再插一段当时的轶闻：开店不到一年的一天早晨，岩波带着店员浅贺，骑着自行车，去了三田四国町的小宫丰隆的家。回来的路上，在下御成门的坡路时，浅贺不小心和人力车相撞，将乘客摔出去，车夫也摔倒了。车上的乘客名叫须田信次，是高田商会的要员，他的头后部跌伤，牙齿也折了两颗。当时，走在前面的岩波已不见了踪影。浅贺被叫到了爱宕署接受讯问，这时，不知道什么时候，岩波已换上了长礼服、戴着圆礼帽突然出现，并诚意道歉，说是自己让自行车骑得还不熟练的店员出去办事，是自己的错。警察让双方协商，结果双方无条件达成和解了。后来，岩波买来漂亮的桐木火盆送到须田府上，并表示了歉意。当时，他偷偷地离开现场，回到店里穿上长礼服，可能也是为了不让警察将责任推到自己身上，岩波的机敏可想而知。而穿着长礼服、一个劲儿地向警察认真道歉的样子，又是多么滑稽啊！

第五章
出版事业

(一) 创业时期
——处女出版《心》、《哲学丛书》及《漱石全集》

很难断定，岩波在开办旧书店之初，是否已打算从事出版，可能是在开旧书店的过程中，逐渐产生了这样的想法吧。据进省堂店员吉田三五郎说，岩波常说开旧书店后，对出版界的情况有了详细的了解，他还说，来旧书店的客人比新书店的客人眼界高，开旧书店为从事出版业提供了参考等等。由此看来，岩波从事出版业的意志可能是自然而然产生的。

这样，岩波在开旧书店不到一年后，便开始了出版事业。出版和旧书销售一度并行，但旧书销售日渐衰退，其最活跃时期大约持续到一九一八、一九一九年，只有新书销售持续到现在。

夏目漱石自费出版《心》，为岩波的事业成功打下了基础，这是不可否认的。但在此之前，可能是在开店之初，岩波想请漱石为自己的书店写招牌，便要我一起去漱石家，这是岩波第一次拜访漱石的书斋。漱石当即应允，写下大字"岩波书店"。这时写的字用于店内的匾额，而屋顶的招牌是用金字模仿的。可无论是匾额还是招牌，均在一九二三年的关东大地震中烧毁了。

《心》是漱石自费出版，同时岩波说这是书店的处女出版，外界也是这样认为的，时间是大正三年（一九一四）九月。同年八月，日本向德国宣战。而在此之前的一九一三年末，如前所述，在岩波的关照下，芦野自费出版了《宇宙的进化》。芦野是我妻子的叔父，后来成为田边元的岳父。他是研究天文学的物理学学士，时任海军大学教授，也是一个与众不同的人。《宇宙的进化》是他根据芝加哥大学教授乔治·海尔的原著编撰而成的。如果说漱石的自费出版是岩波的处女出版，那么《宇宙的进化》或许就是前处女出版。本来，在岩波请求出版漱石作品的时候，其他人已在没完没了地请求漱石了，漱石也想尝试自费出版一个作品，便出版了《心》。不管怎么说，初出茅庐的书店出版了当时一流的流行作家的作品，获得了世间的信任，后来又继续出版了《玻璃门内》、《路边草》，为日后出版漱石全集打下基础。相比而言，芦野作品的出版只是受人之托、公事公办，并未对日后的岩波书店产生影响，二者的差异非常明显。但是，《宇宙的进化》在印刷时，在词与词之间留出间隔，也显示了芦野一流的构思。

岩波非常感激《心》的出版，全部使用好材料，尽力做得出色。对此，漱石劝诫他不要做过头，经常批评他。但看起来漱石也对自费出版很感兴趣，在装帧方面还尝试采用中国古代石刻文的拓本。漱石死后出版全集时，经种种评议，最终也沿用了这种装帧。顺便说一下，漱石自己装帧的只有《心》和《玻璃门内》。根据双方的合同，初期费用都由漱石负担，岩波对此进行偿还，还清后，每半期计算收益，双方平分，因此，也可以说这是岩波和漱石的共同出版。两年后漱石去世，为摆脱共同出版的繁杂，《心》也成为岩波书店的普通出版。刚出版《心》时，作为心意，岩波送来一张三尺见方的桌子。漱石毫不客气地说桌子不好，岩波就爽快地说，不好的话我就拿回去了，拿着便要走的时候，漱石又一本正经地说还不至如此，周围的人都笑了。

一九一五年二月初，堤常在岩波的诚邀之下进店工作。自此三十余年间，他作为岩波书店的经理人、支柱，弥补了岩波的缺点，虽缺少积极的才干，却不求个人的功名、权力、利益，至始至终地、诚实地甘做一个无名英雄。后来，他的妻子久子也成为会计主管，夫妇二人共同增强了客户及作者对岩波书店的信任。久子担任会计是在五年后的一九二〇年七月五日，受岩波之托保管的金额包括邮政储蓄、银行存款共计一万八千日元，据说岩波还让她写了保管凭证。

在早期的出版中，其重要性不在《心》之下的还有《哲学丛书》。岩波书店被冠以哲学书"肆"，其根本原因也在于该丛书。而在关东大地震后，也是由于该丛书的销路，书店才有能力捱过昭和初期的经济萧条。丛书的出版资金来自村井银行的融资，岩波申请了一千日元，最后借到七百。如果从银行一分钱也借不到，就打算放弃这次出版，当时他就是带着这样的思想准备向银行借款的。而且，该丛书的装帧采用灰色木棉，开创了装帧界的新纪元。丛书的完成状况虽良莠不齐，十二卷的销路也甚有差异，但该丛书给日本的思想界、尤其是年轻学生带来的影响，可以说和它的销路一样大。在此之前，哲学一向不被注意，可就是该丛书，竟一时间开创了哲学、或者说哲学书的流行时代。该丛书出版于大正四年（一九一五）十月，正值第一次世界大战爆发的第二年。据岩波自己说，"正值我国思想界的混乱时期，我想这种混乱来自于哲学的贫乏，出版丛书的目的正是为普及一般哲学知识。"当时，德国的奥伊肯、法国的柏格森、还有印度诗人泰戈尔的书籍等广为诵读。在当时我写的发行宗旨的宣传中,也写道:"奥伊肯、柏格森、泰戈尔,思想界的送迎亦极繁忙。"——开店匆匆两年多,我还要经常写宣传资料——总之,在日本的读书界,开始兴起了对文化和哲学的兴趣。针对十九世纪后期的蔑视哲学、偏重科学的情况,"回归康德"的新康德派,即西南学派的文德尔班、李凯尔特,马堡学派的柯亨、那托尔卜等的哲学,立足于康德的批判主义,在大力倡导其认识论要素的同时,促进了作为文化自我批判的文化尊重哲学,以及尊重认识主观的观念论哲学在日本哲学界的流行,没料到岩波恰好抓住了这一机遇。

编辑是岩波自一高以来的挚友阿部次郎、上野直昭及安倍能成,参与商议的教授有西田几多郎、朝永三十郎、桑木严翼等。原本我们没打算得到教授们的帮助,编辑三人皆为布衣。前辈中,有纪平正美的《认识论》、速水滉的《逻辑学》。以一九一五年九月出版的《逻辑学》为开端,田边元的《最近的自然科学》、宫本和吉的《哲学概论》、安倍能成的《西洋古代中世哲学史》、速水滉的《逻辑学》、石原谦的《宗教哲学》、阿部次郎的《伦理学的根本问题》、上野直昭的《精神科学的基本问题》、阿部次郎的《美学》、安倍能成的《西洋近世哲学史》、高桥穰的《心理学》,最后,是高桥里美的《现代哲学》,于一九一七年八月出版,两年间完成了全部十二卷。作者几乎都是明治末期两三年间东京帝国大学的毕业生,在当时都是新锐。此等书籍大多是对西洋著作的解释或讲述,但它们对满足时代对哲学的要求起到了作用。其中,称得上自著的可能只有纪平正美、田边元、高桥穰、速水滉等人的著作吧。严密地说,该丛书才是岩波书店的处女出版,岩波还有我们这些编辑都担心丛书的销路,希望哪怕能卖一千部就行。正如进省堂的吉田也说，岩波最倾注心血的就是《哲学丛书》。没想到，它大受社会的欢迎，为全部十二卷准备的纸张，在发行第二、三卷时就用完了。它在二十几年间广为诵读，在重复了几百版的书中，该丛书可能占了大半。其中，销量最大的是速水滉的《逻辑学》，至一九二六年卖了七万五千册，至一九四一年卖了九万册，在岩波在世期间，销量达十八万册之多。

继《哲学丛书》之后，大规模出版的还有大正六年（一九一七）末的《漱石全集》。而在此期间，还出版了庞加莱的《科学的价值》、李凯尔特的《认识的对象》等当时有问题的哲学译著（一九一六），又出版了辞去内务省官吏、步入基督教信仰之途的藤井武的《新生》（一九一六）。除此之外，比较重要的还有仓田百三的处女作《出家人及其弟子》（一九一七）、西田几多郎的《自觉中的直观与反省》（一九一七）、鸠山秀夫的《日本债券法总论》（一九一六）等。鸠山的这部著作至一九四一年卖了九万三千册。斋藤茂吉、和辻哲郎、野上八重子的著作也已在此期间问世，较大的书还有学士院藏版的《伊能忠敬》（一九一七）等。当时，仓田还是无名青年，卧病于乡村，他将书寄给素不相识的岩波，请求予以出版。由于这本书，他一跃成为文坛宠儿，但开始的八百部是自费出版，后来才由岩波出版。另外，一九二一年出版的仓田的评论感想集《爱与认识的出发》和一九一八年出版的阿部次郎的《合本三太郎的日记》，深受广大青年学生的喜爱。《出家人及其弟子》在后来被收入岩波文库之前，销售近十五万册。西田在此之前已出版了《善的研究》、《思索与体验》等短篇著作，而这部《自觉中的直观与反省》是成为他体系性著述之始的大作。恰逢他在京都帝国大学得到职位，这为他的思索与研究提供了便利的生活，这部著作也是他过上这种生活后的第一部著述。自此，在西田哲学的确立及普及的同时，他的著述也源源不断地、全部由岩波书店出版，直到他去世。鸠山和岩波自一高时代便建立了友情，当时的他是新锐中一流的民法学者，头脑清晰、说明叙述达意，后来还出版了《日本债权法各论》上中下（一九一八、一九一九、一九二〇）。几乎与此同时，还出版了当时的新锐法律学者穗积重远的《亲族法大意》，为社会所用。此后，岩波书店还出版了松本烝治、中田薰、田中耕太郎、我妻荣等人的佳作、大作，又出版了基于新法案而编的《六法全书》。岩波书店作为既有的法律专业书肆以外的法律书籍出版商，在业界占据重要地位，其开端可以说就在这一时期。

但是，岩波书店获得成功的最重要的契机，无疑是《漱石全集》的出版。大正五年（一九一六）末漱石去世后，全集的出版由弟子们策划。但在出版《心》以前，漱石的大部分著作是由春阳堂出版的；《我是猫》、《行人》和短篇集《漾虚集》及《文学论》则由大仓书店出版；此外，漱石的选集《色鸟》一册由新潮社出版，这是新潮社的创办人佐藤义亮（橘香）亲自读过漱石全部作品后尝试出版的选集，漱石曾高兴地向岩波谈及此事，岩波却不服气地说：“那种事我也能做到。”我对此倒有些怀疑。《色鸟》原本就没有竞争力，可舍弃春阳堂、大仓书店而让岩波做出版商，还是相当困难的。当时，森田草平、铃木三重吉由于以前的私人关系，想让春阳堂出版，但岩波坚信，由自己出版无论是为日本还是为夏目家都是最好的。漱石的遗孀和小宫也赞成，因此，岩波以"漱石全集出版会"的名义，在事实上承担了出版工作。在当时，这是罕见的大型出版业务，阳春堂、大仓书店缺乏敢于冒险的胆量，也是岩波最终成为出版商的理由之一。那时，我也清楚地看到，当岩波的道义感和立功扬名的本能相吻合时，他是不顾一切的。名列全集编者的有寺田寅彦、松根东洋城、森田草平、铃木三重吉、小宫丰隆、野上丰一郎、阿部次郎、安倍能成八人。能够完成如此迄今为止最为完善的全集，还因为小宫丰隆对漱石的喜爱、以及由此付出的真挚、细致的努力。除了森田兼为生计从事校对，内田荣造（百闻）等人协助校对外，其他的人实际上没起到太大的作用。但是我在这些任性的编辑中，倒做了一点斡旋工作。森田当时承担了校对工作，这样的全集的编辑、校对是非常庞大的工作，而岩波对此仍然缺乏理解。对于全集在预定时间内没能出版，岩波对印刷公司和校对者深感不满，这种不满有时就反映到对方、特别是感性的森田身上。作为当时最好的活版印刷所，岩波选择了筑地活版所，那里的社长野村宗十郎常说岩波神经质，这确实也是岩波的一面。可在其他方面，例如《书简集》及其他书远超预定页数等等，岩波却毫不介意，并没改变预订价格，这也是岩波式的做法。

第一次全集的预订超过四千部，第三年、即大正八年（一九一九）十月的第二次预订达到六千五百部，这在当时是出乎意料的好行情。关东大地震的第二年、即大正十三年（一九二四）六月，又进行了第三次预订出版。上述三次都以出版会的名义出版，而一九二八年三月出版的普及四六开本的《漱石全集》二十卷，则以岩波书店的名义出版。关于大仓书店起诉此次出版的始末，将在后面讲述。

如果将一九一七年末发行《漱石全集》之前视为岩波书店的创业时期，那么，其创业时代几乎贯穿整个第一次世界大战期间。在此期间，一九一四年有《心》等三种自费出版，除《心》以外，还有鱼住影雄《折芦遗稿》、岛木赤彦诗集《切火》的委托出版。一九一五年是五种；一六年是十八种；一七年除《漱石全集》外，还有二十一种。一九一七年一月，还闪电出版了前一年十二月份去世的漱石未完成作品《明暗》。如前所述，这期间最重要的出版是《哲学丛书》，而继漱石的《心》

之后，还出版了其作品《路边草》、随笔集《玻璃门内》，都给书店带来很大的益处。另外，除哲学、法学外，还出版了田村宽贞（东京音乐学校教授）的《乐圣华格纳》等当时非常奢侈的书。在哲学书方面，出版了纪平正美论述自家体系的著作《哲学概论》、《无门关解释》、《行的哲学》等数种。自然科学也有两三种，但作者大多是岩波的熟人及其他相关人等。著者大多是朋友，这一岩波出版的特色持续了很长时间，但也不要忘记，其朋友的范围一直在稳步扩大。这里应当附注的是，岩波书店从一九一四年初开始承担《哲学杂志》的发售，一直持续到关东大地震时。还有以阿部次郎为核心的杂志《思潮》，于一九一七年五月出版。《哲学杂志》的编辑是宫本和吉、伊藤吉之助，岩波只负责发售，但这对岩波书店和哲学的密切关系起到了很大的作用。《思潮》在一九一九年初停刊，该杂志最受欢迎的作品，是和辻哲郎倾注了自己对奈良艺术的感动而写下的《古寺巡礼》，以及凯比尔的随笔。请凯比尔撰稿出自岩波的提议，和我商量时，我说恐怕不行吧，没想到博士欣然允诺，正巧还有合适的翻译久保勉在身边，因此，从东京帝国大学退职后，博士仍高兴地为杂志撰稿。这些作品不仅为日本有修养的人们所喜爱，更加深了博士留给日本的印象。此事由于岩波对博士本人纯粹的敬爱得以实现，在这种意义上，不仅在出版业，岩波在其他方面也做了各种好事。可岩波后来说，他是为了出版凯比尔先生的文章才出版《思潮》，这却是以结果取代原因的夸张之辞了。一九一七年一月，岩波购买了与南神保町十六番地的零售部相连的一栋建筑。购买该建筑时，承鸠山秀夫、太田水穗的好意，卖价约二千日元。

另外需要说明的是，《漱石全集》的第一次预订始于一九一七年末，在一九一九年六月结束。

（二） 关东大地震前后

由于发行了《漱石全集》等原因，书店的资金流通有所好转。从那时到地震期间，岩波以新锐的气势向出版界挺进。正巧在一九一八年六月，德国发生了革命；十一月，德国与协约国签订了停战条约，接着缔结了和约。这时岩波表示，和深受苦难的法国、比利时两国人民同喜是我们的义务，便挂起了日本国旗和这两个国家的国旗，以表庆祝之意，这也完全是岩波式做法。

大正七年（一九一八）的出版仅十四种，这可能是因为《漱石全集》而忙翻天了吧。但当时煞费功夫出版的，也有由画家桥口五叶任主编、歌川广重的保永堂版《东海道五十三次》的复制品，还有正冈子规的《仰卧漫录》，都是从封面到插图完全按照原物复制的珍本，当时的定价是十二日元。我曾劝阻岩波，像五十三次那样花钱多的书，可等到积累一定的资金后再出版，可岩波没听。当然，他后来也没遭受损失就完成了出版。据说苏格拉底常常聆听神灵的声音作为行动的依据，而那大多是谏止的声音。我也对岩波大放禁令，但我不如神灵，很多都没应验，这也没有办法。在引人注目的出版物中，有内村鉴三的《基督再临问题讲演集》。这一年，还出版了波多野精一、宫本和吉翻译的《康德实践理性批判》。第二年、即一九一九年，出版了藤原正、安倍能成翻译的《康德道德哲学原论》。一九二一年，出版了天野贞祐翻译的《康德纯粹理性批判》。再向前追溯，一九一七年出版了非翻译作品、桑木严翼著的《康德与现代哲学》。这些作品都显示了受新康德派刺激的日本哲学界对康德哲学的关注，不久后为纪念康德诞生两百年，又推动了一九二三年末《康德著作集》十八卷的策划。一九二四年，杂志《思想》推出了"康德纪念专刊"，而在诸家的康德及康德哲学论中，又出版了田边元的《康德的目的论》。

此外，哲学书方面还出版了田边元的《科学概论》（一九一八）、西田几多郎的《意识的问题》（一九二〇）、波多野精一的力作《西洋宗教思想史》（一九二一）、左右田喜一郎的《经济哲学诸问题》、《文化价值与极限概念》（一九二二）。左右田的著作甚至一度使经济学出现了哲学化的趋势。在古典哲学方面，出版了久保勉、阿部次郎合作，按希腊原典翻译的柏拉图《苏格拉底的申辩·克里托》（一九二一）。一九二二年，宫本和吉、高桥穰、上野直昭、小熊虎之助编辑的《岩波哲学辞典》问世，令岩波书店作为哲学书肆的声誉为万人所认可。一时间，作为《哲学杂志》发行商，并出版了较多哲学书籍的弘道馆等，其影响力也薄弱了。

在第一次世界大战中，日本"劳少功高"，在资本主义经济极大发展的同时，劳资对立也日渐激化，以经济生活为中心的社会问题，无论在实际上、理论上都成为了问题。关东大地震前岩波出版的作品，也反映了这一现象。社会学著作方面，源源不断地出版了当时在京都帝国大学任职的高田保马的著述；另外，除森户辰男翻译的布伦坦诺的《劳动者问题》（一九一九）外，还出版了小泉信三的《社会问题研究》（一九二〇）、河上肇的《近世经济思想史论》（一九二〇），以及河合荣治郎、堀经夫等的关于劳动、经济、社会问题的著述。河上的著述在促进了日本经济学界的社会主义倾向一点上，具有划时代的意义。一九二〇年五月，普通选举的舆论盛行，岩波出版了京都帝国大学教授佐佐木惣一的小册子《普通选举》，大大的宣传牌挂在店前，可以视为展示出岩波的政治及社会热情的一个例子。一九二一年，出版了普列汉诺夫著、恒藤恭译的《马克思主义的根本问题》。和对待其他问题一样，在社会问题、经济问题、劳动问题、马克思主义问题上，岩波也认为，首先要有正确的认识，并通过自家的出版响应这种要求。这些都基于他的社会公正的理想、以及喜好学问的精神。他不是学者，也不精通学问，但他不仅相信学问的意义与价值，还通过出版实现了这一信念。在这一点上，他是一个正面意义上的进步主义者。

从一九一八到一九二三年六年间的出版情况可以看到，岩波书店后来出版的各门类的书籍，大都在此期间初次亮相了。在德国的文化哲学（新康德派、奥伊肯）的影响下，当时出现了很多文化和修养的标语，以文化住宅为首，文化公寓、文化洗涤的标语在街头巷尾泛滥。而在西方的音乐及美术方面，不仅出现了唱片、照相版书籍，人们还要亲自去听世界名家——去美国时途经日本——演奏西洋名曲。人们渐渐地可以直接看到，由《白桦》等积极地介绍的近代美术巨匠的原著。总之，西方文化不仅是思想和观念，还通过感观直接进入日本。可以说，日本人在财力增强的同时，将西方文化日常生活化的程度也日渐提高。为顺应这种趋势，田村宽贞、上野直昭等在一九一六年初就已策划《音乐丛书》，但由于程度过高、内容生硬等原因，只出版了三、四卷，未被社会广泛接受。在美术方面，矢代幸雄、板垣鹰穗关于西方美术史的讲义和概论也出版了二、三卷，但在当时这方面的著述还很少。在与西方文化的亲近与日俱增的同时，对西方的古典修养身体力行的凯比尔在杂志《思潮》、《思想》（以和辻哲郎为主编，一九二一年创刊）上发表的随笔，也博得了很多有修养的人的喜爱。汇集了此等文章的德语及日语版的《凯比尔博士小品集》，在这一时期出版了正文与续文各二册。凯比尔在大地震前去世，据说在他去世后，《思想》立刻推出了"凯比尔先生追悼专刊"。至此为止，岩波书店虽然也出版了很多文艺书籍，却没有被评价为文艺书肆，这是因为大多数作家只限于岩波的朋友或有特殊关系的人，像哲学、社会科学、自然科学的书那样，由岩波主动请求出版的人很少，这可能也由于岩波和所谓的文人性情不投合吧。或许也是因为《漱石全集》继第一次预订后，很快开始了第二次预订，除漱石以外的作者，大概只有仓田百三的诸作及他推荐的作品等；后来由岩波出版的《一个叫竹泽先生的人》的作者长与善郎，在这一时期也推出了《三戏曲》；此外，还有岩波的朋友中勘助的处女出版《银匙》吧。而与众不同的著作，就有出于对罗马字运动的关注而出版的《罗马字哥儿》（一九二二）。至于翻译文学，以德国的近代古典占大多数。当时，日本哲学的大趋势是向德国哲学一边倒，同时在文艺方面，岩波可能也称得上是德国文化的输入者。至一九二五年，这些作品几乎都被收入京都帝国大学教授藤代祯辅主编的《德意志文学丛书》，后来又编入《岩波文库》中。岩波喜欢丛书，后来也策划了很多丛书，这可以说，岩波作为出版商还残存着外行的做法。另外，在当时的文学理论或者是评论方面，还出版了土居光知的《文学序说》、阿部次郎的《地狱的征服》（一九二二）。

此外，一九二二年还新出版了以京都帝国大学教授坂口昂为中心的《史学丛书》，共出版了四、五卷，这些也是对兰普雷希特等德国史学思想的介绍及翻译。在史学方面，这一时期的优秀著述要数和辻哲郎的《日本古代文化》（一九二〇）吧。

作为学问，岩波自己接触的是哲学，但作为出版商，他希望哲学和自然科学的知识共同得到全面普及，这是他当初就有的想法。大正十年（一九二一），爱因斯坦提出相对论原理，令连不懂科学的人也感到,牛顿以来的物理学及世界观将被彻底推翻。当相对论给世界带来如此巨大的冲击时,岩波书店也出版了少许相关的著述。但一九二二年秋,岩波内心视为竞争对手的、改造社的山本实彦,竟邀请到爱因斯坦于十一月来东京帝国大学召开讲座。或许岩波为此感到极大的焦躁,便想通过对自然科学的实质贡献与他对抗。这时,他邀请长冈半太郎、寺田寅彦、石原纯等二十余名自然科学学者或数学家到筑地的精养轩,就科学著作的出版,请求他们助一臂之力。在此之前的一九二一年末,岩波策划了以寺田寅彦、石原纯为编辑,出版《科学丛书》及《通俗科学丛书》。在出版《漱石全集》以后,岩波和寺田渐渐熟稔,继一九二三年出版了《冬彦集》、《薮柑子集》后,寺田的随笔几乎全由岩波书店出版。他不仅是有独创性的科学家、有个性的文章家,对于信任他的人来说,他还是一个绝好的顾问。岩波之所以能够称雄科学书肆,在很大程度上有赖于寺田,这也是岩波本人深深感激寺田的原因。寺田死后,他的遗像也一直挂在岩波书店中岩波的房间里。石原纯作为科学界的杰出人物广为人知,但自一九二一年由于恋爱事件离开东北帝国大学之后,主要在岩波书店工作。他仰仗岩波的地方可能要比岩波仰仗他的地方多。他是石原谦的哥哥。

下面,我试着列举一九一八年后到关东大地震前,岩波书店关于自然科学和数学的著述:田中阿歌麿《从湖沼学上看诹访湖的研究》(一九一八)、中泽毅一《人类与动物的比较》(一九二〇)、杨格著、柳原吉次译《代数学及几何学的基础概念》、庄司彦六《力学》、阿部余四男《动物学讲义》、桑木彧雄、池田芳郎译《爱因斯坦相对论原理讲话》、石原纯《相对论原理》、《以太与相对论原理》(一九二一)、池边常刀《特殊一般相对论原理》、东北帝国大学钢铁研究所《金属材料的研究》(一九二二)、石原纯《物理学的各基础问题》、爱知敬一《法拉第传》、藤村信次《热电子管》(一九二三)等。

另外,这段期间发生的重要事情,就是后来成为岩波书店中心的长田干雄及小林勇,相继于一九一九、一九二〇年进店工作。长田是由岩波的朋友兼长田的老师小尾喜作推荐的。岩波写给小尾的对理想店员的标准是这样的:一、坚持认真的人、良心敏感的人;二、健康的人、仪容端正的人;三、有头脑的人、理解力强的人;四、奋斗型的人、不服输的人。

借此机会,就新书的销售价格简单说几句。当时,新书的发行商批发给经销商的批发价格,一般稳健的书籍打八五折到八折;但仅在初版发售时,特称为"入银",还要再打五分的折扣批发给经销商。经销商从中收取三分到五分的手续费后批发给零售商,零售商从自己二成左右的佣金中,打若干折出售,一般是九折。岩波的意见是:如果零售商要打九折卖给读者,那一开始就将打九折后的价格作为定价就好,不应决定定价后再以更低的价格出售。因此,他要求在自家出版物的版权页上写明按标价销售,对于不执行的地方就终止交易。一九一七年,由于这一主张违反以往的习惯,出现了反对的意见。开始时,学生即使到出版商的岩波书店来买书,书店也不打折销售,但如果在别处买到打折的书,就视而不见,稍作妥协。结果,岩波一直坚持该主张,这一主张也渐渐得到认可。但该主张最终被采纳作为书商联会的规定、新书开始按标价销售,则是从一九一九年十二月一日开始。

应该支付的钱一定要按约定日期支付,岩波本人在彻底执行这一方针的同时,也执行着该收取的钱就要严正地收取这一方针。他也想在自己的生意中执行这样的方针,但困难很大。可像《哲学丛书》那样销路好的书经常缺货,因此,也有零售商甚至会将仅仅一钱二厘的利润降到一钱。由于出版了很多稳定的、销路好的作品，同行们也逐渐对岩波的理想表示敬意。面对如此盛况，岩波说出了这样的豪言壮语：我并不是觉得会赚钱，只是认为日本需要新的哲学修养，才断然出版哲学书籍，不料却受到欢迎。

可能是这一时期的事，岩波从博文馆出资的洋纸店博进社买纸，对方考虑岩波是初出茅庐的出版商，明明其他出版商都两个月付一次款，却要求岩波书店一个月付一次。在准确付完款之后，岩波说，在你肯和我进行正常交易前，我是不会和你联系的，等你能够信任我时再来。就此断绝了和博进社的交易。面对那些对自己的承诺没有诚意的人，岩波表现出极大的愤慨。

一九二二年，日本的股市危机引发了全面危机，但出版界在第一次世界大战的影响下，继续保持繁荣。岩波书店发行的书籍全部受到好评，书店状况日渐繁盛。同年十一月，岩波在小石川购买住宅，这也是显示书店繁荣的一个事例。

一九二二年正月，石本惠吉创办大同洋行。针对当时一手承办外文书籍、以专横著称的丸善，他宣扬要提供廉价、便利的外文书籍。岩波立即对此产生共鸣，声援石本。但后来，岩波看出他的宣扬只是利己主义的手段，便发表声明，取消了声援。这是岩波看错人的一个例子。

在大正十二年（一九二三）九月一日发生的关东大地震中，岩波书店位于神田神保町十字路口附近的两栋书店、今川小路的三栋自家仓库、有乐町的印刷厂等全部烧毁，加上烧毁的书籍，据说损失高达八十万日元。但是，重要文件在店员们忘我的努力下得以全部抢救出来，原稿也安然无恙，因此深受作者感激。这时，岩波书店的支持者、北海道的奈良农夫也寄来了整套《漱石全集》以及若干汇票，说道：赤身露体没法干活，用这些钱买条兜裆布什么的吧。这部全集成为大地震后抢先问世的《漱石全集》的原本。我当时正好住在小石川小日向水道町的房子中，这栋房子原本是朋友中勘助的，后转为岩波所有，它同岩波的住宅都在大火中残存下来。灾后，我马上见到了岩波，在岩波当时的激动情绪中，我甚至感到了异常。二十多名店员及家人均没有生命危险，岩波对此非常激动、感激，重新振作的情绪高涨。这时，我也感到，岩波的生活的确需要这种强烈的刺激，并深感他在这时最能体会到生存的价值。那时，我打算作为著者，通过降低版税来挽回岩波的部分损失，便着手和一些重要的作者商量。首先和波多野精一商量，并征得了他的赞同，可岩波对此不屑一顾。在震后出版的《思想》十一月期刊中，他发表了"谨告"，表达了要赤手空拳走向复兴的信念。他还对小熊虎之助说："这下更精彩了，从头做起，一定能干大事。"他又对中村白叶说："就想成再次回到起点，没什么了不起的。"据说他边说边下意识地拭着自己的光头。岩波后来也坦白，"事实上，我从未体味过如此强烈的感激之情。"

靠着这种精神，在灾后的十一月，岩波率先在南神保町为新建的岩波书店举行上梁仪式。在此之前，他将小石川的住宅作为临时事务所，复苏的出版活动有：十月，除鸠山秀夫的《日本民法总论》上卷、高柳贤三《新法学的基调》、西晋一郎《伦理学的根本问题》、河合荣治郎《社会思想史研究》第一卷、土方成美《财政学的基本概念》外，还出版了津田左右吉的《神代史的研究》，这部著作在太平洋战争后引起人们的关注。年末，岩波书店还着手出版《斯特林堡全集》及《康德著作集》（全十八卷）。之后，一九二四年出版了六十余种；一九二五年出版了近七十种；一九二六年出版了超过八十种的书籍。但是，其中多少混杂着"砂石",这也是不可避免的。推动这些出版的原因,当然是因为在地震中,东京书店的书籍几乎全部烧毁,读者在精神上、感情上渴求着书籍。在那时众多的出版物中,让我们看一下灾后大正年间整个三年的出版情况:一九二四年中期,与初版同型制的《漱石全集》第三次预订出版;然后是《德意志文学丛书》、《美术丛书》、《音乐丛书》、《史学丛书》、《科学丛书》、《通俗科学丛书》、《科学普及丛书》、《营养学丛书》、《哲学古典丛书》、《哲人丛书》、《佐藤信渊家学全集》。另外,除以前的《托尔斯泰全集》外,还有《契诃夫戏曲全集》、《斯特林堡全集》。然后又出版了位于邻近、遭受了震灾的东京商科大学(今天的一桥大学)的《复兴丛书》等。尽管岩波书店接连不断地出版丛书,但其中也有销售额不理想的,如《哲人丛书》,只出版了朝永三十郎的《笛卡儿》一册;《哲学古典丛书》也于大正年间,只出版了松浦嘉一译《亚里士多德诗学》、河野与一译《莱布尼茨形而上学叙说》二册后便中止了。原本,这也是因为岩波信任作者的学问良心,不厌其烦地给他们时间。然而,所谓著者就是虽讨厌催促,可你若不催促,他又会觉得你对他置之不理。出版商的义务是向社会出版优秀作品,而适当、巧妙地催促作者,可以说是附加在这一义务上的义务。岩波虽然制定了计划,但很快就忘记,又去盯住新东西;而且,当时的岩波和店员又缺少这方面的训练和技巧,这些都是无法否认的事实。而且,这种丛书、全集的选择需要慎重,可岩波一感到要为悠久的文化作贡献、或是日本现状所迫切需要的,便马上付诸实施。无论什么事,只要觉得好,就要自己独占——尽管如此,另一方面,他也说过,盼望所有人都能做出好东西,这也不是谎言——由于这种贪婪,再加上他坚信,只要创意好,就一定能成功,以及他那被大地震煽动起来的激情与暂时的繁荣,都助长他势头过猛。在此类丛书、全集的出版中，编辑工作及编辑是何等重要，其准备是何等不容易，这些心理准备都是当时的岩波所欠缺的。

我试着将震后到大正末年以前的书籍数量粗略分类，其中涉及社会问题、经济问题的书籍最多，达四十种；其次是外国文学的翻译、研究、评论，三十八种；科学，二十八种；音乐、美术、考古、建筑，共二十五种；哲学，二十三种；政治法律，十九种；现代小说、戏曲、和歌，十七种；日本的古典及其研究，十种；随笔及其他，九种；史学，六种；宗教，五种；语言学，二种（田中秀央的拉丁语法）；以及《日本随笔索引》。当然有些书无法进行明确分类，以上仅供了解概况而已。灾后，经济及社会问题逐渐变得迫切，这类书籍的数量之多便是对这种倾向的肯定。哲学和科学书籍的数量多，是由于岩波书店的特色是哲学书肆，也显示他尊重作为文化根底的哲学，同时也可看出他致力于科学的进步及科学知识的普及。

在外国文学中，德国和俄罗斯较多，法国可以说几乎没有。在经济及社会方面，有实践家井上准之助的《我国际金融之现状及改善策略》，及小泉信三明快简洁的佳作《近世社会思想史大要》。在法律及史学门类中，有中田薰和三浦周行关于日本法制史的研究，上田整次的遗著、特殊的专业研究《沙翁舞台及其变迁》，及津田左右吉的著作、后来引发诉讼问题的《古事记及日本书纪的研究》。在哲学方面，有田边元的力作《数理哲学的研究》及三木清的处女作《帕斯卡的人类研究》。在科学方面，有石原纯关于物理学及自然科学的理论著述，以及由本多光太郎主持、东北帝国大学金属材料研究所所员的关于实验研究的著述等。另外，关根秀雄翻译的《伯吕纳吉埃尔法兰西文学史绪论》出现了问题，由于林达夫激烈地指出其中的误译，在和译者协商后，决定毁掉七百部，重新翻译的译作被收入《岩波文库》。

第五章 出版事业

虽然这和更换缺页书籍一样，可显示岩波作为出版商的良心，但同时，要完全没有误译几乎是不可能的，而且必须考虑到一些解释会因人而异，因此，这样的处理就多少显得有些简单化了。同时，这样的处置可能也给岩波出版的译作招来了严厉的批评和指责：说得那么严厉，结果又怎样？另外，还有三、四种是对其他出版商的出版物进行的改版。当时，由于在学界展露头角的小泉及高桥（诚一郎）等人的关系，也出版了庆应义塾大学教授们关于政治经济的著述。以上所述，便是震后三年间的状况。

此外，当时出版界还发生了一件事，《凯比尔博士小品集》的德语原文在德国制版，加上纸型费用等共计四一八马克（当时一日元相当于一点八七马克）送到了德国大使馆。另外，一九二四年七月，岩波通过他的朋友、中华民国要人蒋方震，向北京松坡图书馆寄送了一九二三年后出版的所有哲学、历史、文学、社会、心理图书，收取货款四百日元。

从一九二六年三月起，岩波书店改变以往记流水账的外行做法，采用复式计账。这样，店里的经济动向一目了然，为业务的运营带来了方便。这样繁杂的工作之所以能在短时间内完成，有赖于当时第一银行的要员、岩波的朋友明石照男推荐的该行行员曾志崎诚二（后成为该行要员，现任第一信托银行行长）的指导，还由于岩波书店的会计负责人、堤常的妻子堤久子的极大努力。自一九一七年末，岩波书店在丸之内设立支店起，便和第一银行有业务往来，后来还从第一银行融资。岩波将明石和曾志崎视为岩波书店的财政顾问，遇事经常与二人商量，二人也为他提出建议，这种关系后来也一直持续下去。明石于去年过身，曾志崎在岩波去世、公司成立以后，担任公司的监察人，直至今日。

让我再回到前面。遭遇大地震后，岩波勇气倍增，同时，他断然否定地震当中朝鲜人发起暴动及非法入室的传闻（关东大地震后，各种谣言在民间传播。谣言包括"日本社会受虐待的朝鲜人要趁震灾这一千载难逢的机会反击日本人"等。很多人甚至认为火灾的扩大也是朝鲜人的暗中活动造成的。——原注），也显示出他的伟大之处。龟井高孝说，在当时遇到的熟人中，岩波是唯一持否定态度的人。后来，发生了朴烈事件，朝鲜人朴烈和他的妻子金子文子二人，在地震后的九月二日被拘捕，岩波对二人随后的失踪深感忧虑，这些都是他同普通的民众或学者截然不同之处。

自昭和四年、即一九二九年起，全球爆发经济大萧条，而日本在大正末年至昭和初年就已出现了前兆。经济界多事多难，而面对这种状况，国民的决心和政府的对策也很薄弱，各种混乱接连发生。一九二七年四月二十二日，田中内阁发出了全国性延期偿付的公告，中国各地强烈排斥日货。从当年年末到第二年一月中旬，岩波和三木清一起去北京旅行，也顺便去了我所在的京城（日韩合并后首尔当时的名称。——译注）。

震后不久，仿佛响应了岩波那种异常的兴奋，书籍的销路相当好。其原因如前所述，由于集中了日本大部分出版商的东京被烧成废墟，出版活动中断，令读者深感对书籍的饥渴，而地方又在翘首企盼新的出版。虽然灾后重建如火如荼，可大地震毕竟给日本经济带来了沉重的打击和巨大的损害。就连对日本及世界经济状况不太介意的外行、要将"你能够，因为你应该"的信念坚持到底的岩波，都在灾后的第三年、一九二五的下半年，为这空前的萧条悲叹。一九二四、一九二五年，退货严重，设在今川小路的大仓库也塞满了书。加之岩波买下了所有由震灾预防调查委员会出版的各部门灾害调查报告书（四六开本共六册），并承担发售业务，由于其专业性很强，销路不振，使岩波蒙受了相当大的损失。上面提到的复式计账，也是在这时采用的。据曾志崎讲，震后不久进账的二十万日元存入了第一银行，并以此为抵押贷款十万日元，可到一九二五年时，已减少到三万日元。岩波又通过无抵押方式借了十五万日元，开始时被银行拒绝，岩波还气愤地说，要做好的事业却得不到帮助，太不像话了。但是，岩波并没有因为不景气而给作者、纸商、印刷商添麻烦，也尽量不改变出好书、裨益社会的方针，就像他后来也经常说的那样，不是出版对方请求出版的书，而是只出版自己请求对方出版的书。在昭和初期的经济萧条中，支撑着岩波书店的是销量庞大的《哲学丛书》和《漱石全集》，还有西田、田边、纪平等人的哲学书，以及鸠山、穗积、松本等人的法律书在社会上广为渗透。特别是《哲学丛书》，在很长一段时间里，成为了岩波书店的"米箱子"。

三 岩波文库与罢工
——昭和初期

关于昭和初期，首先应该提及的是《岩波文库》的发行。如前所述，受大正末期到昭和初期的经济萧条的影响，日本的经济界、进而出版界也出现萧条。不可否认，《岩波文库》是岩波为打出一片新天地而策划的。在此之前的大正末年，同样为经济萧条而苦恼的改造社山本实彦，为摆脱过度铺张后的经营困境，孤注一掷地决定了一个大胆的策划，出版一日元一册的《现代日本文学全集》，结果大获成功。对此，岩波立志要出版世界文学全集，可抢在岩波的策划之前，新潮社出版了《世界文学全集》，获得了超过前者的巨大成功。岩波的心情无法平静，他意识到要摒弃预订对读者的束缚，应出版读者可自由选择、自由购买的廉价版书籍，于是决定效仿自学生时代起就喜爱的德国的雷克拉姆文库、英国的卡塞尔文库，出版《岩波文库》。关于出版前、出版之初以及出版后的经过，当事者小林勇和长田干雄在杂志《文库》上刊载的《岩波文库略史》中已详尽说明，写得非常有趣。然而岩波的作者们，特别是有实力的东北帝国大学教授们及其他人等，以无系统性、经济上有担忧以及廉价书会削减著者的版税等理由，反对这一策划。而且，岩波还遭到了当时正因病休息的堤大掌柜的反对，一时间热情也开始冷下来。可由于年少气盛的小林勇和长田干雄的热衷，以及当时恰好从京都搬到东京的、年轻的三木清等的协助，岩波乘坐的船终于帆鼓风满地启航了。说是小林协助岩波，实际上是小林主要奔走于作者之间，长田则守在店里，埋头于事务工作。时任京都帝国大学教授的波多野精一欣赏三木出众的才华，曾经在波多野的斡旋下，由岩波出资供三木留学德法，两三年后回国。三木的才学也为西田几多郎所欣赏，但他由于才气奔放和性格上的缺点，树敌颇多，在他毕业的京都大学不得志，便来到东京，在法政大学执教。但从昭和初期起，三木作为出版的策划人、作者选定的助言人、广告宣传的作者，及岩波的顾问，一直为岩波书店工作。虽不能说岩波终生都喜爱三木，但他器重三木的才学，听他的话，从结果看，可以说充分利用了他。这时，书店创立初期的助言人、顾问阿部次郎，以及《漱石全集》出版后和岩波关系密切的小宫，都去了仙台的东北帝国大学任教；安倍去了京城帝国大学；后一辈的和辻去了京都帝国大学；作为年长者留在东京的只有茅野仪太郎（萧萧）和高桥穰，虽然岩波也能和他们商量，但二人都比较消极，对岩波很客气。在这一点上，三木和意气相投的小林，都有推动岩波的力量，胜过前二者。当然，这在很大程度上，也由于岩波意欲推动新时代发展的性格倾向吧。而店内则有堤坐镇，相对于岩波的积极性，他基本上代表消极性，他成为巩固书店、博得作者信任的力量，但也不能说这一定就是有益的，在岩波文库的例子中就能看到这一点。虽不是因为同情三木，但我等都赞成文库的发行。文库的装帧采纳平福百穗的方案，使用了正仓院御用古镜的图纹。

在《岩波文库》出版前，市面也有《AKAGI丛书》等类似的便宜书籍，但寿命都短。而《岩波文库》的发刊辞虽然以"真理自身愿意被千万人所追求，艺术自身希望被千万人所爱戴"的壮大文句开始，但这部"横亘古今东西，无论文艺、哲学、社会科学、自然科学何等种类，万人必读的、真正有古典价值的书"，如按每卖一万册只能获利二百日元计算，一百页的书就必须按二十钱的市价销售。而且，岩波以前慎重的计划都被其他出版商靠"快而粗"抢先，从这一教训来看，不能只炫耀"慢而巧"，因此特别是在现代日本"有古典价值的书"的选择上，不免招来各种非议。但是，弓已拉开，必须快速放箭，一九二七年七月，文库出版了第一回，这里，仅列出第一回的发售书目。

《新训万叶集 上下卷》、《心》、《苏格拉底的申辩·克里托》、《实践理性批判》、《古事记》、《藤村诗抄》、《国富论》上卷、《浊流·青梅竹马》、《国性爷合战·枪权三重帷子》、《战争与和平》第一卷、《芭蕉七部集》、《五重塔》、《病床六尺》、《父》、《出家人及其弟子》、《樱桃园》、《幸福者》、《号外》、《科学的价值》、《认识的对象》、《我的春天·我春集》、《北村透谷集》、《智者纳坦》、《春醒》、《朱莉小姐》、《曾我会稽山·天网岛情死》、《黑暗的力量》、《仰卧漫录》、《科学与方法》、《万尼亚舅舅》、《活死人》。

这三十一种是同时出版的,其中岩波书店发行的书籍就有十三种,这当然就使其他书店怀疑,岩波书店该不会将自己发行的单行本统统收入文库吧?但这些本来就是值得收入文库的书,而且也和前面介绍的、要加紧出版的缘故有关。

岩波在《岩波文库》发刊之际写给读书人的文章,是由三木清执笔、岩波自己修改的。文中写道:"近期,业界流行大量生产、预订出版。暂且不论其广告宣传的狂态,那些号称流传后世的全集,其编撰准备做到万无一失了吗?对千古典籍的翻译策划,不缺乏虔敬的态度吗?而且,不允许分售,束缚读者,迫使读者购买数十册,如此做法就是其宣扬的学艺解放吗?吾人对附和如此天下名士之声且推举之,甚是踌躇。"看到这些,我却不能立刻热烈地赞同岩波。岩波对此等全集的责难是恰当的,但是如《漱石全集》的预订,即使可以辩解说它卷数少、又是同一人的著作,但也不能否定,这是五十步笑百步的说法。必须承认,在这种正义的标榜下,隐藏着岩波的积愤、嫉妒、反感。虽说如此,我也并不想一个劲儿地指责这种矛盾,攻击岩波。但是,即使我们这些岩波的朋友对这种矛盾一笑置之,世间也总会有人将此作为岩波伪善行为的证据吧。这个话题暂放一边,《岩波文库》受到社会极大的欢迎,素不相识的读者们寄来几百封感谢信、鼓励文章,其中一个人甚至写道:"我将一切修养托付于岩波文库。"岩波非常感动也非常得意,甚至说这个计划经过十几年的深思熟虑、千锤百炼,把自己也曾经热情冷却的事抛诸脑后。的确,这个计划多年来一直在他心中,但要说千锤百炼就有点儿值得怀疑了。正如岩波后来说的那样,能够大受读者欢迎,令他非常感动,认为"开书店太好了",这的确是他的真情实感。但这里必须说明的是,实质上,文库是有赖当时还年轻的小林、长田的热情和努力,还有三木的指导和建言的功劳,才得以完成的。

第五章 出版事业

从《岩波文库》的第一回出版后，当年秋天的第二回收录了河上肇和宫川实翻译的《马克思资本论》。岩波为此专门起草了《岩波文库马克思资本论出版致辞》，其中还言及和改造社版高畠素之译的《马克思资本论》之间的纠葛，但由于下述的《马克思全集》事件，河上版的资本论后来也中止了。岩波对于资本论的态度，可能也是受到三木的影响和劝导，但正如他作为出版者一贯主张的那样，他相信，认识事物是首要之务，与其禁止不如传播，基于这种积极的意识，岩波才开始策划马克思《资本论》的出版。同时，他作为不遵从战时国策的、危险思想的宣传者，成为军部的眼中钉，也是起源于此。另外此时，关西方面的书籍零售商们团结起来，不销售《岩波文库》，理由是如果不断发行这么便宜的书，自家的生意就糟糕了。幸好这一举动没有发展到全国就不了了之。岩波书店虽然受到读者的欢迎，却遭到零售商的联合抵制，这无疑也是非同小可的重大事件。但是，时至三十年后的今天（即一九五七年，下同。——编注），《岩波文库》仍拥有生命力，这就证实了它的土壤是广大读者的需求。对《岩波文库》最重要的评价，就是它尊重古典，岩波认为古典的普及程度，能直接显示出一国的文化水平，因此，即使经济价值高，但缺乏实质价值的书，也不能编入书库；有时著者出于谦虚，说这种拙作就收入文库吧，岩波反认为是荒谬的说法；即使作为单行本同意发行，也会拒绝编入到文库中。岩波说，他就是这样尊重、爱护文库，并严加甄选的（遗作《岩波文库论》）。但是，古典书籍未必卖得就好，更确切地说，很多书籍卖不出去。可以说，这种烦恼从那时就有，现在也有，特别是今后，有价值的古典书籍渐渐出版殆尽，销售就更难上加难了。《岩波文库》得以迅速出版的直接动力，是改造社的《现代日本文学全集》，但后来改造社又推出了《改造文库》，针对《岩波文库》

的一个星二十钱，（岩波文库的特点是以星数决定书价，一个星代表某个金额，星越多价钱越贵，至于星的数量则和页数成比例。——编注）它的定价为其半价的十钱，意图可能就是要打垮《岩波文库》。可岩波在甄选内容、纸质优良、印刷清晰的基础上，又将一百页的分量增加到接近二星的分量，以此对抗改造社，结果获得了胜利。

在《岩波文库》出版的当年，值得记录的出版物应该是《芥川龙之介全集》了。就在公布文库第一回出版之后，心情舒畅的岩波和信州上伊那教育会的人一起，要尝试纵行南阿尔卑斯山。当时，从饭田町车站出发前，岩波接到了内容为"芥川龙之介死"的电报。岩波是在漱石书斋与芥川相识的，但并不是特别亲密的朋友。这封电报之所以特地发给岩波，是因为芥川在自杀之前写下遗书，想让曾出版了他所敬爱的漱石全集的岩波书店，也出版自己的全集。该全集共八卷，于当年十月出版。但因为芥川也曾与新潮社约定出版全集，故岩波又与新潮社发生了纠纷。岩波在发行前的九月，发表了《关于芥川龙之介全集出版经纬》。但新潮社抢在全集出版前，出版了新版缩印的选集《芥川龙之介集》，以此对抗岩波。另外，从这一年起历时三年，岩波书店又出版了理化学研究所内物理学轮讲会的《物理学文献抄ⅠⅡ》。

一九二八年应特别记述的，是从一月出版的岩波讲座第一回《世界思潮》（十二卷，一九二九年五月结束，第二次印刷是一九二九年六月至翌年五月）。这无疑实现了岩波平素所倡导的、向日本人普及精确的学问知识的目的，大部分笔者不是当时一流的学者大家，就是年少的新锐学者。编辑是三木清、林达夫、羽仁五郎三人。虽然不是所有书籍都能将精确的知识传达得通俗易懂，但也可以说已将当时有水平的学问传播给了社会。顺便说一下此后的讲座发行情况。第二回是《物理学及化学》

（二十四卷，一九二九年六月至三一年八月），由寺田寅彦、柴田雄次、石原纯任编辑，直到一九三一年五月末开始第二次印刷。第三回《生物学》（十八卷，一九三〇年二月至翌年八月），由柴田桂太、谷津直秀、小泉丹任编辑，后来又出版了增订版二十二卷（一九三二年五月至三四年八月）。第四回是《地质学及古生物学·矿物学及岩石学·地理学》（三十三卷，一九三一年二月至三四年五月），其中，地理学由小川琢治、冈田武松、石桥五郎、辻村太郎任编辑，其他由小川琢治、矢部长克、神津俶佑、中村新太郎、加藤武夫任编辑，规模庞大，但销路不好。第五回《日本文学》（二十卷，一九三一年六月至三三年四月）的编辑是藤村作、桥本进吉、吉泽义则、山田孝雄。第六回的《教育科学》（二十卷，一九三一年十月至三三年八月）是大濑甚太郎、吉田熊次、小西重直、西晋一郎编辑的。第七回是《哲学》（十八卷，一九三一年十一月至三三年九月），打出的编辑名号是西田几多郎。第八回是《数学》（三十卷，一九三二年十一月至三五年七月），由高木贞治编辑。第九回《世界文学》（十五卷，一九三二年十一月至三四年五月）的编辑是野上丰一郎、茅野仪太郎（萧萧）、市河三喜、丰岛与志雄、谷川彻三。第十回《日本历史》（十八卷，一九三三年十月至三五年四月），是黑板胜美率领国史研究会的同仁编辑的。第十一回《东洋思潮》（十八卷，一九三四年六月至三六年十一月）由津田左右吉、池内宏、羽田亨、武内义雄担任编辑。第十二回《国语教育》（十二卷，一九三六年九月至翌年九月）由藤村作负责。岩波期望的，是将学界一流的大家及少壮学者网罗到编辑和执笔者中，且不能落后于最新学说。对于坊间的舆论谴责，只要是有理由的，岩波也不惜采取删除内容等有良心的举措。另外，即使是纸张数量大幅超出预期的时候，也像第一次出版《漱石全集》时一样，没有改变定价。其中，增加得最大的是《数学》最终卷，达计划时的四倍，可仍然没有改变预订价格，受到读者的感谢。下面举两个删除的例子：根据《朝日新闻》（一九三二年三月）"铁帚"专栏中霜田静志的指正，从《教育科学》讲座中删除了宫下正美的《尼尔的学校》；又从《东洋思潮》中删除了友松元谛的《印度社会经济思想》，并向讲座会员通报。

一九三七年七月日中战争（日本对华八年战争。——译注）爆发后，讲座《国语教育》于当年九月完成出版。从翌年十二月出版的第十三回《物理学》，由冈田武松、寺泽宽一、仁科芳雄、石原纯任编辑，克服了极大的困难，于一九四一年一月完成了二十二卷的出版。一九四〇年五月开始编辑的《伦理学》十五卷，于翌年十二月逐渐完成。而一九四一年九月开始编辑的《机械工学》，尽管紧贴时局，又是应其需要，但仍不得不于一九四三年十一月在第九回中断。其表面理由是纸张减少限制了出版工作，实际上这表明了当时军部及其追随者们对岩波书店施加了极大的压力。作为贴切时局的普及讲座，还出版了《防灾科学》（六卷，一九三五年三月至翌年十一月）。这是在寺田寅彦的命名及启发下出版的，除寺田外，安藤广太郎、冈田武松、大河内正敏、柴田雄次、中村清二也协助了编辑。开始时，岩波向冈田提出的是气象学讲座，可冈田没有同意，便请他参与《防灾科学》的编辑。可它的销路不太好。岩波不仅将岩波讲座视为公开的大学讲义，他还号称，与各大学限制使用其他学校教授的讲义不同，该讲座从全国大学中自由选择了最好的讲师，弥补了日本大学不能自由转校的缺陷。

一九二八年，田中内阁实行普通选举。时年三月，店内发生了罢工，震动天下视听。当时，在第一次世界大战中劳少功高的日本，其产业界兴旺发达，前所未有地强化了资本主义体制，也形成了劳资对立的态势。在这样的背景下，从大正末年到昭

第五章　出版事业

和初年，日本经济萧条，为共产党运动提供了良好时机；再加上反对田中内阁对华政策的运动，使这段时期的共产党活动颇为活跃。各地劳动争议不断，其中，如野田酱油的劳动争议，更从前一年持续到当年四月，历时二百余日。在出版界，近处的巌松堂、三省堂也发生了劳资争议，这些争议的报道、秘密文件、公开文件的钢版印刷传单频繁散发，在街头电线杆等处到处张贴，世态骚动不安。岩波书店的此次罢工在多大程度上受到共产党的指挥还不得而知，但当时，岩波书店从前一年开始接连不断地出版《岩波文库》，在开始计划岩波讲座的《世界思潮》后，又赶上当年《漱石全集》普及版（共二十卷，一九二八年三月至翌年十月）的征订。约六十名店员及十五到二十名小店员不得不加紧工作，夜班也要做到很晚。而雇佣状态还是旧态，岩波虽然以温情对待店员，但随着业务的扩大，社会交际日渐繁忙，减少了他与店员们的私人接触。由于人手不足而新雇来的店员中，至少也有几个受共产党影响的人，有关人员利用店务繁忙、店员的疲劳及不满，首先将矛头指向了以下两个人，煽动对人的反抗情绪：年轻、依仗老板的信任和自己的活动能力、有才能、勤奋，也不无盛气凌人的作者关系主任小林勇，以及《漱石全集》主任长田干雄。三月十二日早晨，主谋召集店员，进行煽动演说，提出十条要求：一、工资立刻增加三成以上；二、完善宿舍及卫生设施；三、支付加班费；四、对疾病等情况支付工资；五、建立离职补贴及解雇补贴制度；六、即刻解雇长田干雄及小林勇；七、制定最低工资；八、制定加薪期及加薪率；九、干部公选；十、制定奖金规定。后来，在联名信上签字时，老店员们也在"希望岩波接受上述条件，但解雇长田及小林除外"的有限条件下签名了。这帮家伙大约有二十几人，虽然撤回了岩波在小石川的住宅，但争议团占领了岩波书店，以岩波书店全体从业人员的名义,向店主岩波茂雄提交请愿书,要求在第二天、即十三日上午十点前予以答覆,之后又以岩波拖延答覆为由,将"请愿"变为了"要求"。集会以有志之士的名义,号召十条中哪怕同意其中一条的店员集合起来。对于不知情的小店员,又以小店员有志的名义,对他们进行笼络。岩波的答覆是,会诚心考虑店员的待遇,但不同意罢免小林及长田。十六日,岩波闯进店里,和争议团谈判,但他们仍继续反抗。在此之前,从大阪出差回来的店员坂口荣的变化受到关注。他先是标榜中立,但在看清事态发展后,成功地分离小店员,将他们带回了岩波在小石川的住宅,而后,形势突变。十七日,岩波发出了致店员辞:"相信我的诚意并愿与我共事者,请在今日下午二点半之前向店主或堤经理提出;在此之前没有提出该愿望者,请于下午二点半起暂且离开本店。在三月二十日中午之前,经再三考虑之后,仍未提出上述愿望者,店主视为辞职。"至此,事态基本得到解决。到二十二日晚,岩波发出了解雇五名主谋的通告。后来,又有一个人辞职,事件就此解决。恰巧在三月十五日,发生了所谓的"三·一五事件",共产党的大人物遭到搜捕。没有主谋者预期的共产党的支援,可能也是促使这一事件迅速解决的原因。

由于发生了劳资争议,当时正在养病的堤也赶回来了。作者方面,除茅野萧萧、高桥穰、伊藤吉之助、三木清、城户幡太郎外,还有岩波的旧知、对三井矿山的劳资问题经验丰富的长泽一夫担任主要指导。三木是劳资问题的理解者,参加了与争议团的谈判,但并没有使他们满意。另外,岩波书店的财政顾问曾志崎诚二,及与岩波交往密切的经销店的栗田确也,也为岩波担心。曾志崎就店员要求的工资等事项,向岩波提出了建议。岩波的挚友、同乡藤原咲平也疾驰而来,为圆满解决此事,劝说长田及小林谢罪。但两人从开始就表示遗憾,向岩波提出辞职。

我春假从京城回来时,争议已基本宣告解决。就这样,在这场劳动争议中,岩波得到了众多的友情帮助。那么,说到主人公岩波的态度,他实在是优柔寡断地、徒劳地同情争议团,到最后还没完没了地发牢骚,说自己从以前就考虑要改善店员的待遇,并向堤说过,却遭到了堤的反对。争议解决后,在赤坂举行的协助者慰劳会上,岩波又开始说堤,以至于与会者都忠告他千万不能解雇堤。当时,岩波的态度确实令人不安、提心吊胆,尽管周围的人都担心害怕,事情却不知不觉地向着水到渠成的方向发展,这的确不可思议。在这件事上,岩波自认为是劳动者的理解者、同情者。而且,作为业主,他平时就注意尽量诚挚地对待雇员,同时又自感、自责现在的待遇不够丰厚。至少,由于报酬少及用人苛刻而发生争议,对岩波来说是极其意外的,没有比这更能伤害他的名誉心了,尤其是他早已留意于此事,因此,才动辄就要轻率地答应争议方的要求,又忘了自己三个月前在中国旅行,只会责怪经理堤。可以说,这些都符合岩波的性格特点,表现了他的良心、名誉心和不自我反省。而且,关于这件事,《朝日》、《东京日日》等都大肆报道;杂志《实业之世界》(一九二八年五月期)也登载了似乎是由争议方写的虚构夸张的报道。

争议结束后,一如事件发生后的常理,岩波非常紧张,睡在神保町店二楼的壁橱里奋战,在店员的待遇改善、设施、安抚等方面也多加注意。

六月,继文库版的马克思《资本论》后,希望阁、同人社、弘文堂、丛文阁、岩波书店五家书店又宣布出版联盟版《马克思·恩格斯全集》。先前出版《资本论》是为了和改造社的高畠素之版对抗,而这次策划让河上肇做主译者,表面上是由于岩波堂堂正正地主张,以马克思、恩格斯这样的古典著作,可以有两种译著,但也不能否认岩波对山本的对抗意识。河上追随马克思主义的热情足可以吸引岩波，但当岩波和自己信任、尊敬的小泉信三商量时，小泉认为将河上作为德文译者不恰当，而且他也不适合这种长时间辛苦的工作，岩波一时间也表示同意。可后来他去京都和河上会面时，可能是出于感激，竟同意承担河上的《资本论》译著的出版工作。当时，改造社和联盟双方都给马克思文献学的最高权威、莫斯科的马克思、恩格斯研究所所长里亚扎诺夫发电报竞争，小泉发表了谴责文章，认为这种竞争非常卑劣。不出所料，联盟于六月成立，七月末便看到了岩波脱离联盟的声明书。其原因是岩波对河上——其理由暂且不论——倒向改造社感到激愤，同时，又对联盟书店始终依靠自己的、不负责任的态度感到厌恶。对于该出版所带来的负债，脱离联盟之前的部分由岩波书店和弘文堂各负担一半，而弘文堂那部分暂由岩波书店垫付。作为联盟的一员，丛文阁的足助素一立即给河上送去了绝交信。当时，岩波忍着在脱离声明书中没有公开河上的名字，但后来，由于在岩波文库马克思《资本论》等的交涉中反复出现的不愉快，岩波终于在一九三一年五月发表了绝交信。但在一九四六年一月看到河上的讣告时，岩波仍诚挚吊唁，并出席了葬礼。

九月，《思想》杂志停刊；十月，小林勇离店，独立经营铁塔书院。岩波起草了一封推荐信，请求作者等给予小林援助，但内心却对小林的离店感到不满，还曾和我发牢骚，说自己正是因为爱惜小林，才严厉地批评他，可他竟不解其中真意。而小林曾被争议团视为眼中钉，又不停地被岩波唠唠叨叨地斥责，可能是因此感到不满；另外，他和青年作者三木等新锐意气投合，可能也有野心想在出版界开辟新天地；可能还因为他不满书店的支柱堤的态度；但首先还是由于他的恃才好胜、年轻鲁莽吧。然而，也不能否认，小林离开岩波的培养后经历了很多痛苦，这些经验增强了他的力量，使他在战后成为岩波书店的中心。

在九月写给身处京都的和辻的信中，岩波也发牢骚："今年是书店的大凶之年，春天发生争议后，又发生了种种不快之事。最近，又遇到了马克思、恩格斯的问题、'猫'的诉讼问题等。堤正病着的时候，又出现了小林离店的问题。"然后他又附带写道："河上说改造社非常糟糕，并一再激励我们，可这次他又成为主谋，从专攻马克思主义的希望阁及大原社会问题研究所这些专业的书店同人社手里，强行夺取了联盟版（以没钱、无法托付为由），并交到改造社山本的手上。希望阁的主人市川君说，河上向小生介绍情况，并让我帮助他的事业，河上到底是什么态度啊……"

上述"猫的诉讼问题"，是指将漱石的《我是猫》等作品收入全集一事。发行商的大仓书店也知道此事，并已完成了三次大型版的征订，但这次作为一日元书普及版发行全集时，大仓书店便以损害了自身利益为由，要求赔偿在当时是巨额的赔偿金三万五千日元。大仓书店店主大仓保五郎于当年九月十日提出了该诉讼。本来，《漱石全集》以"漱石全集出版会"的名义为出版商，岩波书店和大仓、春阳堂共同成为预订申请所。但对于征订工作，这两家店都没表现出热情，实际上，岩波书店始终既是发行商又是发售商。到第三次预订时，两家书店作为预订申请所几乎有名无实，因此发行普及版时，仅署名"岩波书店内漱石全集出版会"，并没体现预订申请所的名字。但尽管如此，岩波并没有事先通知大仓及春阳堂，这也可以说是岩波书店的疏忽。理所当然地，春阳堂就没有参与这场诉讼。岩波请朋友、作者鸠山秀夫律师为自己辩护，由鸠山事务所的草薙晋、青沼亚喜夫两位律师主要承担这一辩护工作，经过几次公审后，一九三〇年八月，根据双方的商定，版权所有者夏目纯一、发行商岩波茂雄二人需于同年九月之前，支付给大仓书店一万日元，而大仓书店除《我是猫》外，还需将该书店出版的《行人》、《文学论》及《漾虚集》的有关出版的一切权利转让给夏目和岩波，事件至此了结。

一九二八年八月五日正值开店十五周年，但岩波看起来闷闷不乐，说没有心情纪念。虽以名著特卖的名义举办了纪念活动，但因为态度不积极，又不是畅销书，因此业绩不佳，还遭到了作者们的讽刺："我们的书也终于被当作名著了。"

顺便说一下，一九二七年，尽管经济萧条，但岩波书店除文库外，还出版了近七十种的单行本。哲学方面有和辻的《原始佛教的实践哲学》、矢吹庆辉的《三阶教之研究》、西田的《从动者到见者》。文学方面有武者小路实笃的《和命运下围棋的男人》、幸田露伴的《春日旷野抄》、田中秀央的《希腊语文典》。此外，还首次出版了教科书——龟井高孝的《中等西洋史》。

一九二八年，岩波书店出版了约六十种的单行本，还出版了以德国新康德派为中心的哲学论文的译作《哲学论丛》十九种、河野与一译《莱布尼茨单子论》、村冈典嗣的《本居宣长》、三木清《唯物史观与现代意识》。除此以外，又出版了数学、自然科学、技术等著作，其中有石原纯的《自然科学概论》及佐野静雄的遗著《应用数学》。这一年对于岩波来说是多事之秋。

㈣ 从昭和四年到日中战争

昭和四年（一九二九），在经历了前一年的危难之后，受世界性经济危机的影响，经济萧条进一步加剧。尽管如此，元旦时岩波仍寄出了"超然面对舆论，以平安明朗之心喜迎新年"之意的贺年卡，又为家乡信浓教育会捐赠了二千日元。讲座《世界思潮》开始第二次征订；杂志《思潮》以和辻哲郎为特邀编辑，谷川彻三、林达夫为编辑,重新发行。十月,岩波买下位于神田一桥街的旧东京商科大学的名叫三井会馆的建筑(即今天的岩波书店总部),将编辑部和出版部迁到那里,零售部留在原来的南神保町十六番地。总部是书店的根本,不同于商店性质的建筑物,但可能岩波就喜欢那种牢固、坚实的建筑吧。时年十月,预订出版了岩波版《托尔斯泰全集》(二十二卷,一九二九年十月至三一年十月)、《露伴全集》(十二卷,一九二九年十月至翌年十一月),还出版了已去世的同乡友人岛木赤彦的全集(八卷,一九二九年十月至翌年十月)、《良宽全集》(一册)。除七十几种单行本外,岩波在《岩波文库》上投入的精力越来越大,还出版了《岩波讲座》等。其中,前面提到的《哲学论丛》、《康德著作集》、西田几多郎的《普通人的自觉体系》等哲学著述,还有朴素的科学、工学书籍及《左千夫歌论集》等的出版,表现出岩波不为萧条气馁的气魄。但不可否认,随着财界的萧条,出版界的萧条也日益加剧了岩波书店的困境。米川正夫、中村白叶、原久一郎翻译的《托尔斯泰全集》,实现了自《忏悔录》以来岩波对托尔斯泰的感恩和尊崇之情,但销路并不理想。然而,加上后来《岩波文库》等出版的数量,托尔斯泰著作的普及数量还是很大的。关于《露伴全集》,其内容不全是小说,还有很多学问考证,再加上当时幸田露伴已被世间遗忘,因此销售不景气。对于此事,后来露伴自己也发牢骚说:"结果,岩波君既受到损失,我也不高兴。"

五月,出版了三木清编辑的《续哲学丛书》,它传承了大正初年出版的《哲学丛书》,以传播新时代学界的新趋势为宗旨,作者也都很年轻。最初出版的是新明正道的《社会学》及户坂润的《科学方法论》。但哲学流行的时代已经过去,该丛书并没有像以前的丛书那样受到欢迎。在经济学方面,出版了高田保笃的《经济学新讲》第一卷,到一九三二年共出版了五卷大作。另外，还发生了文库版《沙宁》的禁售事件。十一月，托尔斯泰的女儿、亚历山德拉·利沃夫纳·托尔斯塔亚来到日本，岩波高兴地迎接并热情招待。当时，岩波出于对托尔斯泰的崇敬之情，问托尔斯塔亚是否需要帮助，可托尔斯塔亚小姐谢绝徒然接受好意。她写了《回忆托尔斯泰》，由八杉贞利和深见尚行翻译，并于一九三〇年十一月出版。但托尔斯塔亚最终没有在日本定居，后来去了美国。

昭和五年（一九三〇）是天下渐乱的多事之秋。一月，黄金出口解禁，接着又有伦敦军缩会议、滨口首相暗杀事件等频发。受前一年九月以来美国发生的经济危机和大萧条的影响，日本经济也愈来愈不景气，受到弹压后的共产主义反而在劳动者和青年学生中获取了潜在势力。另一方面，在否定民主主义和议会主义，想要恢复军人势力的少壮派中，粗疏的革新运动日渐崛起，滨口首相成为了牺牲品，于时年十一月遭到暗杀，翌年死去。

二月，家乡人劝岩波做众议院议员的候选人。由于误传岩波已经允诺，他便发表了《表明信念》一文，强调自己全身心投入出版业，表明没有出马政界的意愿。他对于经济界的萧条并没有明确的意识，只是坚持自己的正道，出版时下日本需要的好书，渡过国家的危机。发现好作者并珍视他们，满足好读者的愿望，促进日本文化，以巩固和读者的关系，是岩波开店以来不变的方针。而这一方针最终总是给他带来好的结果。

在一九三〇年的出版中，比较重要的是末川博编纂的《岩波六法全书》。该书与以前的六法全书不同，它通过附加参考条文和事项索引这一前所未有的做法，展现了新的出版面貌，具有划时代的意义，为使用者提供了很多便利，因此力压其他同类书籍，广为使用。之后，该书又增补新法令，不断更新版本直至今天，还引出很多效仿的书籍。

在全集中，前年（一九二八年十一月）故去的京都帝国大学教授、美学家深田博士的《深田康算全集》（四卷，一九三〇年四月至翌年三月），以及东京商科大学教授、欲以新康德哲学奠定经济学基础的左右田博士的《左右田喜一郎全集》（五卷，一九三〇年六月至翌年五月）也相继出版。另外，又新出版了《高等数学丛书》，还有挂谷宗一的《一般函数论》和藤原松三郎的《常微分方程式论》。辞典方面，出版了伊藤吉之助和高桥穰编纂的《岩波哲学小辞典》，大阪商科大学编辑的《经济学辞典》（五卷及索引）则横跨至第二年发行。在全年出版的七十余种书籍中，以类别算是哲学最多，约二十五，新旧文艺约二十，法律、经济、政治约十五，科学十五等。在法律书中，除鸠山秀夫的著述外，还出版了我妻荣的《民法总则》，内田实著《广重》并于翌年一月获得了"朝日奖"。此外，还出版了后来出现问题的津田左右吉《日本上代史的研究》、九鬼周造的特色之作《"生"的结构》、木村素卫译《费希特全部知识学的基础等》、山内得立著《存在的现象形态》，还有对山倾注了毕生心血的大岛亮吉的遗稿《山——研究与随想》。冈田弥一郎的《日本产蛙总说》由于价高等原因，卖得并不好。这一年，还出版了大内兵卫的《财政学大纲》上卷，第二年接着出版了中卷，但大内由于所谓的"教授集团事件"受到弹压，下卷竟未果而终。据大内说，岩波于一九二七年请他著述，后来，大内由于出版《田口鼎轩全集》一事，要付给该全集的出版商同人社资金，从岩波那里借了五千日元，后来《财政学大纲》的版税就用作偿还。

昭和六年（一九三一），黄金出口解禁引起的经济萧条已探谷底，年末成立的犬养政友会内阁再次禁止黄金出口，日本的财政脱离金本位制，与国际物价不协调的高物价，其势头比以前更甚。九月十八日，爆发了满洲事变（中国称"九·一八事变"，下同。——译注），陆军省无视外务省，关东军没和陆军省联络，就以统帅权的名义违抗天皇命令，践踏国际信义，打开了日本在太平洋战争中遭受世界围攻的开端。

但是，岩波书店并不在意时局的不安，出版了近八十种单行本。其中，仍是哲学（含心理、逻辑、一般文化）最多，近二十五种；科学、数学仅次于哲学，超过二十种。其中，有像寺泽宽一的《为自然科学者的数学概论》那样学术作用大的书，这本书后来发行了近十万部。文学有十三种；政治、经济、法律十余种；历史、传记八种。

杂志《科学》的创刊是这一年的一件大事。岩波尊重哲学，视其为知识与文化的根本；同时也尊重科学，科学的发展和普及是他多年的志向。杂志《科学》作为非盈利性的纯学问型杂志，时至今日仍在出版，为科学界做出了极大的贡献。岩波同情因恋爱事件离开东北帝国大学的石原纯，聘请了他任编辑主任。其他的编辑有冈田武松、寺田寅彦、小泉丹、柴田雄次、坪井诚太郎，从第二期开始，安藤广太郎、柴田桂太、末广恭二、桥田邦彦也加入进来。

从这一年到第二年出版的《校本万叶集》十卷是专业出版；还有藤原正编的《孔子全集》，网罗了传播孔子之名的文章；此外还有今裕翻译的《希波克拉底全集》，虽然这些书销路不好，但也堪当珍奇书籍。《哲学论丛》虽然续刊，但卖出去的很少。另外，还出版了斋藤博的《麦克唐纳》等。五月，由于前年与河上肇绝交，岩波宣布停止在《岩波文库》中出版河上译的《马克思资本论》、《僱佣劳动与资本》和《工资、价格及利润》。六月，岩波以"不明所致,不得已而为之"为标题,又将此事发表在《出版通信》及《朝日新闻》上。

此外,为纪念黑格尔去世百年,还策划了《黑格尔全集》的出版。这一年里,出版了《精神哲学》,第二年即一九三二年,出版了《精神现象学》上卷、《小逻辑学》、《大逻辑学》上卷和《历史哲学》。后来,在岩波生前还出版了《大逻辑学》中卷、《精神现象学》中卷、《哲学史》上卷和中卷。顺便说一下,在岩波去世后又续刊七册,才总算近于完整。

昭和七年(一九三二),发生了以海军将校为主谋、暗杀犬养首相的"五·一五事件"。九月十五日,满洲国成立,日本为此退出了国际联盟。另一方面,随着华盛顿条约的失效,日本开始大肆提倡军备扩张。

岩波无疑对这种时势感到愤懑,但并没将这种时局反映到出版中,在当年近八十种的出版物中,依然是关于哲学思想的最多,达二十余种;科学及工业有十五六种。法律书中,出版了田中耕太郎的著作《世界法的理论》第一卷,并于翌年出版了第二卷,再下年出版了第三卷。这些书作为法律学界的大作,巩固了田中的学者地位。特别值得一提的是,以野吕荣太郎为主编,大冢金之助、平野义太郎、山田盛太郎编辑的《日本资本主义发展史讲座》(七卷,一九三二年五月至翌年七月)预订出版,这可说是反时势的,但岩波出于对野吕的笃学的敬意,以及岩波自己平素对真实认识的倡导,断然决定出版。但为不使其成为非法出版物,岩波通过当时的潮内务次官,征得了警务局图书科长的同意,并对编辑们再三提醒后才出版的。尽管如此,到第四回时,终究由于最上级的意见,突然禁止出售。但后续部分仍继续出版,并于第二年、一九三三年七月完成。岩波曾详细叙述了当时的出版情况。此外，石河干明的《福泽谕吉传》四卷和一九三三年的《续福泽全集》，都显示了岩波对文明先觉者福泽的尊敬。内村于一九三〇年去世，他的《内村鉴三全集》（二十卷，一九三二年三月至翌年十二月），可以说，也表达了岩波自学生时代起便对内村怀有的敬意和感谢。辞典方面，出版了龟井高孝、石原纯、野上丰一郎编辑的《西洋人名辞典》。

而且，关于《岩波文库》中乔伊斯著《尤利西斯》的译作，岩波还和出版了该著作其他译本的第一书房的长谷川进行了争论。在哲学书方面，有显示出西田哲学特色的西田著《无的自觉限定》，还有宇井伯寿的《印度哲学史》。作为新锐思想家、评论家，三木清的《续哲学丛书》第一卷《历史哲学》出类拔萃，受到极大欢迎，但该丛书最终以一九三三年长田新的《教育学》结束，计划中的七册未见出版。科学书方面，出色的有正田建次郎的《抽象代数学》、妹泽克惟的《振动学》、小仓金之助的《数学教育史》。在这一年出版的书籍中，除《异本伊势物语》、武者金吉编《地震中发光现象的研究及资料》等专业研究外，三井高维增补的《兑换年代记》原编，以及冈田弥一郎和马场菊太郎的《蛙——发生》，也和两年前的《日本产蛙总说》一样，都是卖不出去的书籍。

昭和八年（一九三三），"满洲事变"和"五·一五事件"余烬未消，可在斋藤、高桥两位老大臣的努力下，时局得到弥补，社会状况一度好转。但驻外军部在元旦伊始便越过山海关，在华北借机生事。在"五·一五事件"的公审中，陆海军人都不合常理地受到轻判，海陆军离反的情势开始萌芽。

除《岩波文库》以及年末出版的《岩波全书》外，该年度的出版约有六十种。在辞典方面，出版了已故斋藤秀三郎的旧著

《熟语本位 英和中辞典》；在全集方面，出版了庆应义塾藏版《续福泽全集》（七卷，一九三三年五月至翌年七月）；杂志方面，新出版了《文学》和《教育》。

时年八月五日正值创业二十周年。为了纪念，从十月二十日到十一月十日的三个星期举行了特卖活动，这是继一九二八年的名著特卖以来第二次特卖会。

三月，春秋社擅自出版了《岩波文库》中托马斯·厄·肯培著、内村达三郎译的《效法基督》（*Imitatio Christi*），其卷末的译者声明中还有中伤岩波的言论。因此，岩波起诉春秋社，并将文库中的该书付之绝版。达三郎是鉴三的弟弟，但可能由于他和鉴三不和，二人断绝了关系，因此，他认为由岩波书店出版《内村鉴三全集》不妥，要求将《效法基督》绝版，遭到岩波的拒绝。他认为不合道理，便擅自做主由春秋社出版。对此，岩波请律师鸠山秀夫为代表人，要求一、即刻撤回分发到各书店的所有书籍（春秋社版）；二、付以绝版；三、在发布图书广告的各报纸上登载谢罪文——实际上仅在《东京朝日新闻》上登载了。对于上述事件，在一九三五年六月岩波出国旅行期间公布了一审判决，并于一九三七年十月以岩波胜诉了结。这是岩波不顾利害、不厌其烦地强烈抵抗不正、不当之事的一个例子。

以前，书店以桥口五叶设计的瓮的图案为店标，但从这一年年末开始，决定在书籍上改用米勒的"播种者"。在回答杂志《书窗》创刊号（一九三五年三月）的提问时，岩波说："我本来就是农民，劳动是神圣的感觉尤为丰富，因此，我喜欢晴耕雨读的田园生活。也因如此，我想将诗圣华兹华斯的'生活要朴素，情操要高尚'作为书店的精神。如果有人进一步想到其意义是播撒文化的种子，那就更好了。"岩波由米勒的画进而也敬爱米勒其人，这在前面已经讲述过了。

这一年值得纪念的事业,是年末《岩波全书》的创刊。这是岩波一直以来策划的丛书,横跨文化、社会、自然的全部科目门类,内容精确、可信、简明,价格低廉,堪比德国的《万有文库》。他在出版致辞中也说,日本学界的某些研究往往达到与西方同类水平,但学术整体的社会水平还远远不及欧美,因此,《岩波文库》主要以普及东西古典为着眼点,而这部全书则以普及现代学术为目标。可以说,这部全书大致是公开了当时帝国大学的讲义。尝试列举一下当年年末出版的第一期的书目和作者:文化方面,西田几多郎《哲学的根本问题》、田边元《哲学通论》;法律经济等社会科学方面,美浓部达吉《行政法Ⅰ》、横田喜三郎《国际法》、中山伊知郎《纯粹经济学》、我妻荣《民法Ⅰ》、中川善之助《民法Ⅲ》;自然科学、数学、技术科学等方面,山羽仪兵《细胞学概论》、铃木雅次《港湾》、宫城音五郎《水力学》、东浦庄治《日本农业概论》、寺田寅彦及坪井忠二《地球物理学》、佐佐木达治郎《航空计器》、松泽武雄《地震》、饭高一郎《金属与合金》、桥田邦彦《生理学》上、挂谷宗一《微分学》、西成甫及铃木重武《人体解剖学》等。它网罗了各学科有名的专家,触及科学的所有领域,如果看到直至一九四三年年末的全编一百一十多种的目录,就会充分认同这一点。一九四三年仅出版了四册,这让人想到用纸控制等时局的重压。

另外,和出版没有直接关系的一件事。为纪念创业二十周年,岩波开始给文化学术各界的有功者,以及岩波所信任的人赠送感谢金,详情将在岩波的"社会生活"一章中讲述。

纪念特卖的状况也非常好。当然,宣传上也下了大力气,分发附目录的解说三万份,在《朝日》、《大阪每日》、《东京日日》上打出整版广告,为销售店提供便利,还根据库存数量,在考虑需求度的基础上降价出售,最大折扣五五折、最小八三折。结果,从十月二十日到十一月十日短短的三周里，在七五二条的发售书目中，共销售十一万零八百部，总价达十八万二千日元，这在当时确实是罕见的销售额。销售数量最多的是鸠山的《日本债权法总论》及《日本债权法各论》上下，而销售额较大的则有藤冈作太郎的《国文学史》、九鬼周造的《"生"的结构》、夏目镜子的《回忆漱石》，以及和辻哲郎的《古寺巡礼》等。

另外，在当年的出版中，还有小宫丰隆精细周到的《芭蕉的研究》、已故增田惟茂的《实验心理学》、菊池正士的《量子力学》、物部长穗的《水理学》、小泉丹的《进化学序讲》等。其中，《水理学》是学界罕见、值得关注的著作。十一月，出版了由佐佐木惣一、末川博、泷川幸辰、田村德治、恒藤恭、宫本英雄、森口繁治共同编辑的《京大事件》。政府对京都帝国大学教授泷川幸辰著《刑法读本》的思想进行了弹压，该书就是讲述了法学部教授们对此事件的抗争，详情也将在岩波的"社会生活"一章中讲述。

昭和九年（一九三四）元旦，岩波发出的贺年卡，其大意是：过去的二十年是基础工程，今后将在此基础上开展工作。这一年，陆军革新派的傀儡荒木陆军大臣取代了林陆军大臣，军人无视舆论攻击，继续参与政治。由于"帝人事件"的阴谋诉讼，斋藤内阁垮台，继而产生了脆弱的冈田内阁，军部积极实施满洲国的帝政。岩波在回答各方关于时势的提问时说，希望能够出版公正严明、不被一切私情所左右、为读者指明方向的图书评论。如果说小店有任何抱负，那就是无论书籍还是杂志，都不要有一本是为投合时世而出版。当问到今后希望出版什么样的杂志时，他答道，主义理想态度始终如一，具体地说就是胸怀远大理想，兼有立足于第一义的修养与趣味，高雅、简洁明快的大众杂志；对思想界的主流有指导性的思想杂志；正确且浅显易懂的儿童杂志。关于这些杂志的理想，虽说他并没有完全实现，但也多少实现了一些，而且，事实上他始终怀有这样的理想，因此，他也常对自己书店出版的杂志表示不满。时年年末，当《朝日新闻》向他问及对一九三四年出版界的回顾及对一九三五年的展望时，对于前者，他提出，出版者应醒觉自己的社会使命；对于后者，他说当局应确立检阅方针（无论宽严），让作者和出版商彻底理解，并必须消除由于标准不足或理解不彻底而产生的不必要的精神上或物质上的社会损失。关于最后一点，他举例道，由于标准不明或理解不彻底，以为得到了当局的理解，可到出版时又被禁止等等，这些都是源于自己的经历提出来的愿望。总之，此等提议无疑也包含了他对军部、官宪及追随媒体的抗议。

在这一年的出版物中，平野义太郎《日本资本主义社会的机构》是将《日本资本主义发达史讲座》中的内容总结成一册出版的，销量非常大。而稍早前出版、被称为名著的山田盛太郎《日本资本主义分析》却没卖出多少。《无名百姓的心》是日本主义思想者、理学博士河村干雄的遗作，该书也畅销近两万册。销量近一万册的有斋藤茂吉《柿本人吕麿 总论篇》。此外，小泉信三《亚当·斯密、马尔萨斯、李嘉图》、阿部次郎《世界文化与日本文化》、田中耕太郎《法律哲学概论》第一分册等也销况良好。文献性质或专业书籍总是销路不畅，由高留真三和石井良助共同编辑的《御触书宽保集成》，以及外山英策《室町时代庭园史》等例外。增田惟茂的遗著《心理学研究法》等具有学问价值的书籍还是没有销路。

这一年出版的全集有《吉田松阴全集》（十卷，一九三四年十月至三六年四月）和普及版《芥川龙之介全集》（十卷，一九三四年十月至翌年八月）。松阴是岩波青年时代就仰慕且感到亲近的志士，全集的发行固然有实现夙愿的因素，而时局也利于全集的出版。又或许，岩波也想揭示松阴以及像松阴一样的真正的忧国志士，和当时的所谓忧国志士有何不同。

此外，还出版了法学博士筧克彦为皇太后陛下进讲的《神道》。岩波在其内容样本中附上题为"发行之际"的文章，阐述了出版宗旨：在天地之大道的日本显现的是神道，理解并遵从神道就是我等作为皇国百姓的目标。这和近来流行的与世界断绝的、狭隘的日本精神有着根本区别。自己禀性迟钝，很难理解博士的《神道》，但在我所敬畏的朋友加藤完治君的劝导下，才决定出版此书。可以想见，这本书是在岩波所尊敬的加藤的强烈劝导下出版的。同时岩波自身也是热烈的爱国者，经常称自己为"陛下的赤子"，也是富士山的赞美者；作为"五条誓文"的大力倡导者（明治天皇于一八六八年颁布的誓文，揭示了政府的方针。详见"对时局的态度"一章。——编注），这本书的出版，也可以说体现了他要使皇国之道符合世界之道的愿望。在出版《吉田松阴全集》之后又出版的《藤树先生全集》、《本居宣长全集》等，也应视为源于他的这一宗旨。可以说，他在不违背自己信念的范围内，没有让书籍违背世界潮流，更要将他们用于正道。

这一年中的特大事件，是岩波书店首次涉足教科书。此前，龟井高孝的《中等西洋史》作为教科书也受到高度评价，但按照岩波书店自己的创意和计划出版教科书还是首次。这本书是中等教科书，题为《国语》，编辑以西尾实为主，于年末出版，给新学期做准备。一九三五年一月，岩波将出版国语教科书的理念公开发表在《东京朝日新闻》和《帝大新闻》上，他写道，在教科书出版中，编者的自由被束缚，不能充分发挥自己的信念；出版者也很难从事有特色、有生命的出版,因此,此前一直没有涉足这方面。但是,教科书本应是国民教育的经典,尤其在今日之时局下考虑到它的重要性,遂决心向理想的教科书出版迈进。关于教科书的普及,他公开表示,鉴于教科书业界过去发生的不幸事件,他决心采用公正的方法,付出诚挚的努力。作为教科书的发行手段,他更采取了前所未有的报纸广告这一破天荒之举,其成绩非常显著:初版从一九三四年到一九三七年,从卷一的六万零八百到卷十的九千六百,共计发行三十一万五千,如果一直算到后来,总计发行三百九十三万五千,盛况空前。当时有评论说,岩波是由于单行本滞销才涉足教科书的,但事实还是如岩波前面表白的那样。辞典方面,末弘严太郎和田中耕太郎编的《法律学辞典》(总索引共五卷,一九三四年十二月至三七年三月)于年末出版。

当年十一月,经幸田露伴和小泉信三的斡旋,再加上寺田寅彦的赞同,尽管也有一部分店员反对,小林勇重新回到了书店。他的铁塔书院虽然也敏锐地出版了一些适应时代的书,但总而言之,"放荡的儿子回家了"。

在昭和十年(一九三五)的贺年卡中,岩波表示,从今年开始还要在学术普及和提高民众教化方面努力。后来出版的《岩波新书》可以视为其主要体现。时年二月,美浓部达吉的天皇机关说(该说主张国家不为天皇私有,天皇也是国家的机构之一。——编注)。遭到右翼议员的抨击,并通过了"国体明征"的表决。"国体明征"实质是以反明征的抽象语句危及议会的存在理由,破坏宪法。而且,军部自身也出现了争斗,军人中的知识分子、岩波及藤原咲平的同乡、陆军省军务局长永田铁山,被受过激派唆使的相泽中佐杀害。于是,针对岩波所敬爱的高桥老藏相将国力核心放在经济力量上的主张，军部破坏和平、为军备不顾经济的主张变得更加猛烈。再加上日本为欧洲纳粹德国的暂时成功所迷惑，认为自由主义和议会政治的时代已经过去的、轻浮的他律思想开始抬头。时势与岩波的信念背道而驰，岩波书店出版的美浓部著《现代宪政评论》也受到了修订处罚。尽管如此，岩波书店摆脱了暂时的萧条，经济状况愈发好转。而且，从一九三四年四月到一九三八年三月的图书馆协会推荐图书中，岩波书店出版的书籍上升至全国第一，年内的出版书目接近百种。其中，最受社会欢迎的有松本烝治的新修订版《商法大意》、石河干明的《福泽谕吉》、高山岩男的《西田哲学》、野吕荣太郎的《日本资本主义发达史》，以及和辻哲郎的《风土》等，当中以《风土》销量最大，其次是《西田哲学》。销量较大的除秋山范二的《道元的研究》、冈崎义惠的《日本文艺学》和西田几多郎的《哲学论文集》外，还有九鬼周造的哲学性著述《偶然性的问题》。同时，在受学会委托出版的论文集和文献性的专业书籍中，发行不满五百的也达十四五册。在全集方面，定版《漱石全集》除增补订正外，还在卷末附上小宫丰隆的作品解说，十九卷的预订出版于十月开始（一九三七年十月终止）。辞典方面，出版了谷津直秀、冈田弥一郎编《岩波动物学辞典》，冈田武松、寺田寅彦、柴田雄次主编《理化学辞典》，以及八杉贞利编《岩波版俄日辞典》。跨去年和当年，冈田的被称为该领域名著的《气象学》上下问世。另外，还出版了罗马字论者田丸卓郎的遗著 *Rikigaku I*（II 于一九三七年出版）。从当年的六月开始，连续发行了《大思想文库》二十六卷，直到翌年末结束。该文库选取了大思想家的主要著作，并在小册子中加入解说。哲学书较多，但也涉及新旧约《圣经》、自然科学、经济学、政治学的古典、思想文学，以及马基雅弗利的《君主论》、马克思的《资本论》也加入其中。

岩波于五月四日乘邮轮靖国丸离开福冈的门司港，游历欧洲诸国，中途又去了美国，于十二月十三日乘浅间丸回到横滨港，关于此事将另作记载。但在九月、岩波离开日本期间，又传出了"固定负债达十万，岩波书店近期将改组为股份公司"的谣言。

年末，岩波尊信的寺田寅彦去世，他曾在出版等各方面，特别是在科学方面的出版给予过岩波极大的指导与帮助。

至昭和十一年（一九三六），军部的独裁运动更加具体化。但另一方面，国民及知识阶层的反军倾向也日益强烈。此时，过激的陆军少壮派发动了"二·二六事件"，斋藤老内阁大臣和高桥藏相惨遭杀害，叛军占领帝都中心数日，由于天皇的明确反对和海军的不支持，其野心才没有得逞。但尽管如此，一度对军部的狂妄态度予以反击的议会，也为他们的反击实时折腰。日本的对外关系不和谐，追随德国，缔结防共协定，更催生了军部的专横，以至于将国家推向了危险境地。

但是，岩波书店的出版境况却是好上加好。时年三月，岩波向出版协会提出建议：比起出版的宣传机构，促进同业公会提高和进步的机构更为必要。要以严正的图书批判为起点，让现代社会的有才之士为同业公会的真正发展尽情努力，其一切费用由同业公会负担。他还赞颂多年为美术印刷事业竭尽全力的七十四岁老翁田中松太郎的功绩与人格，为抚慰他晚年的不幸，推动志同道合之士为他筹集表彰慰劳金。

这一年的出版上百种。全集方面有《鸥外全集》著作篇（二十二卷，一九三六年六月至三八年八月）、《寺田寅彦全集》文学篇（十六卷，一九三六年九月至翌年十二月）及科学篇（六卷，一九三六年十二月至三九年三月）；辞典方面有岛村盛助、土居光知、田中菊雄的合著《岩波英和辞典》，阿部重孝、佐佐木秀一、城户幡太郎、篠原助市编《教育学辞典》（四卷及总索引，一九三六年五月至三九年十月），此外还有《经济学辞典》的追补和《岩波版俄日辞典》的大型版。由于小宅骚市（大宅壮一）在《东京日日新闻》上对英和辞典作出挑衅，岩波和作者土居不得不进行反驳。《岩波全书》继前一年又出版了十二册，主要是关于自然科学及机械科学，也夹杂了武内义雄的《中国思想史》和宇井伯寿的《中国佛教史》。另外，还出版了新的丛书《科学文献抄》十二册。这部丛书源于寺田寅彦的启发，它和前几年出版的《哲学论丛》都属专业论文，销量不太大。但相对于《哲学论丛》全部是译作的特点，《科学文献抄》中著述众多，该年度出版的十二册中仅有二册译作。它网罗专业权威，介绍最新研究，武藤俊之助的《强磁性的量子理论》、汤川秀树的《β线放射能的理论》，以及菊池正士和青木宽夫合著的《中性子》等就是此类著述。此外，还有仁科芳雄等翻译的狄拉克《量子力学》。

继前一年的《大思想文库》，又新出版了《大教育家文库》（二十四卷，一九三六年三月至三九年七月）。其中西方的有苏格拉底、柏拉图、亚里士多德、洛克、欧文、莫里斯、蒙田、卢梭、歌德、席勒、裴斯泰洛齐、赫尔巴特、费希特、夸美纽斯、福禄培尔、施莱尔马赫、斯宾塞、居约、杜威、狄尔泰、纳托尔卜；东方的有孔子、孟子、荀子、朱子、王阳明；日本的有白石、谕吉、蕃山、益轩、素行、宣长、尊德、梅巖。该文库的作者是西晋一郎、长谷川如是闲、津田左右吉、落合太郎等。在其他方面，还有金田一京助和知里真志保的《阿伊努语法概说》，以及野上丰一郎编的《能面》（一九三六年八月至翌年七月）。后者是每回九张、共计九十张的大写真版。此外，还出版了本间顺治编《国宝刀剑图谱》（一九三六年八月至三八年二月），它也是每回十张、合计一百六十张的写真版。佐藤得二的《佛教在日本的发展》是非专业性的有趣书籍，销售量超过二万。

这一年还发生了一件事，在前面也有所提及：岩波得知，友松元谛在《东洋思潮讲座》第九次发行中执笔的《印度社会经济思想》是剽窃大岛长三郎未发表的草稿，便立即将其废弃。由于没有适当的替代笔者，便用麦克斯·韦伯的著作《宗教社会学》第二卷中介绍印度社会制度的部分来补充。有个叫比丘庄太郎的人对此进行指责，岩波还进行了彻底的申辩。毋庸置疑，作为学者，剽窃是致命的，岩波对此等虚伪所取的态度着实是洁癖的、彻底的，这也说明了岩波的性格。学问与虚伪不能两立，我完全赞同岩波的态度。

法学方面，出版了尾高朝雄的力作《国家构造论》。我妻荣的《民法讲义》第三篇《担保物权法》也广为世用。小堀杏奴追忆父亲森鸥外的作品《晚年的父亲》也是在这一年出版的。

由军部策动并激发的战争，到第二年一九三七年最终演变为"日中战争"，让我暂且在这里告一段落吧。

⑤ 从日中战争到太平洋战争

昭和十二年（一九三七），导致太平洋战争的日中战争于七月爆发。广田内阁垮台后，天皇降旨宇垣一成组阁，最终也由于军部的反对而流产。接下来组阁的林铣十郎内阁，竟在议会会期的最后解散议会，但仍旧在选举中惨败。接下来的近卫内阁也无法阻止将准战时状态激化成战时状态的日中战争。而且，战火烧到上海，徐州陷落，十二月南京陷落，但战争并没有结束，日本和日本国民被拖入长期战争的泥沼。

在新年贺卡中,岩波决心要尽全力"提高学术日本、文化日本的水平,保住真正的一等国家的颜面……作为陛下的赤子……"。

日中战争后(十一月),岩波攻击"陷于统管的报纸",阐明"举国一致的统管也可以,但其内容不能低调乏味,不能与世界不相往来,其原理必须是贯通古今的"。他还说,"避免与近卫首相发生摩擦、矛盾,如果这种愿望是出于停止私斗的意思那也好,但在非常时期,如果在朝没有诤臣、在野没有直言不讳的言论,那将是国家的忧患。"(《读卖新闻》)

这番言论固然包含了对一般出版管制的不满,但在日中战争爆发的七月,岩波书店也自发地将山田盛太郎的《日本资本主义分析》(一九三四年二月出版)付以绝版。所谓"自发"只是没有受到官宪处罚的意思,但迫于官宪的压力是不言而喻的。山田是马克思主义学者,作为笃学之士受到岩波的敬佩,这部著作,姑勿论学说的分歧,它至今仍被推崇为昭和经济学书中的名著。一九三四年,岩波将可以称为他的"文化个人奖"的感谢金赠与了山田。

这一年的出版近百种,属社会科学的近三十种,其中也夹杂着受各大学学部委托的论文集等。有关自然科学、机械科学的近二十种。哲学不足十五种,但田边元的《哲学与科学之间》和西田几多郎的《续思索与体验》受到社会的欢迎,说明当时流行西田和田边的哲学。天野贞祐的《道理的感觉》成为其后他的启蒙性论文广为社会诵读的开端,但由于军部对自由主义思想的弹压,不得已于第二年三月自发绝版。与这部《道理的感觉》一样,田中耕太郎的《教养与文化的基础》在他的此类书中少有地受到社会的欢迎,从中应该看出受军部的思想压制所刺激的时代动向。此外,和辻哲郎的大作《伦理学》上卷和他的所有著作一样，受到社会的极大欢迎。别开生面的又有山田孝雄的《连歌概说》。辞典方面有田中秀央、落合太郎编著的《希腊拉丁 引用语辞典》，以及我妻、横田、宫泽等编辑的《岩波法律学小辞典》。全集方面，出版了《二叶亭四迷全集》（八卷，一九三七年十月至翌年八月）和《中村宪吉全集》（四卷，一九三七年十一月至翌年九月）。

时年八月，吉野源三郎在岩波诚邀下进入书店工作。吉野受到岩波的信任，开始时，他担任岩波的类似私人顾问的职务，特别是在岩波死后，在决定岩波书店的出版动向上，他和小林勇一起参与并有相同的决定力。八月，岩波通过上海的书店主人内山完造，捐赠给"鲁迅文学奖"一千日元。在此之前，岩波有意向中国各大学图书馆赠送岩波书店出版的书籍，但由于日中关系紧张而没能实现。岩波的这个想法，是在他和当时同盟通信上海支部部长松本重治，还有小林勇同席就餐时提出的。岩波说，向哪所大学赠送出版书籍，还请帮忙选择一下，松本表示同意并返回上海。但为时已晚，一个月后战争爆发，岩波的失望可想而知。他出版蔡培火的《东亚之子如斯想》，也是出于对中国人的同情。这一年，为庆祝岩波尊敬的幸田露伴获得文化勋章，在岩波等人的主持下，六月二十八日在东京会馆举行了庆祝会。此外，由于粮食状况的窘迫，岩波书店于这一年开始为店员发放午餐。

昭和十三年（一九三八）一月六日，岩波在屋顶向店员致词，表达了作为文化事业参与者的决心，并谈及自己的健康，说要尽量拒绝聚会，从容地、专心地工作，努力保持健康。这一年，日中战争终于陷入长期战的泥沼。武汉陷落后，蒋介石毫不慌张地迁都重庆，近卫首相被迫发表"不理睬蒋介石"的空洞声明。

而后，议会通过了"国家总动员法"。于是，将日本引向衰亡的这场战争，为防止军部权力的崩溃，只能继续打出"百年战争亦不辞"这种虚张声势的论调。以"资本主义的修正"为名的军部统管经济，并没使兵力强盛，也没使民力壮大。但是，由于军需通胀的景气，再加上物资匮乏和娱乐限制，以及人们对读书的需求，图书的整体销量渐渐增加，特别是岩波书店出版的关于中国和日本的文献等，连排挤岩波的派别和组织也不得不重新审视，令这类书籍的销量大增。加之哲学修养等书籍，为渴求精神营养的年轻知识分子所追捧，以至销量增加。岩波书店渐渐地从昭和初年以来持续的萧条中恢复过来，这种趋势逐年上升，直到一九四〇、一九四一年达到顶点。

在新年贺卡中，岩波决心要创造、培养日本民族固有的且具备世界特征的文化。他对时势极为不满，根据其平日所持观点，也极不赞成日中战争，迫切希望近卫首相亲自与蒋介石会面，结束战争，并满腔热情地表示，如果需要，让自己去大陆也可以。但对于军部的狂态，他姑且赞美日军的赫赫战功，指出文化日本无法与武力日本匹敌，极力主张提高文化水平。尊重古典、促进科学、传播精确的知识，依然是他堂堂正正发表的正论。他还极力倡导，"由于日本现代文化的发展过于迅速，以致有根底不够坚实的缺憾。为培养、充实其根底，很大程度上有待于古典的普及。"《岩波文库》对古今东西古典的普及，是岩波利用一切机会反复强调的。于一九三四年出版的《吉田松阴全集》的汉语译作普及版（十二卷，一九三八年十一月至四〇年四月），也在这一年出版。一九四〇年出版的《藤树先生全集》（五卷，一九四〇年二月至十二月）、《山鹿素行全集》思想篇（十五卷，一九四〇年六月至四二年八月），以及一九四二年出版的《本居宣长全集》（一九四二年十二月开始，到一九四四年十月，由于纸张的供给不足而中止),一方面也是对抗军部及其右翼追随者的堡垒,但岩波本来就是爱国者,所以,这也可以看作是他平生尊重古典精神的体现。这一年的九月十九日,当《国民新闻》记者就非常时期的出版国策请岩波谈话时,岩波谈道:"在这样的时代,在致力于出版时,尤其应该将古典的普及放在心上。"他说:"关于中国的文化工作,东洋古典的研究从根本上来说是绝对必要的,也应该承认古代中国对东洋文化,不、是世界文化,以及对邻近的日本文化的功绩。日本应该以这样的大度量对待中国。"从这番话中也可窥视他的精神。

《鸥外全集》翻译篇(十三卷,一九三八年七月至翌年十月)和《铃木三重吉全集》(六卷,一九三八年三月至十二月)。把昭和年换算回公元年(John Batchelor, 1854—1944)博士的《阿伊努语辞典》第四版(初版一八八九年,本版则是对一九二六年第三版进行追加、删除、订正后的定版)。但是,受到时局的影响,辞书的出版历经了战前至战中。博士自明治十二年以来住在北海道约六十年,为阿伊努的研究和教化、善导竭尽全力,是被授予三等勋的功臣。但他也迫于时局,不得不于昭和十五年末,以八十八岁的高龄回国。另外,奥平昌洪著《东亚钱志》价格为七十日元,是当时少有的高价书籍,但这部书的出版是受到服部报公会的出版费补助。在这一年的出版物中,比较有特色的是新宿中村屋主人相马爱藏的《一个商人》,这本书贴切地讲述了作者本人作为商人的体验,岩波为这位同乡前辈兼商道上的指路人写了推荐文章。结果,这本书大受欢迎,竟发行了一万八千多部。我妻荣的法律书(这一年是《亲族法·继承法讲义案》、《民法教材Ⅰ》)、山崎又次郎的《帝国宪法要论》和东畑精一的《农村问题诸相》是社会科学方面销售量较大的书。哲学方面,高山岩男的《哲学人类学》、高桥里美的《认识论》还有和辻的《人格与人类性》等也受到社会的欢迎，特别是村冈典嗣的《日本文化史概说》，发行量超过五万。像能势朝次的《能乐源流考》那样大部头的专业书籍也卖了千部，这或许都是时代对日本主义倾向的反映吧。科学书籍的销况也比较好，虽然也有像菊池正士的《原子核及元素的人工转换》那样极其专业的书籍，卖得差强人意，但高木贞治的名著《解析概论》等却出乎意料地畅销。另外，还有藤冈由夫的《现代的物理学》和石原纯的《自然科学的世界像》等销量也很大。随笔方面，滝泽敬一的《续法国通信》继一九三七年出版的《法国通信》，受到社会的极大好评，在战争期间还续刊了第三（一九四〇）、第四册（一九四一）。中谷宇吉郎的《冬之华》，使他作为科学随笔家的受欢迎程度更上一层楼。小泉信三的《美国纪行》销量也相当大，说明他与和辻一样深受社会欢迎。小宫丰隆的《夏目漱石》销量超过三万，比起小宫，这更显示了漱石的人气。关于中国的书籍，出版了关野贞的遗著《中国的建筑与艺术》，一九四〇年还出版了日本、四一年又出版了朝鲜的同类书籍。

在这一年的出版中，规模格外大的是《岩波新书》。岩波将它作为开店二十五年的纪念出版公布，他说，"岩波新书的期望所在，是脱离学究立场，摆脱古典的限制，根据生活在当今时代的人们的要求，顺应自由，顺应时代潮流，提供有助于现代人普通修养的良书。（九月起草的草稿）他还说，"烦劳各门类的一流大家，乞求他们执笔不会被流俗化的启蒙良书，同时广泛介绍海外优秀的同类书籍，并选择现代文学的代表作品，以简洁的外表和低廉的价格出版。"（同上）《岩波新书》的这一创刊动机完全在于日中战争，他是考虑到这一事件的严重性、长期性而进行这一策划的。该策划有三木清参与，编辑主要由吉野担任。在中国，有数百万的年轻人在参加战争，而日本国内，也过着凡事和中国有关的日子,但日本人却对中国一无所知,考虑到这一事实,岩波希望尽量将和中国有关的书收入《新书》(但这一想法并不十分受欢迎),这也意味着他对这场战争的抵抗。当时的定价源于同年发行的五十钱纸币,一律定为五十钱。从年末的十一月到十二月出版了二十余种,有津田左右吉《中国思想与日本》、寺田寅彦《天灾与国防》、斋藤茂吉《万叶秀歌》、中谷宇吉郎《雪》、武者小路实笃《人生论》、矢内原忠雄译《奉天三十年》、高桥健二译《德国阵亡学生的信》、森鸥外《与妻书》、小仓金之助《家计数学》、铃木敬信译《神秘的宇宙》、森岛恒雄译《科学史与新人文主义》、长谷川千秋《贝多芬》、丘英通译《死是什么》、长与善郎《大帝康熙》、长谷川如是闲《日本的性格》、白柳秀湖《世界诸民族经济战夜话》。另外,现代作家中则有山本有三、里见弴、久保田万太郎、川端康成、横光利一的作品。由于这些新书价格低廉,因此大受欢迎,例如三木清的《哲学入门》,出版伊始便销售了十万。前面引用的发刊辞是吉野源三郎执笔的,而岩波在十一月的杂志《思想》上,又发表了慷慨激昂的出版致词,气势如虹,表达了对时势的忧愤。其中的"领会五条誓文遗训,从岛国根性中解放我等同胞"等语句,被蓑田胸喜当作问题提出来;又由于"我们依靠的武人有高迈的卓见吗?能实施一丝不乱的统管吗?"等语句,收到了某宪兵的谴责信,为此他还曾极力辩解。由于担心岩波书店的店员会反对这篇文章,岩波并没有和他们商量,只和友人矢岛音次等人商量过,结果极大地刺激了军部和蓑田一派。

新书后经续刊,立刻达到百种。但由于受到用纸和印刷的限制,到一九四三、一九四四年,仅仅出版了一册,最终于一九四五年一月,以宫村定男《近代医学的建设者》告终。这部丛书由于价格低廉、内容清新,广为社会所用。即使在战争期间,也有很多书籍的发行量超过两万,有的竟达四五万,极大地缓解了知识阶层对读书的饥渴。

此外,顺便说一下,战后在岩波生前,还有新书复兴的计划。那是羽仁五郎《明治维新》、矢内原忠雄《日本精神与和平国家》,以及近藤宏二《青年与结核》三册,其开本与新书版不同,是B六开本,但装帧相同,应视为和新书一脉相连。三册都由岩波策划,于岩波生前着手准备,在他死后出版。在战争期间的是所谓红版,战后的蓝版则于一九四九年四月出版,直至今日。

继以前出版的中等教科书《国语》之后,当年又出版了女子用全十卷。另外,之前预订出版过的《大思想文库》,其中的个别书籍也再版发行。

如前所述,日本自日中战争开始陷入了长期战争的泥沼,战争前途的暗淡已经明显显现出来,为此产生的焦躁又表现为对出版的压迫。避讳字大量增加,有一段时期,如果出现〇〇,大致都可读为"革命"。时年二月,《岩波文库》中的白条书籍(社会科学门类)受到弹压,但还不至于遭受禁售的处罚。有的是"暂缓加印",更重一级的有"对已印刷但还未装订的散页暂缓装订",其中也有按照当局的内部意见,采取"自发执行"的形式。为了帮助读者了解一点当时的出版情况,在此列举一九三八年二月受到此种处分的文库书目。

暂缓加印的有马克思的《论犹太人问题》、《资本、论初版钞》、《工资·价格及利润》、《雇佣劳动与资本》、《哲学的贫困》,恩格斯的《住宅问题》、《自然辩证法》上下、《反杜林论》上下、《原始基督教》,二者合著的《费尔巴哈论》、《艺术论》、《德国人·意识形态》。此外还有里亚扎诺夫的《马克思·恩格斯传》,列宁的《唯物论与经验批判论》上中下、《俄罗斯的资本主义发展》上下,考茨基的《基督教的成立》、《资本论解说》、路易莎·考茨基的《罗莎·卢森堡书简》，罗莎·卢森堡的《经济学入门》、《资本蓄积论》上中下、《资本蓄积再论》等。虽已印刷但没装订的有马克思的《法国内乱》，恩格斯的《家族、私有财产及国家的起源》、《从空想到科学》，列宁的《帝国主义》、《怎么办》、《卡尔·马克思》、《致高尔基的信》等。关于马克思的《资本论》，如前所述，由于和河上肇绝交，岩波自发地是付以绝版的。但后来出版的长谷部文雄译《工资、价格与利润》和《僱佣劳动与资本》也被当局禁止。上述被停止发行的所有书籍，到一九四〇年九月十日被正式执行处罚，明令禁售并没收纸型。

文库以外的书籍也遭到弹压：同在一九三八年一月，大内兵卫的《财政学大纲》被明令停版，其理由是他因所谓的教授集团事件被起诉。以此为开端，二月，矢内原忠雄的《民族与和平》被禁止；三月，作为时代的良心大受社会欢迎的天野贞祐，其《道理的感觉》如前所述，由作者自发绝版。据作者自己的谈话，这是由于书中对天野的军事教练的谴责，引起了军部的争论，并连累了给予自己理解的、当时京都大学的军事教官，因此才作此处置。但早在一九二九年，岩波的出版业就受到了这样的弹压，前面已经提及，文库中由中村白叶翻译、阿尔志巴绥夫的《沙宁》上卷被禁售，继而下卷也被禁止。取缔的原因是风纪上，禁止毫无忌惮的性欲描写。书店向当局询问了该删除之处，提出了分割返还的申请，进行改版后复刊。此后的一九三二年，《日本资本主义发达史讲座》第四回也被禁售。其后，为了继续出版，就必须对一九三三年被禁售的第五、第六及第七回提出剪切返还申请，删除被命令删除的部分。但很明显，压迫出版言论的气势在这一年的前后加剧。一九三七年九月，纪德的《苏维埃纪行》被命令删除；十一月，文库版田山花袋的《蒲团·一兵卒》被命令从下一版中删除。前者是关于外国的情况，后者涉嫌侮辱军人，二者都反映了所谓的非常时局。以下按顺序记述：一九三九年，芥川龙之介的《侏儒的话》，还是由于侮辱军人被要求在下一版中修订；武者小路实笃的《他的妹妹》，由于残废军人的问题被删除；德富芦花的《自然与人生》也被要求删除其中的《国家与个人》一篇。六月，有《包法利夫人》上下的删除及下一版修订；最后，一九四一年三月，上述《资本蓄积再论》与索雷尔《暴力论》作为一九四〇年大规模禁令的遗漏遭到禁止。自此直到战争结束，再没有遭到弹压。在日本的书店中，除专门从事左翼出版的书店外，恐怕没有哪个书店像岩波书店那样遭受到如此大的弹压了。

时年八月，杂志《图书》创刊，兼作为书店的广告机关。到一九四二年十二月，该杂志由于时局窘迫停刊，战后一九四九年末又复刊。七月，为鼓励店员存款，书店向店员发放了已存入一定金额的存折。

昭和十四年（一九三九），日中战争已进入第三年，战势愈加显出僵局，列强对日本的压迫及对中国的援助日渐加强。第二次近卫内阁意欲响应汪精卫和平工作的计划夭折，被平沼内阁取代。八月，欧洲终于爆发了英法与德国的战争。但在诺门罕战役中，日本惨败于苏联。日英会谈中的趾高气扬，赢得了美国致命的经济压迫；依赖德国、频献媚态，却复杂离奇地产生了德苏不可侵犯条约。在此期间，岩波在他的新年贺卡中说，东方的和平与学术的振兴是他平日的愿望，并不厌其烦地倡导五条誓文的精神，攻击报纸的国策迎合主义。对于中央公论社发行的谷崎润一郎译、山田孝雄校对的《源氏物语》，岩波极尽推荐之词，令世人惊讶。其实早在一九三四年，岩波对该社发行的坪内逍遥译《莎士比亚全集》亦是如此。岩波书店尽管受到当局的压迫和右翼派系的攻击，却愈加呈现出繁荣景象，更在文部省推荐图书的数量中位居第一。这一年出版的图书只达八十余种，但除此之外，还出版了新书三十三种、全书九种。二月，自策划以来已有六年的《康德著作集》，也以第十五卷《对美与崇高的感情性的观察等》结束了十八卷的出版。在全集方面，出版了《小泉三申全集》（始于一九三九年十月，一九四二年十一月出版第四回，还有二册没有出版）和《山本有三全集》（十卷，一九三九年十一月至四一年二月）。法律方面，中田薰的《法制史论集》自大正末年出版第一卷后，时隔十余年终于出版了第二卷，又隔四年后于一九四三年出版第三卷。哲学思想方面，以田边元的《正法眼藏的哲学私观》为最，速水敬二的《哲学年表》、三木清的《构想力的逻辑第一》等也大受欢迎。此外，还出版了宇井伯寿的《禅宗史研究》，以及高桥里美、金仓元照、九鬼周造的哲学书等。又出版了长田新译、亨里希·莫尔普的《裴斯泰洛齐传》（五卷，一九三九年十一月至四一年三月）等。在关于中国的书籍中，除清水盛光的《中国社会的研究》销量较大外，还有津田左右吉的《道家的思想与其展开》和武内义雄的《论语之研究》。日本文化方面，以冈崎义惠的《日本文艺的样式》、村冈典嗣的《续日本思想史研究》为代表，大西克礼、片冈良一等的著作也受到欢迎。此外，在涩泽荣一的爱戴者的请求与岩波的悫惠下，幸田露伴著的《涩泽荣一传》也出版了。从整体上看，关于法律、经济、政治等社会科学的书籍最多，超过二十种，但带有反军国主义倾向的著述却销声匿迹了。

岩波在这一年的贺年卡上，重复了他平日的信念："东方的和平与学术的振兴是我平生愿望之所在……要让文化日本与武力日本齐头并进，在世界上飞跃发展。"并阐述了自己"作为出版参与者于后方的职责"。岩波还忧虑日本人的体质，一月二十三日，他把店员召集到楼顶，发出以下呼吁：

第五章 出版事业

我想做广播体操，赞成的人也请一起做吧。我自己不喜欢被束缚，因此也不想束缚别人，所以请自由选择，喜欢做广播体操的人每天就到这儿一起做吧。

我意识到要做广播体操，是因为最近开始感到健康非常重要。之所以这么说，是因为我感到自己的身体有点儿虚弱了，年轻人可能还不至于想到这些。

我到外面转了一圈回来，深感时下的日本人在脑力方面非常优秀，绝不输给其他国家，可体格却比其他国家差远了。只脑力强，身体却不一起强壮起来，是绝对不够的。今天，我们每个人增进健康，并不只为自己一个人，对于国家也是必不可少的。

大家为了健康做体操，虽然仅在我们书店，范围确实很小，但我认为是件好事，所以想实行下去。

做体操是我先意识到的，所以我是先觉者，赞同的人就请每天和我一起做下去吧。

每天从两点四十分开始，就在这里做，当然雨天不行。但只要不下雨，每天就在这里做。关于体操老师，现在突然去找也来不及了，就请后藤暂时作老师吧。

是年四月，和岩波同县、为岩波旧书店开业创造了机缘的伊东三郎去世，他是原尚文堂店员，后成为书店自强馆的主人，是神田的书籍销售商中的实力派。岩波为此悲伤，亲临葬礼并致悼词。本年度的重要事件是实行了买断制度（不能退货）。这是由于纸张匮乏，特别是当年春天以后，旧刊书中出现了很多断货的书，这在以往是没有过的；但就连价值高的新刊书的发行也必加以限制，因此，为尽量避免浪费纸张，以期实现出版的合理化，才实行买断制度。于是，原来实行委托销售的单行本及全书都改行买断制度，从九月二十二日发行的冈崎义惠《日本文艺的样式》开始实施。新书和文库虽然没有行买断制，但实际上不仅没有退货，且进入战争期间还一直供不应求，直至战后出版重上轨道时，才实行不退货制度。岩波书店的大方针是执行买断制，而且，由于岩波的书籍畅销，特别是在东京市内，实际上已如同实施了买断制度一样。长期以来，出版界也认为委托销售太浪费，不用说，岩波的英明决断达到了目的，也有人认为，这样的事也只有岩波才能成功。战后几年间，其他书店看到《岩波文库》以往有价值的书籍销量减退，便不断出版迎合时尚的新丛书、文库。由于这些书实行委托销售，零售商乃视买断制为大问题，但新的岩波书店依然坚持这一方针。

昭和十五年（一九四〇），无论对于日本、还是对于岩波书店都是非常紧迫的一年。那年的纪元节（今改称建国纪念日。——译注）举行了建国二千六百年祭，岩波于六月十九日参拜了橿原神宫。

时年三月，日本政府将汪精卫政府命名为国民政府，但英美没有承认。可另一方面，被法国瓦解和英国溃败蒙蔽了双眼的军部，以七月成立的近卫内阁的名义，于九月缔结了日德意三国同盟。由于英美对日本经济的压迫，日本陷入了准封锁状态。十月，在近卫的统率下成立了大政翼赞会，但为了避免一国一党的专制，他们一方面叫嚣"上意下达，下意上达"，一方面又强调"万民翼赞"、"承诏必谨"，军部如幕府般的存在以及军命必屈的势头愈加得到强化，为第二年的太平洋战争开辟了道路。

岩波在这一年的元旦记录里写道："今年要特别注意健康，更要性情豁达，只关注重要的事情。"岩波对于高血压的顾虑始

第五章 出版事业

于一九三五年去欧美旅行回来后，如前所述，去年他也坦陈自己的健康衰减，从这时起，更逐渐特别留意于此。

对于岩波书店来说，这一年最重大的事件是在二月，津田左右吉著《古事记及日本书纪的研究》被禁售，进而在三月八日，以同书为首，津田的《神代史的研究》、《日本上代史的研究》和《上代日本的社会及思想》，以违反出版法第二十六条，即"出版意欲篡改政体、紊乱国宪的文件图画时"为由，对著作者、发行者予以处罚，岩波与津田一同被起诉。在此之前的一月二十一日，岩波与店长长田干雄被玉泽检察官传唤，从上午到下午五点半，就津田的著作接受了讯问。这是由于蓑田胸喜、三井甲之等"原理日本"派的弹劾。该事件给岩波以极大的打击，那时，他在热海酒店闭门不出，谁都不见，抱怨自己遭此厄难，朋友们却全不顾念，并对于偶然送来慰问的羽仁五郎的好意非常高兴。岩波并不是将大事藏于腹内而不为所动的英雄，而是个爱哭、爱沮丧、不会隐藏自己的自然之子。但他对津田的奉献却是无微不至的，津田自己也写道："遭到牵连、一同成为被告之后，岩波又请律师，又让人做了合计一千多页的各种印刷品，提交给法庭，所有一切都被他承担下来。我从年轻时起，就受到各种各样人的各种各样的关照，但从未受到过如此的关照。这种用感谢等等常见的话语无法表达的心情，至今依然。"

审判在起诉后经过预审，于第二年、即一九四一年十一月一日在东京地方刑事裁判所法庭举行了第一次公审，到一九四二年一月十五日的终审，共举行了二十一次公审，但以危害安全秩序为由，禁止对一般人公开。审判长中西要一，陪审法官山下朝一、荒川正三郎，列席检察官神保泰一，辩护人以有马忠三郎为中心，有岛田武夫、藤泽一郎共三人。在第二十次（一九四一年十二月二十三日）的审判中，神保检察官就有问题的四部书提出量刑请求：津田各二个月、合计八个月监禁；岩波各一个月、合计四个月监禁。审判于一九四二年五月二十一日宣判：津田监禁三个月、岩波监禁二个月，缓期两年执行。在被起诉的四部书中，《古事记及日本书纪的研究》被判有罪（判决内容为"未作无罪宣判"）；《神代史的研究》、《日本上代史的研究》、《上代日本的社会及思想》则无罪。在公审中，津田对于审判长的讯问娓娓道来，详实说明，反复进行了不算简洁的答辩。中西似乎也如实地熟读了津田提交的上述大部头文件及著作，显示了郑重、善意的态度。曾在德意志协会学校受到过津田教诲的天野贞祐，在申诉书中申辩道，曾为天野等中学生讲授帝国宪法的津田绝不是非国家主义的思想者。《日本古代文化》的作者和辻哲郎也应岩波的请求，作为证人为津田辩护。右翼之流对津田的攻击，大致是津田的实证和科学研究态度，破坏了他们作为史实强加给国民的日本的优秀和尊严，以及津田批评他们从非史实的神话传说记载中探寻意义和价值的态度；他们指责津田没有将这些记载直接认定为史实，等于有损日本国体。和辻的辩护也触及到这点。岩波先后做了开场陈诉和最终陈诉，下面，直接引用当时的速记记录。

（开场陈诉）

其他的事情另当别论，我对于皇室的尊敬之意，在这一点上，我以落后于他人为耻，这种敬意不是现在才有的，而且时至今日丝毫没有改变。因此，我对于发生这样的问题感到意外。我坚信，津田先生的人格和学识，实属日本罕见、世界领先的优秀学者，因此，我虽然对其内容、学说不甚了解，但我坚信，出版先生的书对学界、对日本、对国家社会都有裨益，因此，我对于发生这样的问题深感意外，是不是出了什么差错？我对于学说不太了解，但即使是从日本整个国家的角度考虑，我也深感这是极其困惑的事情。我自小多少也有些思考国家社会的情结，但几乎没有可尽忠尽力之处，因此，惟有通过自己的出版，用现在的话来说，是在工作范围内效力。实际上，对于自己出版的书籍，无论杂志、还是一部书、还是学问方面，所有一切我都要考虑是否符合国家的大目的，这是我对天地神明都可以毫无羞愧地说出的话。但是此时，无论我如何想象，自己出版的书会有害于国家，特别是会牵扯到平日尊敬的皇室的尊严，这对我自己来说都是大事件，无论如何都要查明。如果我做的事情即使是善意的，但还是多少触及了亵渎皇室尊严的事实，我也愿意高兴地、主动地服罪，我也丝毫不想以此来减轻我的罪行，这就是我的想法。这是我这一方面，再看事件发生后成为问题的津田先生，我坚信先生平素的人格、科学的、有良心的态度。因此，虽然刚刚已详细宣读，但我还是不能理解你们所认为我做了坏事，或是我亵渎了皇室尊严的事实。我想请求审判长的是，我如果有这样的罪，我会高兴地服罪；但我希望，让我的修养、良心可以充分理解这个罪，让我承认我在某种程度上做了坏事，我愿意服的是这样的罪，这就是我的一个普通愿望。[(昭和十六年（一九四一）十一月一日]

(最终陈述)

我出版的书让各位法官、检查当局诸位及其他诸位担心、不安，对此我深感惶恐。正如当初陈述的那样，我对于皇室的尊崇之心，无论怎样谦逊地想，我自认和常人的想法是一样的。记得初到东京时，我去工厂打工，看到天皇陛下的肖像时，感到不胜惶恐；从前在二重桥前走过，那时，不论几点，我都要遥拜，毫不怠懈。而且，我来东京最大的动机便是想和杉浦重刚先生在一起，沐浴他的人格，为此，我曾给先生写了封长信。我还记得，一高时，我在作文的开头写下"日本是神国"，事实上这还成了我的朋友间的一个话题。所以我想，从这些事实上也可以看出，从很早以前开始，我就有和常人一样的观点。因此，我出版的书被问以亵渎皇室尊严之罪，这真是意外中的意外，这是违背我志向的事。正如前面陈述的那样，我对津田先生的人格、学识、有良心的、高尚的态度完全信赖，先生的每一部书我都想出版，而且我深信，出版先生的书可以提高日本的文化，给日本带来好的影响。但我实际上并未读过一页，做梦也没想到它们对日本有益，但对国体、皇室不利。因此，关于此次出现的问题，我曾认为，虽然自己并非恶意，其结果却造成了不好的影响，被以出版法问罪，真是这样的话，我非常苦恼，惶恐万千，感到实在对不起。但之后，我就其内容详细请教了先生，自己也都一一领会，又在法庭上听了辩护人的辩论，又反复倾听了检察官的公诉意见，自己亵渎皇室尊严之事，从我的常识来看，无论如何都无法想象。因此，我更加确信，我没有犯下这样的罪行，在这一点上，我也就放心了。无论我犯罪还是没犯罪，暂且另当别论，我只感到心情好了。关于这件事再说一句，对于此事给诸位带来的麻烦，我深感惶恐。[昭和十七年（一九四二）一月十五日]

津田与岩波不服判决，向东京上诉法院提起上诉，并委托有马忠三郎和海野普吉辩护，以法官藤井五一郎为审判长进行审判，但因为事件的时效性——持续一年以上没有进行公审——便于一九四四年十一月四日宣布免于起诉。应该就是在这时，当审判长在法庭上询问上诉理由时，据津田记载，他"说了些好像是解释说明的话"，岩波却"非常大声地只说了一句话：因为认为无罪。我不禁钦佩地想，的确还是这么说好"。

岩波在起诉当天、三月八日（一九四〇），在热海市伊豆山东足川购买了土地，并于第二年九月建造了别墅。这是他打算用来静养身体，为入狱而准备的。后来，岩波夸张地说，还是蓑田给了我这个休养的场所，他真是我的恩人啊！但建成后，岩波对自己的休养置之不理，却一个接一个地将前辈、友人带去，在物资匮乏的年代里，煞费苦心地款待他们，几乎没有一个人独处的时候。这不怪别人，只能怪岩波。

这里有一封岩波写给蓑田的信，这封信明显地表现了岩波的思想和态度，引用于此。时间好像是一九四一年十月。

拜启

祝您愈加健康平安。感谢惠赠贵杂志《原理日本》十月号，有幸拜读。承蒙您将小生这一介市民视为一个有资格立于主义之上的人，并对小生在帝大新闻上的谈话加以驳斥，实感光荣之至。从足下固守的日本主义来判断，小生的出版方针的确有如无方针。即使这样，作为出版者，小生坚持不趋炎附势、不媚俗的操守态度，将来也打算继续如此，忠实地介绍人类思想史上出现的种种有代表性的思想，将此作为出版者的义务与规则。不忘记过去的日本，同时，在思索未来的日本时，不徒然固守以往狭隘守旧的国粹主义，领会五条誓文的精神，求知识于世界，集人类文化之精髓，并将其融和统一，将此作为成就日本精神之美的途径。我坚信，充满希望的新日本的建设必须立足于广大无边的真理之上。我认为，正如引进佛教、儒教后，日本精神的内容大放光彩一样，今后，只有吸收世界人类所有的真善美，日本精神才能蓬勃发展，永不失去其光辉。小生每出版一册杂志、一册图书，无不是为了学术、为了社会。出版《吉田松阴全集》时的心情，与出版马克思的《资本论》时小生作为出版者的态度，都出自小生一贯的操守。

我认为，无论是各类学说，还是各类思想，只有对其进行研究、探讨，学术与社会才能进步。因此，奉行某一主义的人应怀着尊敬接触相反主义论者，以正大光明之心情讨论。

小生体察尊台有忧国之纯情，不满现时世态。虽说小生原本一介市民，但在忧国这一点上，敢以落于人后为耻。若能与尊台敞开胸襟畅谈一夕，畅谈思想倾向的不同点，即便只能消除无聊的误解，对双方都是有益的。

贵社的三井君为小生学生时代的友人，之后许久未见。即便思想倾向有所不同，小生对三井君的友情与往昔相比丝毫未变，因此，望能见面叙谈。若无不便，望有机会三人见面叙谈。

谨致问候　　敬具

这封信寄给蓑田后，岩波与三井和蓑田共餐。记得岩波对我说，当时蓑田频频热论，而三井则在旁边狞笑。

本年度的发行书目七十有余，此外还有全书四种、新书二十四种。全集除上述《藤树先生全集》、《山鹿素行全集》思想篇外，还出版了《镜花全集》（二十八卷，一九四〇年四月至四二年十二月）、《水上滝太郎全集》（十二卷，一九四〇年十一月至翌年十二月），可谓忙中有闲。书籍的销况普遍良好，但值得关注的是，岩波书店发行的非时尚、严肃的学术性书籍非常畅销。岩波在一月的《国民新闻》报上提出"要普及回览书籍（按月收取一定费用，定期向交费者发送、更换书籍。——译注），以应对纸张匮乏"，他极其公正、妥当地评论道，由于纸张不足，应控制兴趣本位的出版，无论旧书的出版如何有前途也要停止，将出版控制在新书范围内。为弥补其不足，出版商、杂志商应为回览书商提供一切便利，他们目前正受到书籍提供者方面的沉重压迫。在讲话中他还指出："最近，出版界遇到少有的盛况，出版的书籍立刻被消化，订单纷至沓来。我不能准确地推测这种盛况的原因，但同样的盛况在震后也曾出现过。最近，读者的倾向好像非常坚实，他们的目光非常敏锐地投向古典或基础学术书、严肃书籍上，这是令人高兴的现象。战时国民的精神处于极其紧张的状态下，这从读者的动向得到充分的证实。"岩波描述的读者层的动向，可以说确是事实。

这一年出色的出版物如下：哲学方面，波多野精一的《宗教哲学序论》发行了一万三千；田边元的《历史现实》由于时局及田边自身的人气，更超过十一万。在中国研究方面，有加藤常贤的质朴的《中国古代家族制度研究》，还出版了吉川幸次郎译《尚书正义》。天野贞祐的文集《通向道理的意志》发行了三万四千部，岛崎藤村的南美纪行《巡礼》二万，斋藤茂吉的歌集《晓虹》一万三千，战死的太田庆一的《太田伍长的阵中手记》二万，此外，还有日本学术振兴会编的英译 *The Manyoshu* 和丰田实著 *Shakespeare in Japan*。我妻荣的民法一直受到欢迎，结果这一年的《债权总论》（民法讲义Ⅳ）发行了近三万二千，这也说明了一种时代现象。法律方面，栗生武夫在一九三七年出版了《法的变动》之后，这年又出版了《法律史的诸问题》。二月十二日，能势朝次的《能乐源流考》被授予恩赐奖；斋藤茂吉的《柿本人麿》被授予学士院奖。于是，在岩波身上出现了政治上被弹压、文化上被赞赏的讽刺现象。明治三十年，林六合馆发行的佐村八郎著《国书解题》也是值得尊重的业绩，而在这本书长期绝版期间，书志学上又出现了进步的成果，岩波想吸纳这些成果，重新开始国书解题的事业。七月，岩波在帝国饭店招待过善之助、新村出等人，他解释了对先人鼎轩田口卯吉的仰慕和尊敬之情，决定从纪元（日本皇纪元年为公元前六六〇年。——译注）二千六百年的这年四月开始，具体着手这项事业，因此，迫切希望得到在座学者的协助和忠言。但是，这项事业在取得一定进展之后，由于战争不得不中断。

六月，一百三十名店员加入职员保险。九月，由于粮食情况恶化，店员的供餐改为替代食品。另外，这一年的重要事件，是岩波投入个人财产一百万日元，设立了"风树会"，重点资助从事理论基础研究的年轻研究人员，这将在岩波的"社会生活"一章中详述。

在时局窘迫之下，形成了所谓的出版新体制。对此，岩波直戳其弊端，指出那些紧紧抱住新体制不放的人就像不想错过公共汽车一样，他们迄今为止成立的同业公会都是自家拥护性质的、专门维持自己特权的机构。"出版不是赌博，如果真正有益于社会，那么它在经营上也必然能够成立。"即便在迫害之下，岩波仍愈发坚定了这一信念。在《文艺春秋》中登载的《从出版界的立场，对当局的文化统管提出具体希望》一文的最后，他痛切陈词："总之，在我国这个要确立东亚新秩序、进而推动世界新秩序确立的高度国防国家，在实施新体制的思想根本——文化统管时，理应严格人选，必须抱住贯通古今的高迈理念，秉持通晓东西的公正态度，以建设让世界景仰的日本文化为目标。在断然痛击那些缺乏奉献精神、亵渎文化之恶徒的同时，对于诚心诚意热爱学问艺术、忧国忧君者,应积极地为其研究、创作、言论提供一切便利。以不符现今国策为名,不必要地压制言论,流于狭隘、守旧的政策,并不是发扬我民族优秀性、培养兴隆日本之大国民的方法。"这番话确有以其人之道、还治其人之身的气概。那些笑话这番陈词是中学生式的人,果真有岩波的这种气魄吗?

㈥ 太平洋战争期间及投降后

在昭和十六年(一九四一)初的致辞中,岩波说:"我觉得今年和平会来到,各种各样的工作拖曳着我,但我想专注于这件工作。"但和平不但没有到来,日本更纵身跃入太平洋战争中。时年四月,日美开始谈判,但松冈外相却把心思用在盯着希特勒和斯大林身上。六月,德国撕毁不侵犯条约入侵苏联,日本强行进驻法属印度支那,美英两国断然冻结日本人资产。近卫放弃内阁,东条的纯军部内阁成立。美国在"与日本的开战不可避免"的决议下,推出强硬的《赫尔备忘录》。在由此激发的日美战争中,国民一度被首战的胜利所迷惑,但日本在政治上、军事上都受到世界的孤立,这场战争成了一场以世界为对手、将穷困与死亡强加给国民的无望的战争。

即便在这种时势下,岩波书店的繁荣景象不仅在持续,而且呈现出达到顶点的态势。出版书目超过七十种,除文库外,还有全书五种、新书六种。在单行本中,秋山谦藏的《日本的历史》加上第二年的部分,发行量超过两万,天野贞祐的《我的人生观》超过一万五,山本有三的小说《路旁的石头》达三万。丛书中受到欢迎的是年末出版的《为了少国民》。有马宏的《挖隧道的故事》、宇田道隆的《海与鱼》、内田清之助的《候鸟》、中谷宇吉郎的《雷的故事》、日高孝次的《海流的故事》等发行了二至三万，都是科学性的内容。此外，数学及自然科学方面，质朴的理论著作也出版了近十种。其中，林桂一的《高等函数表》格外优秀（该作者后来还出版了《圆及双曲线函数表》等）。日本文化方面，除泽泻久孝的《万叶的作品与时代》、池田龟鉴的专业著作《关于古典的批判处置的研究》、时枝诚记的《国语学原论》和《国语学史》外，还有东北帝国大学的德国人哲学教师黑利戈尔著、柴田治三郎翻译的《日本的弓术》，这部著作虽然是廉价版，发行量却超过一万，可以说，这还是显示了时代对日本文化的关注。此外，还有关于中国和东洋方面的书籍，仓石武四郎的《中国语教育的理论与实际》、宇井伯寿的《第二禅宗史研究》、已故白鸟库吉的《西域史研究》上等发行量也相当大。桑原武夫译《阿兰艺术论集》发行一万八千，九鬼周造和木村素卫的文艺论、美术论的发行量也很大。还出版了前日本银行总裁深井英五的自传《回顾七十年》和陆奥宗光的遗稿《蹇蹇录》。

岩波在这一年的年初、一月七日的日记中写道："书的定价低、版税高、质量好、工人的工资高、材料好。如此，剩下的善款再为社会所用，肯定谁都不会抱怨了。"这确实也是岩波付诸实施的。对于在这种情况下仍然出现的怨言，岩波在感到满腔不平的同时，可能又感到无上的自豪吧。

第二年将迎来开店三十周年，因此，岩波写信给各位前辈，就出版方针、营业方针寻求建言，但没有太大的反响。面对《电报通信》的提问，岩波就战争下的出版及其理念作了回答，内容都是他平素所讲、迄今为止反复谈及的。但其中关于报纸广告的谈话内容，还是像往常一样准确、公正。岩波的宗旨是：效果好的报纸广告费高，这是理所当然的，要在好报纸上廉价发广告就像要低价购买好商品一样，是不合理的。那些要借助团体的力量降低广告费的广告主用心不良,但报社方面也不能抓住广告主的弱点乘虚而入。而且,像化妆品、药品、机械类等利润空间大的商品,和出版等利润空间小的商品,其广告费出现价差是理所当然的。靠个人的力量看不到、只有借助报社的力量才能看到,报社应让我们看到这样的内容,但双方都应避免广告政策性的聚会、旅游等。广告价格上涨时,可以采取缩小铅字、增加行数的方法,但这样对眼睛也不好。如果有必要提高广告费,那就应断然提高。这显示岩波对具体问题持有明确意见,并能明确表达,同时,也直截了当地表明了他作为人、作为商人的生活态度,因此,特作上述引用。

这是一月二十二日的事情,他在日记中写道:"惊奇地发现食堂的面包份量少了,必须想些办法了。"并对为店员提供午餐发出感怀。九月,前面提及的在热海市伊豆山东足川的别墅建成,连女佣房间在内的三个房间都带浴室。

时间不确定,大约是在时年秋的太平洋战争爆发之前,岩波应 N.H.K.(日本放送协会的简称。——编注)的希望,通过超短波尝试了海外广播。为了便于英译,吉野作了相应的修改;岩波又在吉野的提醒下,对部分内容加以润色,但整体上还是岩波的构思。对内,他对日本进行严厉的批判,但对外,他却是一个不厌其烦地宣传日本的爱国者,为了显示他的这一面,特在下面引用他的广播内容:

> 日本的出版事业历史悠久。早在一千二百年前孝谦天皇时代,就已经翻译木制活字的佛教圣典,就连金属活字也是在三百年前、有名的将军家康时代就开始使用了。最初的金属活字是铜制的,但在离古登堡的发明不太远的时代,我们的祖先就考虑用同样的方法致力于知识的普及,这对

诸君来说，可能也是感兴趣的事吧。但是，以相当广阔的市场为对象，使用工业化的印刷术活跃且大规模地经营出版事业，还是近年的事情，即距今约七十年前，在诸位美国人及欧洲人的刺激下，我们废除了封建制度，作为近代国家朝气蓬勃地复兴以来。从那以后，我们打开了长期以来闭锁的门户，不断引入最新的技术，使这项事业取得惊人的发展。这只不过是诸君所知晓的、近半个世纪中日本取得快速而全面发展的一个例子。但是，如果诸君能够亲身观察现状就可以看到，我们是如何热心地学习诸君的长处，如何努力利用这些长处使自己更快成长，如何在向诸君学习的同时，努力发挥自己独特的创意，而这些恰好都在一个例子中鲜明地体现出来：在日本的大城市里，可以发现众多的近代印刷厂，如果诸君访问这些印刷厂，开始时，一定会有些好像在外国的感觉。工厂的建筑、各种设备都是欧洲或美国式的。复杂精巧的轮转机、各类印刷机在巨大动力的带动下，像欧式或美式机器一样运转。充斥工厂的噪音，和诸君在纽约、芝加哥、华盛顿的印刷厂听到的丝毫不差。但是，一旦诸君将机器中吐出的纸拿在手里细看，诸君一定会有一种非常奇异的感觉，纸上的文章是我们日本人的祖先在一千几百年前从中国引进的一种象形文字，以及其后我们发明的一种日本独特的音标文字组合而成，文章的印刷与诸君的完全相反，是从右读、竖写。不仅如此，如果诸君明白这些文章中的字，并能读懂文章，就会有更意外的发现：在某个工厂，诸君可能会看到，二千年前的中国哲学的古典书籍，以与其完全不相称的近代方法被大量印刷；在某个工厂，诸君可能又会看到，一千年前我国的古典文学，与杜威教授《确实性的探究》(*The Quest for*

Certainty) 的译作，在相邻的机器上眼花缭乱地印刷。同时，众多学者在接受近代欧洲精神的洗礼后，以新的目光审视我们自身的传统，从我们祖先遗留下来的美术、文学、道德论中，再次发现还未结束的生命，他们的研究也同样让印刷机忙碌地旋转。从中国传来的文学与我国独特的音标文字、美式的生产形式与日本的古典文学，这种乍看奇异的组合，确实足以让首次接触它们的人们惊奇。但是，我们自己却不感到那么奇异。这是何故？这是因为，我们热心于摄取、消化一切世界文化，并不断创造新的综合性文化，今天仍是为此不知疲倦。上述的组合和对照也在这种热情中被溶化，并被高效地调和。从此次大战爆发的前后开始，阻隔各国国民的壁垒增高，特别是经济壁垒，从各自的立场出发被有计划地加高了。由此，非常遗憾，各国国民间的感情隔阂看起来也与日俱增。但是，仅从我所从事的出版业来看，日本人寻求与世界文化交流的热切之心并没有衰竭，而是一直存在。实际上，热爱、尊敬优秀的海外文化，并将其化为自己的血肉，这种要求演化为旺盛的购买力，展现在日本出版业者的面前。尽管目前的国际形势要将各国国民封闭在自己国家的边界内，但在我国的出版界，各个领域的翻译书籍都显示出旺盛的销情。即便是日英关系处于不受欢迎的阶段，莎士比亚戏曲的销售情况也丝毫没有减退，洛克、休谟等哲学家的主要著作也不断被翻译，并作为大众性的廉价版普及。不，这种现象在今天处于最令人遗憾的敌对关系的中国也可以看到。几千年来，我们的祖先喜爱孔子、老子、庄子的原典，至今，他们的学说以各种各样的形式融入于我们的日常生活中。对于这些中国古典思想家们的热爱，即使在我们与蒋介石政府开战之后，不但没有丝毫衰减，反而日益加深。为了提高我国国民的一般修养水平，我网罗东方及西方的古典著作，策划并出版了价格低廉、任何人都可以购买的丛书，即《岩波文库》，已持续发行十四年。今天，该丛书拥有一千二百余种书目，成为我国拥有最广泛读者的丛书，因此，它也成为忠实反映我国读者的一般需求的书籍。在日本与中国进入战争状态后的四年间，读者对于这部丛书的整体需求不仅不断激增，其中收录的中国古典更出现了愈加受到欢迎的趋势。现在，无论怎样加紧再版，都处于供不应求的状态。我要特别指出的是，这部以德国的雷克拉姆文库为模板、便于携带的岩波文库，成为了赶赴战场的士兵们的最好伴侣。在中国打仗的士兵们的口袋和行囊中，揣着上述中国哲学家们的典籍，还有李白、杜甫等唐代诗人的诗集，这一事实也证实了我们的声明——我们的战争虽与蒋介石及其一派为敌，但绝不憎恶中国民众。不仅如此，关于中国文化的学术研究反而受到日中战争的刺激，变得更加活跃起来。最近，在我国的出版界极其引人注目的现象之一，就是每月都在出版研究中国的书籍。今天，一部分被欧化的中国人故意无视自身的传统文化，丧失了他们对世界古典的热爱与尊敬；而教化程度低的中国大众，还停留在对其祖先那些值得自豪的事业完全无知的状态下。今天，我们日本人比中国人更深爱着古典文化，理解其价值，并努力保存。我们可以自豪地说，我们更热心地从事着将其和西洋近代文化融合的这一伟大课题。同样，在与佛教的关系上，印度的情况也可以这样说。距今七十五年前，在明治天皇断然实施日本有史以来最大的革新之际，他向天下公布了五条誓文，这五条誓文成为后来日本飞跃发展的指导原理，其中就有"求知识于世界，振奋皇基"一条。在这里我们看到，自古以来，日本人在接触他国国民文化的同时，还在悠久的历史中加以实践，最后作为一条新的指导原理得以确立。而且，我们始终努力忠实于这条原理，实际上也正在努力。

以如此敞开的胸怀，热切地摄取优秀的海外文化，同时，还要努力使这种摄取不堕落成单纯的接受、模仿，这种努力也清晰地反映在出版界。再次探讨我们的传统，重新认识我们所固有的东西，激发独立自主的精神，这方面的评论、这种倾向的研究，让近来的出版界热闹非凡。关于这一点，有不少应该讲述的内容，但我想把它留到其他的机会。总之，根据我从出版界现状看到的情况，可以肯定，我们的爱国心与狭隘的排外主义无缘。事实是最好的证据，一千年前，我们的祖先给我们留下了国民诗集《万叶集》，每年，它通过各种版本销售数十万部；另一方面，米切尔的《飘》（Gone with the Wind）的译作在我国的出版界也受到了近来罕见的极大好评。从柏拉图、亚里士多德到康德、黑格尔的哲学古典，即使在战时也稳步地翻译过来，出版也无异于平时，甚至策划翻印那些古典，一部分还作为划算的商业项目得以实现。

我热切地希望海外诸君能够全面注意到日本的这一面。谨愿诸君能够向我们努力地理解诸君一样，尝试着理解我们——这就是我们共通的希望。

昭和十七年（一九四二），为太平洋战争的初战而兴奋的国民胜利之梦，早早地就因中途岛海战的败北而清醒。德国对苏联的闪电袭击以及北非战略没有进展，战争逐渐显现出长期消耗战的态势。五月，由翼赞选举产生的所谓官选国会议员充斥着议会，另一方面，经济困难与粮食匮乏愈发严重，海陆军力和兵器的补给衰减，国民由暂时的昏头再次被引入绝望。但岩波书店的出版盛况仍在持续。

一月六日，神田区神保町二丁目三番地的零售部连同一栋住宅遭受火灾。

这一年的出版达八十种，外加新书十一种。最多的是法政经类，近三十种；科学（自然、应用、数学）近二十种，其中有冈田武松的名著《理论气象学》上卷（中、下卷分别于一九四三、四四年出版），以及汤川秀树、坂田昌一合著的《原子核及宇宙线的理论》等。在思想方面，玖村敏雄的《吉田松阴的思想与教育》发行了二万，高山岩男的《世界史的哲学》一万五千，幸田成友的《日欧通交史》近一万，还有《佐藤信渊武学集》，这显示了日本中心主义的倾向，同时也显示了要从世界史上承认太平洋战争的意义的要求。但是，和辻《伦理学》中卷的畅销，既是由于和辻的人气，但也可以说显示了时代对国民伦理感的动摇。岩下壮一的遗著《中世哲学思想史研究》，销量也意外地多。关于中国或东洋书籍的销量也较大，这也说明了时局的影响。博学但英年早逝的玉井是博《中国社会经济史研究》，这种质朴的著述销量也相当大。此外，还出版了松本信广的《印度支那的民族与文化》。小宫的《漱石的艺术》汇集了附在《漱石全集》中对漱石作品的解说，超过两万。

在《为了少国民》这部丛书中，《鱼的生活》、《地图的故事》超过三万，《声音是什么》、《山是怎样产生的》超过两万，这可能也反映了战争对科学的迫切需求吧。

岩波很早以前就对于盎格鲁—撒克逊人称霸世界、特别是他们对东方的吞并、压迫、榨取怀有强烈的愤慨。因此，对于太平洋战争，他并没表现出像对日中战争那样的反感。但是年末，岩波在《读卖新闻》上发表了自己的见解，认为"即使在战时，理念的高扬与修养的提高也是不可草率对待的国家的根本要求"。第一，"要灌输对于战争目的的坚定信念"，为此，他倡导自己一贯主张的尊重古典的精神，"不仅限于有关时局的出版物，以哲学为首的、古今东西的典籍也不能予以忽视"。第二，也是他平生的一贯主张，"为取得战争的胜利，尤其要注意自然科学方面"。他说，这就是国家的两大要求，再看现在的出版物，能完美实现以上两大要求吗？尽管有情报局、文化协会、配给公司和各机构的努力，但还是从有识之士的口中听到出版物质量低下、不急需的书籍泛滥、配给迟滞等意见。这时，我们出版商"必须在自己的职责范围内深刻反省"。他更具体地道破："面对用纸限制的对策就是一句话——严格选择出版物。一门百发百中的炮可与百门百发一中的炮弹匹敌，现在，我们出版者也要铭记东乡元帅的这句话。"对于当局，他明确地说："在力主强化战时出版理念的同时，希望明确高品位的实物标准，不要让哪怕一本杂志或一本书因营利第一主义而不能出版，事业的整顿也会自然解决。"

他进一步指出："为此，或利用现在的制度，或召集各方面的有识之士成立委员会，总之，应进行严格挑选。首先，在道义上依靠出版者的良心，无效时，根据总动员法进行适当处置也是不得已而为之。"他甚至极端地说："我们作为出版者，没纸的时候就要自己决定生存道路，是拿枪上战场，还是拿着锄锹耕田，还是用镐挖煤。那时，丝毫不要烦劳站在社会政策立场上的当局，必须为国家奉献至最后一页纸。"

岩波自己果真对战争目的持坚定信念吗？而且，他认为当局能满足他那针对战争目的灌输信念的希望吗，这些都不能单纯地肯定。但是,岩波所尊信的、被公认为严肃思想家的西田和田边,以及我们众人,都不能说没有过这样的希望。必须承认,我们虽不满军部和政府的处理,但另一方面,我们又肯定战争、或者说没有完全否定战争。政府和军部的做法强硬至极,接连引发国际上的不信任,而且,军部和为政者依仗自己的权利与威福,陷国民于涂炭之苦,我们对于这种现实的认识还不充分。在后面我要讲到的、时年十一月举行的开店三十年招待宴会上,在岩波处于感激的高潮之时,恐怕他和满堂的来宾一样,都没想到日本悲惨的投降与战败。但是,对于岩波最后写的那些话——以在战场上拿着枪,握着锹和铁锤的思想准备,为出版奉献到最后一页纸的那些话,有人嘲笑这是中学生气焰,我却不能苟同。的确,看上面引用的那些话会发现,岩波也有出人意料的恭维、技巧和伪装。但是,一旦事态发展到尽头时,岩波也是毫不萎缩、断然拿着枪、握着锹的极少数人之一。在这一点上,他和那些在万一之时或佯装不知、或悄然消失的哗众取宠者不属一类。

这一年中,对于岩波、对于岩波书店最重大的事件,可能就是岩波于明治大帝的生日——明治节举行的创业满三十年大型宴会。从这天起到投降为止,如此有质有量的公共宴会恐怕在整个日本也没有吧。这次宴会在祝贺岩波书店三十岁的同时,也作为吊唁六月以来太平洋战争的败运的前法会,更进一步说,对于自《岩波新书》以后渐渐脱离出版、倾心于社会活动的岩波自身来说,的确是一次感慨万分的活动。宴会的始末在时年十二月、岩波书店的机关杂志《图书》的最后一期中已详细记载,这里,我只作大致讲述。

首先,他发出了下列内容的请柬。

第五章　出版事业

　　肃启　已是天高气爽时节，恭祝诸位愈加清新祥和。平素久疏问候，特表歉意。反躬小生半生，碌碌无为，深感愧疚。所幸身体康健，得以无大过地在职责范围内奉献芹微衷，承蒙诸位庇护，常怀感激之情。值此创业三十年之际，特借此机会，向自小生少年时代至今，蒙赐知遇之恩的各位先生及承蒙特别厚谊的各位挚友，略表感谢之意。时值时局多变之秋，烦扰诸位，惶恐至极，恳请拨冗于十一月三日下午五时光临大东亚会馆。

　　敬具

　　昭和十七年十月十日

该请柬除日本国内之外，还发往朝鲜、满洲，对所有岩波迄今为止承蒙知遇与友谊的人们，不问专业或工作范围，怀着对他们多年来的眷顾表示感谢的愿望，向各方面广泛发送邀请函。岩波倾注于招待宴上的苦心与努力，将他的专注、执着、急躁完全表现出来。请帖的发送对象、用词、致词的推敲、座次的选择等，决定后又更改，更改之后又恢复原样等等，不仅自己手忙脚乱，更让店员们忙得不可开交。

岩波选择明治节，毫无疑问是出自对明治天皇的尊崇之情。他于当日五时起床，参拜明治神宫，仅从这一举动就可以了解岩波的心境。岩波在晚宴的致词中，讲述了自己的一生、性格、理想、进退以及毕生的事业——出版事业，几乎毫无保留之处，因此，我不厌冗长与重复，在此全篇引用（详见附录）。

当夜来宾超过五百人，学界的主要人物自不必说，除艺术界、文艺界、政界外，还有诸位亲朋旧故。学者之外的名士有牧野伯、原枢密院议长、宇垣陆军大将，以及米内、中村、盐泽三位海军大将等显赫人物，与他们挨着的有岩波小学时代的老师、从信州远道而来的金井富三郎以及中学时代的老师。与开宴前岩波的致辞相呼应，上甜点后，以三宅雪岭的致辞为开端，牧野伯提议干杯，继小泉信三、幸田露伴、明石照男、天野贞祐、安井彻（Tetsu）和藤原咲平之后，主持人安倍能成在致闭会辞时，畅谈了自己的感受。三宅说，岩波的同乡佐久间象山曾说过，想赚钱最好把一条腿抬起来小便，但岩波却证明了，作为人也能堂堂地取得成功。小泉说，岩波的朋友另当别论，岩波能够得到店里面以堤夫妇为首的、敬爱岩波的店员们的帮助，这让他非常羡慕。幸田说，曾经担心岩波作商人会失败，没想到他却诠释了出版业的公益事业性质，并赞叹岩波始终以诚实为第一并取得了成功。明石追忆道，当时银行的定期存款按金额多少提高或降低利息，岩波对此曾向他提出抗议，但现在，岩波为风树会捐款百万日元却神色不变，对书店的运势之好表示了祝贺。高村光太郎朗读了他自己创作的短诗《三十年》，除这首诗之外，他还为岩波写了下面的店歌，并在来宾致辞结束后，由十六名男女组成的合唱团演唱。

> 以天下为家
> 那远昔的敕诏
> 培育吾辈文化
> 在可爱的世上，强健地生活
>
> 吾皇英明
> 那五条誓文
> 培育吾辈文化
> 幽谷思今

第五章 出版事业

东方有红日
世界之潮为之色浓
培育吾辈文化
心望明朝

继高村之后，天野赞扬了岩波的事业所具有的伦理性，并赞叹道，世上何事最令人欢欣？那就是正直之人取得成功；何事最有益于世道人心？那也是正直之人的成功。安井彻称颂了岩波不外露的亲切之德。同乡友人、气象学者藤原谈起了岩波的青年时代，并说每次和岩波见面都一定会辩论，家人听了以为两人在吵嘴。西田几多郎当晚因病缺席，所以特地送来一封信，劝戒岩波要"有始有终"。致辞的人并不局限于显要之人、学界耆宿，而是大胆地选择了与岩波最心意相通、工作关系最密切的一些人，气氛舒畅，的确是一个网罗男女老幼、城乡贵贱的、意义深远的和谐的大宴会。在主客的感动与欢喜之中，宴会在四个小时之后结束了。

接着，在十一月六日，也是为纪念创业三十周年，岩波邀请了前几日的晚宴上没能邀请的往来客户及店员家属，在歌舞伎座举行了招待会。

同年十二月二十二日，岩波多年以师礼相待、相助的原一高校长狩野亨吉在杂司谷的陋居中病逝，享年七十九岁。

到昭和十八年（一九四三），日本的败相日渐明显。与此相反，美国的潜力与速度进一步加强，南洋诸岛上的日军基地相继被夺走，同时，剩下的基地也被切断了与本国的交通，已没有实际意义。在欧洲，二月，史太林格勒的德军投降，意大利的墨索里尼下台并宣布无条件投降。进而在北方，阿图岛上的日军全军覆没，但政府与军部向国民掩饰真相，陆、海军发生冲突。虽然设立了军需省，但所谓的计划经济发挥其本质，终于愈加堕入无计划性，即使把军需工业都集中到飞机上也不见效果。除军部与少数的财阀、黑市商人外，正直的大众都濒于贫困、衰弱的境地。而岩波书店的出版虽达七十多种，但新书仅一种、全书仅四种，以至于后者不得不在当年停刊。在出版的书籍中，自然科学、应用科学及数学最多，达二十种，社会科学及人文科学也为数不少。其中，笹野坚编《古本能狂言集》虽是委托出版，但到第二年的一九四四年已出版四卷，平均每卷的发售价格超过五十日元，这在当时是最高的，但仅卖了二百部。下面列举几部销售量大的书籍：舞出长五郎的《理论经济学概要》，可能因为同类的教科书性质的书籍少，竟销售了二万六千部；高野长运的《高野长英传》、青木正儿的《中国文学思想史》一万、高木贞治的《数学小景》一万四千、波多野精一的《时间与永恒》一万七千、同为高木作品的《增订解析概论》竟达一万九千，汤川秀树的《存在的理法》也超过一万，还出版了田宫博的《光合成的机制》。此外，矢代幸雄、斋藤茂吉、冈崎义惠等关于日本艺术和文学的著述，以及关于东洋文化、东洋思想的书籍，也卖出了相当、甚至是非常大的数目。这说明日本人中严肃的阶层，也在时代的混乱背后反思，并表明了他们对学问的诉求。

三月以后，店员的配餐仅限于副食，这显示了日本粮食的匮乏。为纪念前一年十一月三日举行的三十年纪念晚宴，岩波书店向当时的与会者赠送了富本宪吉制作的茶杯，上面写有表达岩波生活理想的华兹华斯的诗"低处高思"。岩波在附信中写道："其后战局日日告急，时至今日，如昨秋之聚会已成无望之事。回顾去岁，天赐不复再来之好机会，为此幸运而高兴，同时痛感邦国前途不易。"这确是他的真情实感。

到昭和十九年（一九四四），战局渐渐走到尽头。二月，向朝鲜发布征兵令；十月，去年已扩大到十九岁的参军年龄又扩大到十八岁。即便如此，美军于十月登陆雷伊泰岛，战争愈加陷入悲惨境地。在欧洲，英美联军在诺曼底登陆，造成了国民想支援战争也无法的窘境。七月，东条内阁倒台，但没过多久，米内内阁也不知所措。出版方面，《中央公论》及《改造》遭到强制停刊；对于岩波书店发行、城户幡太郎主编的杂志《教育》，出版会也以当局命令为由强制停刊。岩波为此起草了倾吐满腔不满的文章，但没有公开发表。四月，在寄给德光衣城在北京出版的《东亚新报》的信中，岩波以他喜爱的句子"你能够，因为你应该"为开头写道，当为利害得失而困惑时，只要抚心自问，基于自己的职责应该做什么，问题就会意外简单地解决。并写道："无论战局如何激烈，形势如何紧迫，只要国家对出版事业还有要求，出版者应尽的职责就应该存在。我坚信，只要舍弃在形势的变化下应如何自处的保身立场，一心寻求出版者在非常形势下应如何履行职责，那么，道路就会自然而然地畅通。"

由于岩波书店的出版情况很好，财力充沛，岩波即使在国家窘迫之时，也过着衣食富足的生活。但是，岩波在万一之时舍身的决心也是认真的。有这种决心的人，在出版界可能绝无仅有，在学者精英中也几乎没有吧。

这一年发行的单行本达六十余种，其中，独特之作有小仓进平的《朝鲜语方言的研究》上下，科学方面有芝龟吉的《物理常数表》，哲学方面有松本正夫的《〈存在的逻辑学〉研究》，还有花山信胜的《关于胜鬘经义疏的上宫王撰的研究》等专业研究书籍。

但从四、五月开始，岩波的健康出现了问题。四月时已经出现征兆，到五月二十四五日，岩波或弄错方向，或舌头不灵、说话不清，有时白天没有点灯，他却让人关灯。这已经预示了他第二年秋天的病发。

另外，正如前面已提及的，时年十一月四日，关于津田左右吉的著作违反出版法的审判，由于时效问题宣布免予起诉。

昭和二十年（一九四五），该来的结局终于来到了。二月，硫磺岛失守，塞班被攻破。之后，虽然自前一年十一月以来，B29轰炸机就已开始来袭，但在这一年三月九日晚上的东京大轰炸以后，日本的所有城市都遭到轰炸。岩波在神保町的一栋建筑也由于强制疏散而被拆除。四月，冲绳本岛落入敌手，日本海军全军覆没。终于，在八月六日和九日，广岛、长崎先后遭到刚出炉的原子弹的轰炸，全市被名副其实的地狱劫火烧毁。在此之前的四月，小几内阁倒台，铃木内阁产生。五月，纳粹德国无条件投降。在小几内阁倒台之日，苏联通告不延续快要到期的中立条约，并于八月八日对日宣战。七月下旬，波茨坦宣言发表后，又经过了几多逡巡与曲折，终于在八月十五日，由于天皇"无论朕身如何，不忍再见国民倒于战火"的决断，日本决定无条件投降。东久迩宫内阁成立后，九月二日，与盟军最高司令麦克阿瑟元帅签署了投降文件。十月，美国向币原新首相提出释放共产党领导人后，接着又提出了解放妇女、发展劳动工会、学校教育的自由主义化、从专制政治中解放、经济民主化等的要求，币原不断被迫发布所谓的"民主化"命令。

岩波基本上欢迎美国的解放政策。但是，由于战争末期的凋敝与战后的混乱，这一年的出版数量很少，只有十余种。辞书、全集、杂志等的发行原本就已绝迹，但是，还是出版了西田几多郎的《哲学论文集》、金子武藏的《黑格尔精神现象学解题》，还有辻善之助的《日本佛教史上世篇》等质朴的作品。岩波在时年一月八日的日记中诉说有肩痛及血压一百八十,但在二月十一日成为东京都高额纳税者议员补选的候选人,并于三月二十七日当选。五月二十五日,小石川的住宅被烧毁,岩波说自己终于和普通人一样,反而更安心了,但一桥的书店总部最终免于灾难。五月二十日以后,《理化学辞典》的印刷页分几次疏散到位于世田谷区祖师谷的劳动科学研究所。七月二日,岩波委托鸥友学园及十文字学园等的女子勤劳队,将这些辞典的印刷页折叠起来。在鸥友学园的开园式上,岩波陈述了自己的一贯见解:学生在勤劳作业中从事出版工作还是首次,这项工作即使不是直接的军需产业,但从兵力、文化和印刷的关系来看,它绝对不是没有实用性的工作。在此之前,有误传岩波书店要将出版印刷能力疏散到家乡长野县,在六月二十四日的《读卖新闻》上,还传言《岩波文库》绝版、岩波书店解散的消息。

五月九日,店员小林勇被横滨市东神奈川警察署拘押。这是因为有人诬告小林是岩波书店反国家共产主义出版的元凶,其意图是要继中央公论社、改造社之后搞垮岩波书店。整个五月间,小林每天都被竹刀殴打,被逼迫写出《岩波新书》的反国家共产主义企图,但他一直抵抗,申述到底。五月二十九日横滨大火,讯问中断;六月,有时遭到殴打;七月,以让他反省为名被置之不理,还被哄骗说同事吉野、栗田也被牵扯进来;八月,又遭到殴打,但在广岛原子弹爆炸后停止。这期间,有向他传言说国贼岩波成为贵族院议员的,也有建基于《读卖》的虚假报道,说岩波书店解散的。结果,八月二十九日傍晚,小林终于被释放。岩波担心小林的安全,请求当时的海军机关中将、岩波书店所策划《航空新书》的顾问花岛孝一帮忙。花岛也因为自己参与的《航空新书》是由小林担任策划的,而这项工作对国家非常重要,因此,岩波写了要求赦免小林的信,让花岛签名,并通过花岛交给思想检察官。岩波的辩解并不是请求减轻罪行等等，而是说只要调查就能明白，请快点调查、快点把人放出来。这是因为他还没想到，这一事件也与他自己有关，根源很深。幸田露伴也亲自给拘押中的小林写信，诚挚地安慰他。小林的妻子已疏散到小林的家乡信州赤穗，因此，当小林一个人回到镰仓扇谷的家里时，他遇到了在小石川的房子被烧毁后、住在他家的岩波夫妇及长子雄一郎。那时，病中的雄一郎痛哭不已，并在五天后的九月三日死去。次子雄二郎复员后，在富士见的山庄休养。九月下旬，小林回到妻子的疏散地——自己的家乡，疲惫不堪的身体得以休息，画些花草，断绝与世间的往来。后来，岩波在长野生病时，小林于十月十五日带着长子尧彦探望岩波，一直到年底也没有回东京。小林这一事件是代岩波书店受难，因此，作为插话写下来。

六月七日，尊信岩波，将自己的全部著述都交于岩波出版的西田几多郎在镰仓去世。九月二十六日，岩波有力的作者、小林的友人、曾参与很多岩波书店的策划的三木清去世。三木因给共产主义者送钱而受到拘传，遭到警察当局残忍的对待，夺去了有为的生命。十一月二十六日，生前与岩波虽没有作者关系、但岩波自年轻时就一直尊敬的雪岭三宅雄二郎去世。

九月三日，岩波失去长子，八日举行葬礼，九日清晨出发，十日到达长野。当年四月，他硬撑着出席了同年四月被他强推上台的、日本教育会长野县支部事务局局长藤森省吾的葬礼。在读悼辞时，轻度脑出血发作病倒，在长野静养，十月十七日回到东京。岩波病后回京不久，在镰仓与堤商量，决定将岩波名下存款等共计二百二十万日元充当店内的流动资金，并将岩波已故长子等名义的存款一百二十万日元作为岩波的个人资金，两者加以分离，店里需要时，则从后者中设法安排。这样做的意

第五章　出版事业

图可能是由于岩波的社会活动在病后反而更加积极等原因，故将店里的钱和自己可以自由支配的钱分开。他在十二月十六日的信中写道，病已痊愈，议会也出席了二、三次。但正是长野的发病最终夺取了他的生命。

这一年，空袭愈加激烈，岩波书店在一桥的总部虽免遭劫难，但业务停止，工作也无法进行。特别是在五月的大轰炸以后，店员仅有妇女及免于征用的年长者共计三十几人。没有工作，为生命担心，书店也不能保证安全，有希望疏散的人，也有提出离店的，因此，除十几名重要职员外，都由店主要求离店。当时的店员从一九四四年夏天到战争结束，在战火中将纸型和纸张运往信州诹访，其艰苦非同寻常。最后剩下的十几人也都是当时的干部，即藤原千寻、芹泽孝三郎、长田干雄、长村忠、松本作雄、布川角左卫门、森静夫、吉野源三郎、粟田贤三、木俣（堀江）铃子、宫泽胜二，小林勇由于被拘押而不在。其中，吉野、长田、粟田、布川、宫泽、长村忧虑书店的存亡，要在此非常时期寻找一条发挥岩波书店生存意义的道路，便从四、五月开始，除堤夫妇之外，经常召开集会。他们请曾志崎诚二根据书店的财政状况，对今后的方针提出建议；又如何熬过战乱、使岩波书店得以存续的途径进行协议；他们商议的人事安排与现在的公司组织极为不同：岩波为店主，堤为经理，小林、长田、吉野为副经理；不是以个人方式、而是以合议方式经营书店。总之，这一方面是因为岩波的健康每况愈下；另一方面，岩波不顾自己的健康，社会交往过于频繁，不顾及、也无法顾及店务。因此，他们的目的可能是要亲自并积极地与时代的困难和激变抗争，将岩波书店经营下去吧。

战争刚结束时，以粮食状况为代表，是最穷困的时期，人心极度不安，就连以往发放给店员的副食也不得不停止。

在昭和二十一年（一九四六），岩波活了仅仅不到四个月，就于四月二十五日去世，还不满六十五岁。时年三月六日，撤销军备、否定战争的新宪法草案强加到日本政府身上。而后，同为盟国成员的苏联与美国的对立愈加严重，美国在日本的政治主导地位的加强、政府当局者对以美国为首的西方势力的依存、社会党和劳动团体对政府的反抗以及向共产主义圈的倾斜，都加深了所谓保守与进步的对立，这使美国在废除了日本军备以后又要求日本重整军备，这些形势岩波已经不知道了。岩波由于健康原因减少了对店务的直接参与，决定以传阅文件的形式与店员保持通信联系，他于一月十一日发出了第一期传阅文件，第二天发出了第二期，一月二十五日发出了第三期。下面记载的是第一期通信的部分内容。

> 小生要与诸君同呼吸，共同推进事业。但如诸位所知，我有不得不修养身心的缘故，目前无法出勤。但我又不希望处于游离状态，所以，我想尽可能地以书面等形式继续保持密切的联系。

他还担心社会情况不稳定，尤其考虑到女店员的通勤不便，将店员的下班时间提前一小时，改在下午四点。

在第二期传阅文件中，他希望店员就各自困难的经济状况毫无顾虑地发表感想。对于物价飞涨的状况，也说如果知道其他书店的待遇等就告诉他。店员的数目在一九四五年末为二十人，到一月二十五日发出第三期传阅文件时，已达到四十人，其中有新店员，也有一些希望回店的老店员被拒绝了。

在这一年中，岩波生前发生的事件，首先应提及杂志《世界》的创刊。战争末期，出于必须结束战争的考虑，当时的外相重光葵及重光的亲信加濑俊一曾劝说山本有三；志贺直哉、和辻哲郎、田中耕太郎、谷川彻三和我等人也多次在外相官邸或其他地方秘密集会，进行商谈。后来，除山本、加濑以外的上述人等，再加上长与善郎、柳宗悦等人成立了由柳命名的"同心会"。由于我和岩波的关系最为密切，故由我请求、劝说他发行一份综合杂志。岩波同意了这一提议，由我暂任代表，由岩波的主要编辑吉野源三郎发行，这就是杂志《世界》，杂志的命名者是谷川。如前所述，岩波为美国带来的解放而高兴，决心将以前由于军部及其追随者的压迫而被束缚的言论向社会伸张。以前，岩波书店也发行过《思潮》、《思想》这类杂志，但岩波的夙愿并不是这类清高的读物，他要创办的是触及日本社会现实并对其进行指导的综合杂志，甚至有意要亲自指导编辑。在《世界》的创刊号上，我撰写了卷首文，田中耕太郎起草了创刊辞，岩波自己写了下面的文章《〈世界〉创刊之际》。

无条件投降是开天辟地以来最大的国耻，而且，这一屈辱是我们自己招致的。对于免受轰炸惨祸的偏僻之地的人们，以及被灌输了必胜信念的人们，今天的这种结果或许完全出乎意料。但是，对于将我国拖入战争的所谓的"领袖"们来说，果真没有预料到这种结果吗？

明治维新至今不满百年，此间长足的进步为世界震惊。这全靠我国遵照明治维新的五条誓文，一边为相比于先进诸国的不足而忧患，一边孜孜不倦地努力。然而，维新的各项进步性改革还在途中，我们就早早地迷失了誓文的方向。

国民沉醉于日清、日俄战争的胜利，不知不觉地被不当的自负腐蚀了精神，失去了向他国学习的谦虚。特别是以满洲事变为契机、军阀势力开始抬头以后，国内的形势完全向着与这一大方针背道而驰的方向发展，就连关乎国家存亡的重大国策，也由游离于国民之外的军阀官僚所掌控。一如今日之战败，在有心人看来，从开始就像水往低流一样必然，尽管如此，他们对于发展的大势却无能为力。

我多年来立志于日华亲善，对于没有大义名分的"满洲事变"、日中战争，我当然是绝对反对的。而且，在缔结三国同盟之际、太平洋战争爆发之际，我心中的忧愤也不能自禁。为此，我被称为自由主义者，被当作反战论者，有时还被诽谤为国贼，自己的职业也差点儿被剥夺。尽管如此，我没有违抗大势，终究还是因为我没有勇气。与我有同感的人在全国恐怕有几百万吧，如果其中的几十人能够奋然而起，就像年轻学子敢于作为特攻队员与敌机、敌舰以身相撞那样，决死反抗主战论者，或许也能阻止这场没有名分的战争于未然。即使无法阻止，至少也能收拾时局，不至于使祖国陷入如此境地。我见义却没有气概赴义，每每自省于此，内心惭愧不已。

然而今天，所有的问题都寄希望于今后的建设。应该以无条件投降为契机，向日本复苏的理想建设迈进。当然，还会受到战败后疲惫困乏的影响，不久还要担起赔偿的重负，要从此混沌之中创造社会新秩序，培育高雅的文化，使我日本重现飒爽英姿，绝非易事。必须觉悟到，我等的前途艰难丛生。但是，今日之贫穷与困苦，不正是天降大任于我等的考验吗？此大任便是创造基于真正的和平与正义的高度文化，为人类做出贡献。

"没有道义就没有胜利"，应将无条件投降视为天谴，勇敢地克服这一苦难。我想，如果由此可以使一个新日本复苏，那么任何赔偿都不是高价的学费。浦贺的一声炮响，日本从偷安三百年的梦中醒来，抛弃封建旧制，向开国进取的方向迈进。为此，佩里提督如今仍受人感谢。同样，如果日本能够从军阀专横与官僚独善中解放出来，成功地建设成为理想国家，那么，麦克阿瑟元帅也会永远受到我国国民的感谢吧。

天地有正义，人间有良心，没有什么比真理更强大。我等无法亲自为祖国的癌症动手术，让舍弃军备、无条件投降成为昭和的神风，粉碎我们的傲慢，让我们专心致力于谦虚虔敬之国家理想。以道义为根本的、文化繁荣的社会必须是人类的理想。权力不能战胜道义，利剑也无法斩断思想。让我们看甘地，让我们看托尔斯泰，日本国民虽明确承认战败，但不能自卑，应以燃烧的热情向着真理勇往前行。

我追忆明治维新的真意，认为发扬誓文精神是新日本建设的根本原理。我相信，誓文不仅是明治维新的方针，它那秉持天地公道的博大精神将永远成为指引我国国民的理念。

日本的开战与战败，都缘于我国道义与文化的社会水平低下。今天，遭逢此国难，为了建设新日本文化，我也想奉献绵薄之力，《世界》创刊也仅为此愿望的一部分。幸好有同志安倍能成，我以完全的信任，将《世界》的编辑全权委托于他。感谢尊敬的同心会诸位会员的协助，恳请普天下同忧之士给予支持。

志贺也不断寄来他的创作。但是，由于时代的激变，以及与编辑吉野的思路分歧等原因，二、三年间，我们与《世界》的关系渐渐疏远，我们不再是主办者，而成了投稿人；渐渐地，就连这种关系也淡薄了。后来，我们又成立了以武者小路实笃为主的"生成会",创办了《心》。

除发行《世界》外,由于战争而中断的出版活动也在岩波生前慢慢地复苏。

二月十一日的纪元节,岩波被授予文化勋章。

⑦ 书店后记

以上基本详细地讲述了作为出版者的岩波以及岩波书店的出版事业。为让读者对此有整体了解,特补充以下内容。

岩波既不是学者也不具学者气质。但是,岩波在大学学习的哲学,无疑给了他作为日本的出版者开创新纪元的见识。正如岩波自己表白的那样,开始时,他只是想作为一名独立市民、过表里如一的生活而选择了经商的道路,又由于偶然的情由,才从旧书店的经营者成为出版商,并没有为日本文化作贡献等狂妄的野心。但是,由于曾略习学问,感受到文化的意义,因此,随着事业的扩大、充实,他作为出版商,也开始有意识地、积极地、进而理想地要以出版为文化做贡献,这一愿望渐渐变得不可动摇。他在大学专科中修过伦理学,毕业论文写的是《柏拉图的伦理说》。以此为机缘,他强烈意识到哲学是原理之学、尤其是文化的根底。同时,他还领略到认识和知识的重要性,即追求真理与真相的精神比什么都重要。他最初的出版是《哲学丛书》,朋友当中也有很多哲学领域的人,因此,他乘着大正初期兴起的哲学潮,迈开了作为哲学书肆的脚步,开创了读书界的哲学时代,这些在前面已经讲述。其次,除哲学之外日本最欠缺的还有科学知识,为了对此进行探究和普及,通过出版付出努力也是自然、必然的推移。在同乡的理学家藤原咲平、因《漱石全集》而结交的寺田寅彦,以及石原纯等人的指导下,岩波得以接近自然科学、数学的大家耆宿，甚至很多科学家以从岩波书店出书为荣。总之，岩波不以利益为第一、切实地为科学界做贡献，我们必须记住他的这一功绩。进而，从昭和时代起，社会科学日渐兴盛，岩波感到，对社会现象的"真"的认识也是第一重要的。因此，他从一高同窗鸠山秀夫在大正年间写下的优秀的法律书开始，接连出版了经济、政治方面的书籍。同样，在马克思主义引起知识阶层的异常关注的时势下，岩波认为，首要是对马克思主义的认识，因此出版了很多所谓的左翼书籍，其数量除左翼出版商外是最多的，从而招致战时军国主义者的弹压、抨击，也是读者熟知的事实。

尊重原理之学——哲学；认识民族和世界文化最重要的财产——古典；作为揭示真实的逻辑与现象的学问，人类社会方面有历史学、社会科学；自然现象方面有数学、自然科学。岩波要为它们的探究和普及做出贡献的基本见解，着实是正大、真实的。关于这一点，他比世上的所谓学者更正确地把握了真正的学问精神，而且，他还在自家的出版事业上，强有力地使这种精神得以实现。

基于这种精神，岩波在出版书籍时，将书籍本身的价值和它对社会产生的效果放在第一位，而将能赚多少钱在第二位这不是谎言。在岩波所谓"你能够，因为你应该"的信念中，虽不能说不含感性、冲动的杂质，但无疑，这一信念拥有压倒这些杂质的力量。岩波大肆标榜这一信念，也有人因此称他为伪善者。如果用他言行的矛盾来攻击他，那么，多少缺陷都可以指出来。在这一点上，他的确满是窟窿、满是伤痕。但是，他的信念始终穿破这些混沌之处，闪亮地在出版事业上得以实现，对此，我无法怀疑。

在出版业起步匆匆、以哲学书为主的时期，高等学校时代的挚友阿部次郎、上野直昭、安倍能成是岩波工作上的商量对象，并在工作上帮助他。上野参与了很多初期的美术、音乐书籍的出版；阿部后来渐渐地离开岩波，但在初期，他的主要著作都全部由岩波出版；小宫丰隆在漱石死后出版其全集时与岩波结识，渐渐成为朋友。关于岩波书店与《漱石全集》的关系，可以说岩波书店是《漱石全集》的娘家，这也成为不久小宫与岩波的关系、交情加深的原因。在阿部、小宫去了仙台，安倍、上野去了京城后，茅野仪太郎、高桥穰、藤原咲平等成为岩波的商量对象。后来，商量对象的年龄越来越年轻了，例如和辻哲郎。再往后到了昭和年间，从京都进京的三木清与店员小林、吉野相互配合，参与出版的策划和业务，直到他不幸去世。这期间，哲学方面有西田几多郎、波多野精一、田边元、和辻哲郎；历史方面有津田左右吉；社会科学方面，继法学的鸠山之后，有田中耕太郎、我妻荣；经济学方面有小泉信三；自然科学、数学有冈田武松、高木贞治等人，他们的力作大多由岩波出版，并就各种事宜给予了岩波忠告、劝告和指导。

吉野源三郎曾说，岩波有嗅出一流人物的直觉，这与小宫说岩波嗅觉准确是一样的，这也是岩波的一种独特的商业才能。岩波在充分发挥这种直觉、确保老友的同时，又不断获得新的老师、知己，将众多的优秀出版物输送到社会。而且，这种友情关系成为与作者关系的根干，使岩波书店枝繁叶茂，理所当然地成为巩固岩波书店并使之旺盛发展的第一原因。但这未必缘于岩波有意识的谋划，它是由于岩波独特的人格气质自然形成的，这一点需要再次记住吧。

在店内帮助岩波的，首先要举堤常，其次是他的妻子久子。堤与岩波的性格截然相反，如果用一句话概括，岩波是阳、堤是阴。可以说，阴阳相斥相合，使岩波书店安泰、兴旺。对于岩波的积极性,堤多是否定的、制止的,这些意见对的时候多,但也不是完全没有错的时候。当岩波想向理想前进时,堤虽然稳健,但他过于慎重、稳妥,有错过时机的缺点。例如,作者有事请求岩波时,岩波会说是吗、是吗,然后立刻记在记事本上。但我们看过记事本都会嘲笑他,说这样记马上就会忘记哟。这时,如果请求堤就没错。在这一点上,堤更受到作者及客户的信任。堤自进店前就受到岩波夫妇的关怀,他深深地感动于此,将自己的一生真挚地奉献给岩波书店。堤对于岩波及岩波书店的忠实,首先将岩波书店置于了磐石之上。岩波的这位忠实的掌柜——我为这位掌柜成为岩波书店的柱石格外地感到高兴——伎俩、才干并不显著,身体又不结实,也不特意寻求与作者的亲密关系,之所以能够为岩波做出这么大的贡献,除了出于对岩波的感恩外,还来自于他那热烈的、要报答岩波的绝对信任的意志,同时也因为堤消极的坚强、或者说是顽固的性格,包含在他柔和、寡然的态度中。

堤的妻子久子是岩波原来在神田高等女校时最早的学生,是个耿直、要强、头脑聪明的女子。岩波当时的经理层以堤为大掌柜、久子做会计主管,实在非常牢靠,特别是久子不让步的态度极尽忠实,甚至于渐渐地招致了店员的反抗与指责。堤在正直、诚实、亲切方面与岩波一样,但他与岩波的大规模、粗糙、迸发性、理想性完全相反。结果,他对于岩波来说是"阴的人",很少加入到岩波书店所具有的积极性、进步性当中。但根据长年忠实的经验,他学到的、积累到的东西意外地多。对于后来进店的店员,堤依靠他的诚意、稳健、毫不利己的品德,得到了极大的信服。当然也有人对他的见识和手腕不足以及消极的态度不满。但是,岩波对堤夫妇经常显示出尊信的态度,即使对杂志《实业之世界》的提问,他也赞不绝口地做了如下回答:"经理堤常与他的夫人、副经理久子是我的镇店之宝。我虽是店主，但对店内事务一无所知，是堤为我牢固地总管着书店；其夫人主管所有会计业务，即便我零花钱不够，想挪用点儿店里的钱也能发现。他二人好像是由诚实凝固而成的人，是当今轻佻浅薄的世上少有的规矩之人。而且，他二人不单单忠实、勤勉，还很敏锐、坚强。我相信，他二人不仅是我店的骄傲，也是现代日本的宝物。"（一九四六年二月六日）一九一八到一九年，岩波扼制着桥本的多事，经常维护堤。桥本离开书店后稳固地经营了"古今书院"，现已成为故人。

岩波书店里还有很多由小店员培养起来的人。其中就有房州人铃木峰吉，他工作时间虽然仅为一年半左右，但他热心地帮助岩波创业，并与岩波共患难。后来，铃木进入早稻田大学学习哲学，并从事教育，但不幸英年早逝。还有几个人，他们在某一方面具有杰出的才能，为岩波所喜爱。例如植村道治，他拥有一种才干与灵感，但在一九四三年离店。留在店里的杰出人物可能要属小林勇与长田干雄，还有后来进店的吉野源三郎了。长田、小林都生于信州，长田进店比小林早一年。长田秉公做事，精力绝伦，对书店很有帮助，为岩波所重用。小林则是各方面都很优秀的才子，同时，内心深藏着一片忠诚，极富侠骨与亲切，具备审时度势的直觉，懂得讨人喜欢的技巧，又能看穿虚伪，精通慑服诳骗的手段，是难得的好手。但他年轻时的缺点是任性、自负、缺乏谦让，动辄就采取不负责任的行为。堤、长田、小林都是小学毕业的非知识阶层，又都是出版和经商的纯粹外行，但是，他们在岩波的气魄和理想下工作，非常有利于发挥岩波书店的特色。岩波在世时，堤对作者和顾客都是被动的，几乎没有积极主动之处；而小林却依靠他的人格魅力、才气和手腕，博得了幸田露伴、寺田寅彦、小泉信三等各位老师或前辈大家的信任与关照，为岩波书店的出版做出了很大的贡献。但他血气方刚，不满意堤的保守消极，不肯屈就于岩波的束缚，曾一度离开书店，但后来又复归，这在前面已经讲述了，而这一点和堤与岩波书店同生共死非常不同。在小林离店前、发生罢工的昭和初期，高桥穰就曾担心小林对堤的态度，当他提醒岩波时，岩波也述说了他的良苦用心：堤沉静、内向，所以更需要将他立为砥柱，同时，又不能摘除年轻人成长的萌芽，就将他们都归于堤的管理之下。那时，岩波迟迟不答应小林与自己的次女小百合的婚事，他一度看起来甚至讨厌小林，但应该说，他内心还是喜爱小林的。在岩波培养的店员中，顶撞岩波最多的是小林，同时，最接近岩波的可能也是小林吧。

　　小林于战争末期的一九四五年五月被拘押在横滨东神奈川警察署，日本投降后被释放，回到故乡上伊那休养疲惫的身心。不久，他又回到书店。在他回到书店的那一年的年末，书店的光景极其荒凉，面对战争结束后新的出版战，对于作为子弹的纸张等物资，店里竟没有一点儿积极的计划。看到这一现状，他强烈地感到不满和愤慨，便向岩波诉说。这是小林自己对我说的，实际上也是对堤的无为无策的指责。岩波的身体尽管已经衰弱，但还是越发地被社会活动牵引，从而远离店内事务。他可能也认为，这些工作除了小林别无他人，而且，可能也是要为小林消除掣肘吧，岩波以往万事必要与堤商量，渐渐地也不这样做了。例如，上述于一月份发给店员的通信等，也与以往不同，没有让堤知道。堤对岩波的这种态度难忍不满，而岩波劝堤养病，并要求他引退。这是一九四六年一、二月到三月的事。当然，如果这时岩波能将万事挑明，坦率地要求堤引退就好了。但岩波出于对堤的尊信等原因，竟没有勇气说出这些话。好胜、自我意识强的堤久子，比堤更激烈地对抗岩波，这可能给日渐衰弱的岩波带来很大的烦恼。对此，岩波只是一味地重申，他对堤夫妇的信任没有改变。我也屡次劝岩波，要他将自己真实的想法、如今不能将全权委以堤的心事毫不掩饰地讲出来，寻求堤的理解。但是，岩波说的和对久子说的一样。上述登载在《实业之世界》上赞赞堤夫妇的文章等，那段时间写的东西，都被看作是他的对外言论，其宗旨与他对我的申诉都是一样的。作为性格消极之人的常理，堤对岩波的反抗也包含了对岩波以往的信赖的疑惑，以及对店内中心势力的迁移、小林等人管理的愤懑，这种对抗着实是深刻的、固执的。堤恐怕直到岩波死之前都无法释怀吧。每当想到岩波对堤夫妇的非常美好的信赖、堤夫妇对岩波的不逊于这种信赖的美好的绝对忠诚，就感到这对于岩波、对于堤夫妇都是极大的不幸，也是没有理由责备其中任何一方的悲剧。只是那时，岩波由于懦弱，没有将一切对堤说明，这成了终生的恨事。但不管怎样，时年三月十一日，岩波召集店员，宣布让小林、长田管理书店。后来，堤久子从疏散地后谒访回来，激烈地倾述了对岩波态度的不满。那时，岩波自己也说："我被堤的夫人训斥了。"此后，岩波给回到谒访的久子写了以下内容的信。

来信已拜读

小生对您自不必说，对于堤的看法也一丝一毫没有改变。您二人多少会认为小生对你们的信任发生了改变，这种想法全是由于小生的不周到、不小心所致。对此，不知该如何道歉。

可以说，小生能有今日全因有您二人，其恩义小生铭刻在心。让您二人感到不快，哪怕是一时都并非出于我的本意。对此，我只能表示歉意。

值此应积极地大显身手之际，必须让年轻人也参与运营，对此，请您谅解。年轻人做过头时，也不要忘了在上面加以管束。

总之，请二人充分加养，待身体完全健康后再回来。您二人不在期间，由小林、长田二人代理事务。……（下略）

这封信的日期是四月十八日，正是岩波长逝一周之前。不知何故，岩波没有说出最重要的一点，就是战后自己不能工作了，想让二人引退，将一切交给年轻人。这实在太遗憾了。岩波即使相信堤夫妇的诚实，但面对战后的震荡混乱，也不能全依靠堤的手腕。而堤夫妇为什么也没有想到，没有健康的岩波做后盾，二人将无法应付这个乱世，从而主动引退呢？这实在太可惜了。岩波有非常冲动之处，即使对堤，有时也会在人前指责他，或不慎说他的坏话，但内心的敬意与感谢始终未变。而且，在那种混乱之时，店里也有对于堤的各种非难、谣言，以及俨然是堤一个人在支撑着岩波书店的反感。我自己也承认，要取代衰弱的岩波经营书店，堤是无法胜任的。不仅是小林，长田、吉野以及长年在店里工作的布川等人也这么认为。总之，这可以视为整个书店的舆论。在这样的形势下，不能采用静养或在上面约束年轻人出格之类姑息的方法，只有堤夫妇引退、年轻人挺进，才能解决问题。岩波那令人着急的懦弱，可能由于病弱的缘故愈加厉害了。现在想来，如果我当时稍微插手的话就好了。

总而言之，仅靠堤夫妇的忠诚与稳妥，是无法妥善应对战后混乱的。但听说岩波的很多旧作者出于对堤的信任，只认可小林才华横溢的一面而不信任他，并为堤的引退惋惜。也有人同情战后堤的境遇，邀请堤到自己公司担任要职，但堤说"有岩波才有我"拒绝了，这说明堤是了解自己的。想来，堤现在也心平气和，在静静地反省自己、岩波和岩波书店的事情吧。为与岩波最后的争执而悔恨最深的，恐怕是堤自己吧。但是，在揣摩岩波的内心时，如果说岩波书店与岩波遗属对堤的感谢绝对过多的话，我想也不会被岩波斥责。

吉野于一九三七年入店。作为岩波的谋士，开始时岩波让他读报纸杂志，为自己讲解时势动向。不久，他便开始参与编辑工作。在岩波生前的主要店员中，他和粟田贤三是少有的知识分子。吉野毕业于东大哲学系，对马克思主义感兴趣。一方面，他具有学者气质、头脑清醒；另一方面，他对社会现实也有一定的见解和观察力。战后，岩波出版的发展趋势与岩波书店集结的新作者群，无论好坏，很大程度上都靠他的力量。

此外，据明石照男讲，在岩波去世十天前的四月十五日，岩波在去热海的车中，偶然遇见了明石。关于未来岩波书店的经营，岩波说自己以前考虑过股份组织，并打算日后叫上安倍一起商量，连日期都定下来了，但这次聚会最终都未能实现。岩波有意将书店改为公司组织，而事实上，店员们的这种期望也渐渐增强。但另一方面，岩波对个人经营的自由也很执着，并为雄一郎、雄二郎有志继承自己的事业深感高兴。股份组织于一九四九年四月二十五日建立，岩波的次子雄二郎担任社长、堤任董事会会长、小林任专务、长田任常务、吉野以总编身份就任董事，这应该大致符合岩波的意愿吧。我们希望，与昔日的父亲一样纯粹外行的雄二郎，也能和父亲一样谦逊、率直地全力以赴，使岩波开创的事业得到更大的发展。

思索岩波书店开店以来的业绩，首先是作为旧书店，切实、精确、彻底地实行了旧书按标价出售。这是打破当时书店旧习的破天荒的壮举，对于只知道今天已广泛实施此制度的人来说，可能很难理解。这仅凭着岩波决不妥协、强烈、彻底的正义观和勇往直前的执行力得以实现，这一点，我在我的熟人中还没有发现胜过他的人。在之后的一段时间里，按照当时的商业习惯，岩波也有在销售自家出版的书籍时打折，但不久便断然实行了按标价销售。这都源于一种单纯至极的理由——既然在销售时打折，不如在开始定价时就把价格降下来。就这样，按标价销售到后来受到天下模仿。出于为地方读者带来方便的想法而实施的邮购，实行起来麻烦、利薄甚至于无利，有时还要倒贴，后由于出版业务的繁忙而废止。总之，旧书销售的利润远远低于其他书店，但由于认真努力，岩波博得了信任，使他从台北图书馆获得了一万日元的订单，这一数目在当时庞大得惊人，是岩波暗地努力所带来的极大成功。岩波书店的出版物出乎意料地受到社会的欢迎，有时虽也有退货，有时却几乎销售一空。战时纸张匮乏，进而造成出版困难，但岩波以此为契机，断然实行了拒绝一切退货的买断制度。直到战后，岩波仍讨厌一般出版商通过委托销售扩大销路的惯用手段，尽管一度遭到零售商的反对，但他还是坚持不懈。可以说，这还是基于岩波的主义方针。

关于出版物，当初出版的《哲学丛书》不仅确定了岩波书店作为哲学书肆的地位，其长年的大量销售也为书店带来丰厚利润，并将书店从一时的困窘中解救出来，这在前面已经介绍过了。虽不能说全部丛书的内容都很出色，大都是启蒙性的，或是翻译作品，但它们被当时的年轻知识分子广泛阅读，令出版界、读书界中出现了哲学时代，其影响力之大的确不同寻常。据流传，当时只是中佐、后来成为海军大将的及川，也曾来书店购买哲学书。可以说，岩波书店因《哲学丛书》而崛起，因《漱石全集》而大成。

岩波得夏目漱石的知遇之恩，与他共同出版了《心》。因此缘分，在日本最受欢迎的作家漱石死后，《漱石全集》在岩波生前出版了五回，漱石的各作品也在文库等丛书中出版，这对于岩波书店无疑是幸运之事。而幸田露伴、内村鉴三、森鸥外、寺田寅彦、芥川龙之介等人的全集，对于读书界也是大大有益。此外，以不实施预订的文库为代表，全集、丛书类也很多，在此不再赘述。

在这些丛书中，至今仍受到社会欢迎的有《为了少国民》、《岩波全书》、《岩波新书》等，这些都是岩波生前策划的。《科学文献抄》、《哲学论丛》等都是有益的专业文献，没有岩波，它们也无法出版。但是，在这些丛书中也有些是半途而废的，可以说，这是因为岩波不求"拙而快"，信任译者和作者的良心，但也表明岩波性格耿直，同时也说明他性格冲动、漫不经心、一味向前冲而不顾后。在岩波策划的丛书当中，有些可能在中途就几乎被他忘记了。

讲座、辞书等在这里就不再重复。其中，也有少数做得不好的，也有一些即使不能说超过今天的学界水平，也超过了当时的学界能力。在所有方面，他都对日本的学界进行了总动员，公开大学讲义，在显示当时学问水平的同时，对当时学问的普及做出了贡献，这些功绩都应该得到认可。岩波书店发行的书籍获得社会的信任，虽说总体上销况良好，但也有不少由于太专业、文献性太强而销售额极低。对于卖不出去的难懂书籍，也不是没有退回岩波书店的情况，但这都无损于岩波的名誉。

顺便说一下岩波生前的出版数量，单行本一千八百三十二种；文库一千四百九十七种；全书一百〇七种；新书九十八种；讲座二十〇条目、三百六十一册；全集三十七条目、四百三十九册；辞典二十九种；共计四千三百六十三种。

《岩波新书》中《昭和史》的作者们以"讲谈社文化"与"岩波文化"的相对立，将"日本文化缺乏国民基础"问题化。他们认为:"'讲谈社文化'是以讲谈社出版、以娱乐本位的出版物为代表的文化,为大多数国民接受。'岩波文化'是以岩波书店出版的修养书为代表的文化,仅限于国民中少数文化人。前者抓住并利用普通人思想、生活情感停滞的一面,将卑俗的娱乐、实用与忠君爱国、义理人情的思想交织在一起,灌输给国民。后者虽引进了国外最尖端的思想,但其文化形式不能与生活结合起来,也无法在国民中普及。而且,两者之间是全然没有通道的断层,这使文化人从普通国民阶层中孤立出来,这也是国民无法产生抵抗法西斯主义的武器的理由。"并出示了两种文化的读者数量的悬殊差异。但这是一种整理得过于简单的、抽象的看法。首先,对于讲谈社的做法,岩波自己在生前也表示过反对。讲谈社这种与其说是读者本位的民众态度,不如说是以民众为对象赚钱的、露骨的商业主义,与岩波一向重视作者、不向读者献媚,并为读者服务的一贯努力完全不同。日本文化接受西方文化的时日较浅,这容易使其游离于现实生活,这一通病是整个日本学者、学界与岩波出版都无法避免的。但同时,岩波对提高和普及日本文化的功绩也必须得到认可。例如《岩波文库》,无论在战时还是战前,年轻女性等甚至将在电车中读它作为一种虚荣,其普及程度可想而知,以至于有人称为岩波文化的弊病。对于任何事情,如果想找弊病都可以找到,因此不能撇开读者的态度,而将责任只归咎于岩波的出版物。在我担任校长的一高,忙于打工的学生们在工厂、在走廊、在宿舍熄灯后厕所的一角贪婪地阅读的,正是《岩波文库》。这些文库和新书,即使在战时的日本国内,还是中国大陆的战地,也为年轻人广泛阅读,这种影响力是《昭和史》作者等不应轻易忽视的。岩波及岩波书店不变的方针,是对读者要求的一种回应。军部一派在毁掉中央公论社和改造社后,进而也要毁掉岩波书店,他们的企图最终没有实现，要归结于岩波扎根于内外读者层的力量，这种看法绝不能说不正确。

此外，对于岩波书店的另一种指责是岩波的出版横亘日汉洋东西，古典、宗教、马克思主义全盘引进，一概不知重点在哪里，显露出思想和文化的无政府主义。这是由于日本的学问文化尚浅，还没有根据专业或倾向得以详细分类。但岩波将认识真理、真实作为根本，他自身也不是某一特定主义的信仰者，而是广泛地在所有教义、思想、主义里认识真理，从允许其存在理由开始，跟着良心做事。而且，正如岩波曾说的那样，"读书就不能出书"，他不是学者，因此，他可能也是跟着感觉，粗糙地抓住个大概。日本既不像西方先进国家那样，基督教有着漫长的历史存在与发展；也不像苏联那样，从一开始就实行共产主义。日本过去虽有固有的习俗与儒教、佛教的浸润，但它作为东海上的孤岛，思想和生活上少有辛劳，在西方的思想文化完全压过来的历史和社会状况下，岩波的做法也是情不得已。仅仅基于这一点，从古典中寻求情操教育，从哲学中寻求根本的原理性思想，并普及在日本中历史最浅的科学知识，可以说他的做法又是恰当的。其单行本、讲座、全书等，说穿了就是大学讲义的公开，其中不是没有难解与不成熟之处，但讲义的公开或者说超越其上的发展，在提高日本社会的知识水平的同时，还有助于学者自身的知识更加确凿，帮助他们获得生活上的利益。更何况，其中也产生了开启学界新气象的名著，这在前面也已讲述过了。岩波的事业应该受到读者与学者的感谢。岩波自己也着眼于，在好的意义上通俗易懂地普及所有方面的知识。很多丛书，例如《为了少国民》、《岩波新书》等在这一点上取得了一定的成功，受到社会的欢迎。但这也是很困难的工作，今后，还期待学界进一步的成熟与进步，期待出版者更新的创意与努力。

岩波的性格与富于创意的才子截然相反,但对于一旦相信、决定的事情,他都会从正面执着地坚持到底。不料这使他"自我作古",实现了别人无法做到的创举。岩波出版哲学书之后,各出版商也开始出版前所未有的哲学书;岩波出版了法律书之后,直到最近,岩波书店一直超过出版法律书的老店;科学书的出版也唤醒了社会的科学书出版潮;文库终于超越了其他书店的策划,但现在也出现了投读者所好的文库丛生的现象;新书、全书之名亦然。

装帧的牢固、印刷的清晰与正确、纸张的优良、缺页全无等对于读者的忠实,都是岩波书店最下力气的地方,也给社会带来好的影响。岩波孤高独往,出发时怀着决心,如果必须违背自己的良知,宁愿随时放弃。但是,"德不孤,必有邻",岩波富有良心的出版,提高了日本出版界,进而提高了日本文化的水平,产生了众多的追随者与竞争者,应该说,这是岩波最大的功绩吧。

下面,简单说一下岩波与店员的关系。创业之初,店员不过三四人,堤于一九一五年进店工作,时年二十六岁。一九一九年,长田进店;一九二〇年,小林、堤久子进店。大正年间约不过十二三人,而且除堤以外,都是不到二十岁的少年。发生地震的一九二三年是二十余人,大正末年达到三十几人。当时,还是旧式的伙计、学徒的方式,主人一家与店员完全像一家人一样生活,一起吃饭,居住也在店里或宿舍里,还支付洗澡和理发的费用。例如,周岁十八的小林一个月领二日元五十钱,店里的工资低得惊人。在岩波与家人分开居住以后,与店员的关系就更加密切。一到晚上,岩波就带着大家去关东煮店或路边小店;有人生病了,他就会像亲人一样照顾,店员们并不把报酬当回事,书店就像一个以岩波为中心的家庭。但是,一九二八年上半年发生罢工时，加上小店员，店员人数已超过七十人，这时，这种旧式的雇佣关系被时势的大浪所动摇，开始变得艰难起来。此后，店员人数在一九二九、一九三〇年间不超过六十人。但到了一九三二、一九三三年，随着业务的增加，经济状况日渐好转，又超过了七八十人。从发生日中战争那年起，更超过九十人。到了一九三九年，达到一百人。一九四二、一九四三年时超过一百六十人，但后来随着征召的逐渐增加，到一九四四年的下半年又降到八十五人。一九四五年的大轰炸后，仅为三十余人。时年六月，进行人员整理，剩下不过十几名的干部级店员，这在前面也已讲述过了。

岩波在从别人那里收取应该收取的钱财以前，首先会迅速、精确地支付应该支付的钱财。这种态度在开始时虽然遇到了一些抵触情绪，但结果却增强了岩波的信用，使生意更加顺利、坚实。

岩波不仅爱护店员，也爱护常来常往的印刷店、装订店、纸张店的人。这些与岩波有着生产关系的人们，想到自己被岩波所信任、爱护，就更加拼命地做岩波的工作了。而且，这些业者一旦与岩波产生这种关系，只要没做特别的坏事，岩波就不会终止与他们的往来。岩波认可这些人的工作价值，同时，对于拙劣的工作也会严格地训斥。该支付的钱当然在月末一分不剩地支付，但不喜欢店员们讨价还价，比起降价，他更希望工作做得更好。因此可以说，岩波的出版物在一切方面都为读者服务。

例如，岩波自创业以来就喜爱的印刷所、装订所，直到现在仍继续做岩波书店的工作。某个印刷商，由于其人品得到岩波的赏识，在只有数十人的小工厂时，就开始做岩波书店的工作。如今，他已经拥有二百四十名员工，工厂全部生产活动的百分之六七十都是岩波书店的业务。这印刷商就是精兴社，博得岩波信任的正是第一代社长白井赫太郎。另外，岩波热爱美术。虽然在岩波书店的出版物中，美术书不是最多的，但只要做，他就要做最好的，并付诸实现。那些美术书的印刷全部交给了半七制版的田中松太郎。岩波尊敬田中，并说感觉田中像自己的父亲。为了抚慰田中晚年的失意，岩波为他做了很多事情。

关于书店，带来岩波书店创业机缘的伊东三郎的事情已在前面讲述了，但这里要简单写一下现在作为大经销店正活跃中的栗田确也。他秃头、精力旺盛，模样像年轻时的岩波，但比起岩波的粗陋容貌，他略显清秀。栗田为岩波所喜爱，他也尊敬、敬爱岩波。当岩波书店有事，例如发生罢工等事件时，他马上跑过去，不厌奔走之劳。但在一九三三年，内村达三郎未经岩波允许，不仅将《效法基督》转到春秋社，还在卷末登载了中伤岩波的文章。岩波被激怒，要起诉内村，却得知栗田依然在经销这本书。面对岩波的谴责，栗田说这是生意，哪儿的书他都卖，没有停止销售。为此，岩波与栗田断交三年，小林等人还为此担心，但栗田只是简单地说了句"对不起"这样的话，二人便又恢复旧交了。

岩波对于纸张也特别用心。例如《岩波文库》使用的纸张，名叫别口金鸢，这是岩波严格向造纸公司发出订单，让他们特别制作的。岩波非常喜爱自己让他们生产的纸，几乎所有出版物都用它，而且不允许造纸公司将这种命名为"别金"的纸卖给除岩波书店以外的地方。造纸公司也体谅他，坚决不卖给其他出版社。

装订所也仅限于从一开始就尊重自己意志的店家。装订不好就对不起读者，基于这种原则，岩波认为装订费高是理所当然的。新书出来后,岩波马上故意胡乱地打开它,确认装订是否禁得起这种潦草的打开方式。由于这样的做法,与他来往的人既害怕受到岩波的叱责,又为得到他的赞扬而高兴万分。

顺便说一下,银行方面,岩波只与第一银行一家来往,其他银行无论怎样劝诱也不为所动。岩波走后,干部们依然继承着他的遗志。

第三篇 社会生活

第六章
对故乡的奉献

㈠ 乡土之爱

岩波天生富有侠义精神,义气劲儿一上来,就会忘我地为他人尽心尽力。这不仅在个人关系上,也体现在岩波的社会公共关系上。岩波的这种性格似乎承自他的母亲,岩波也曾说过,"母亲一生都在为我们家操劳,同时,也经常为别人尽力。"

在讲述岩波的社会活动时,首先,就从他对故乡的奉献开始吧。自小学、中学时起,岩波就召集村里的伙伴,或试胆,或开讲习会,这在前面已经讲述过了。岩波是信州人,更是信州人中最有特色的诹访人。岩波一方面批判性地看待信州人,而实际上,他自己的性格就是有代表性的信州人性格,内心也为自己是信州人感到自豪。因此,出于这种乡土之爱,他的公共生活、社会奉献,也理所当然地首先体现在对故乡的奉献上。

下面,根据他留下来的文章,介绍一下他的信州人观。他说自己于一八九九年进京,进入日本中学后,第一次接触信州人以外的青年,这使他可以像照镜子一样客观地看自己,并反省不能成为自以为是的乡下人。据他自己说，信州人的男子被评价为狂人、怪人；女子则缺乏娴静端庄的气质，多嘴多事。如果此话属实，他作为信州男子，也称得上是一个狂人。他还认为，如果说西乡南洲像大海，那被称为信州伟人的佐久间象山，则象征着信州的崇山峻岭。信州人的长处是独立心强、富有研究天分、进步、不甘于敷衍、坚持事理；短处是自命不凡、缺少雅量、偏好辩论而缺乏实际行动，与相邻的越后人相比，更多地偏于理智而欠缺宗教精神。他列举了同乡的这些长处、短处，也殷切地对家乡的青年提出了忠告。

他也认同，长野县以教育县闻名，热心于县内教育，特别在小学教育上很出色。对于一九三三年发生的、小学教员中出现思想赤化者的事件，岩波给予极大的同情，并希望县当局不要做出磨瑕毁玉之事，又以信州教育者绝无道德败坏之人而自豪。他还赞扬信州的小学教育的非官僚性，并说他的友人冈村千马太为了县教育主动辞去小学教职，成为县政府的官员（督学）。当县政府的官员对他望而生畏，要让他转任做地方的郡长时，他却拒绝了这个一般人视为荣升的任命，并坚持说"如果是小学校长的话就去"，更因此一度失业。

关于家乡的问题，他经常和同乡藤原咲平讨论。家乡是家族的延续，因此，即使做了坏事也应该庇护，对于藤原的这一观点，岩波则主张："即使是父母兄弟，也不允许做恶。乡党之义是小义，正邪善恶则是天下公道，因此，以乡党之故而允许做恶是本末倒置。"即便如此，岩波的乡土之爱、乡土自豪感也是根深蒂固的，对于正邪善恶可能没有故乡与他乡之别，但由于生活、社会、地理关系，思念乡土之心与为乡土尽力的行动尤为深刻。然而，岩波初到东京时，虽也曾暂时住在家乡的寄宿地长善馆，后来就离开到别处去了。而且，长善馆馆长兼乡友会会长

第六章 对故乡的奉献

小川平吉,是有洁癖且无法忍受道德败坏的岩波最为唾弃的人,为此,岩波也没有加入乡友会。战争中被相泽某杀害的陆军省军务局局长永田铁山中将,是岩波的同乡,又是藤原的友人,在当时的军人中是明白事理之辈。永田曾创立信武会,立志培养同县出身、希望参军的青年,对此,讨厌军人的岩波没有加入。但是,岩波和名取和作的弟弟名取夏司等人商量,以当时的贵族院书记官长小林次郎为协调人,以信州出身的老前辈原嘉道、伊泽多喜男为首,与有贺光丰、小坂顺造、松岛肇、木下信、今井登志喜、小平权一等一起,于一九三五年二月发起了信山会,每月在位于丸之内的常磐家聚会一次,自由讨论时事和县里的问题。岩波与小林自始至终为信山会斡旋,一直持续到战争末期、这样的集会不能再举行为止。此外,岩波还成立了神田的信州人会,关心县里事务,为县人尽心尽力地做了很多事情。

(三) 对家乡的捐助

首先,从岩波出生的村子——诹访郡中洲村中金子写起。一九二八年二月,岩波投入个人财产,在这里铺设了自来水管道。原来,岩波的家乡是湖水的填埋地,缺乏饮用水,村民都从门前的小川中打水,供饮用及日常使用,因此非常不卫生,每年都会出现传染病患者。就在一九二八年二月,亲族平林忠作死于肠伤寒。而在村子的上面,有个叫豆田的地方有清水涌出,虽然知道只要用铁管引下来即可,但只有百户的村落承担不了这些费用,就一直维持原状。岩波在参加叔母的法事时回到家乡,听说了这件事,就想助一臂之力。劳力由全村村民奉献,岩波负担材料费二千六百日元。这时,特为此事进京的岩波旧友矢崎九重,让岩波以书面形式写下将这笔钱捐献给中金子区,岩波却拒绝说不愿写捐献申请。这样，由于建成了自来水管道，此后的二十年间再没出现传染病患者，收到了极好的效果。岩波经常说："让我花这么点钱竟做出这么好的事，真是太感激了。"一回到村子，他首先就要喝水管里的水，这些都是听矢崎说的。四月二十八日举行了竣工仪式，但岩波讨厌人迎接，就在前一站茅野站下车，直接走回村里。据说在仪式后的庆祝宴会上，岩波还一直和村里的青年跳盂兰盆舞。

还有一件岩波为乡村捐助的事，特别能显示他的性格。一九三九年，村长伊东一来东京拜访岩波，岩波赞扬了伊东的努力，并激励他说："只要你还在村公所工作，我就会尽力帮助你，你就向着打造日本第一模范村的方向努力干吧。"那时，伊东谈起了学校校园的扩建，以及需要为农村学校找一块农业实习地，并指出困难之处是校园扩建需要几户人家搬迁，实习地则需要收购土地，因此恳请岩波在有希望实现之时，能给予一些援助。对此，岩波补充说："我不是向村里捐钱，而是要支持你的工作，你就用这些钱来做你的工作，不要说出我的名字。"伊东对他后面的话没太放在心上。费用由岩波关照，伊东由此受到鼓舞，回村之后，他就劝说大家说，东京的岩波都在为此操心，身在村里的我们如何如何……因此，搬迁和收购土地的洽谈都进行得很顺利，计划很快就要得以实现。在这件事发表在地方报纸上的第二天，岩波来到蓼科。村长与校长清水利一一起去向岩波汇报，没想到岩波非常不高兴，正当二人要走又没法走、手足无措之时，岩波犀利地说道："刚才看到报纸，上面写我为校园和实习地操心。我不记得曾说过要给村里捐钱，我只清楚地记得说要把钱给你，让你用它来工作，并让你不要打我的名义。总而言之，我不给你钱了。"村长和校长辩解道，事到如今不能中止计划，村里的项目全部需要村公会决议，捐款的采纳也要由村公会决议，为此需要提交采纳申请，而以村长的名义提交采纳申请是自己所不允许的，村公会的决议迟早会刊登到报纸上等等，终于使岩波情绪有所好转。第二天，诹访教育会的人陪岩波去附近的晴峰时，岩波赞美这里一览诹访的景色，一边喝着啤酒，一边笑着说："捐款需要交申请啊。"后来，某家报纸组织投票，选举世间未知的胜地时，据说岩波频频投晴峰的票。不久，村长来到东京，向岩波汇报这一计划全部完成，岩波说"按你想的做就好"，看起来并没仔细听。但说到村里的巡查驻在所报废了，要将搬迁房屋中的一栋充当驻在所时，岩波突然说："我讨厌驻在所，不同意！"一点儿也不是"你认为好就行"，令村长也大吃一惊。后来，关于公会所、保健同业公会在和岩波商量商量、并征得他们的同意后，请求岩波帮助所需金额的一半，岩波便向双方各捐赠一万日元。公会所体谅岩波的孝心，将公会所命名为"风树会馆"。落成后，岩波来到这里，高兴地说："没想到那些钱可以建成这么好的建筑。"后来，伊泽多喜男来到村里，被领到这里参观时，伊泽说："我不时会遇见岩波，但他从没说过自己曾捐过这么出色的建筑，真是做了好事。"战争末期，空袭激化之时，村子劝岩波到这里疏散，但岩波说由于自己的关系使用自己捐赠的公会所不好，因此没有接受。上面的内容是根据伊东的话写的。据说在岩波死后，会馆中挂上了岩波生前拒绝悬挂的岩波的照片。但战后我拜访那里时，不知是否临时的，风树会馆里堆放着柴薪等物，已被用作仓库，清扫也不周到，这恐怕不应是村人报答岩波厚意的做法吧。但又据说，在其他保健同业公会由于医疗费用涨价陷入经费困难之时，这里的保健同业公会却经营得非常出色，为村民的保健发挥了作用。

这些对于村子的奉献，出于岩波对于家乡的热爱，但更切实的动机还是对没有尽孝便早逝的父亲、特别是对始终为自己操劳的母亲的感恩追善之心。此外，还要补充一件事：一九三二年，由于扩建道路，需要铲去岩波旧宅地面一尺。岩波虽然同意，但很惋惜要砍去从小就在那儿玩耍的桃树，为此，扩建设计竟然修改了。在旧宅遗址上——并不是出自岩波遗属的意愿——立着岩波的颂德碑。

他还为自己毕业的学校——中洲村小学捐赠了三千日元（一九三五）。

三 桑原山事件

在岩波不辞劳苦为家乡做的事情中，有一件就是桑原山诉讼事件。该事件是现在成为诹访市的原上诹访町与岩波家乡中洲村的邻村——四贺村的争执事件，前者就后者的桑原山入会权（一定区域的居民根据地方的惯例和法规，共同享有一定的山林原野等利益的权利）提出起诉，双方都很热心，成立了执拗的专门委员会。诉讼进行了二十余年，花费的费用足可买下几个桑原山，双方仍继续争执，这一事件充分体现了信州人的长处或是短处。正巧时任中央气象台台长、岩波乡友藤原咲平的父亲光藏在担任上诹访町町长时，虽非本意，仍按照町议会的决议提了诉讼。这件事与咲平自己的工作也有关系：他计划在包括雾峰在内的相关山上放飞滑翔机，而这又需要双方的同意。双方也都赞同这一计划，但又担心会对诉讼产生影响，因此都面临着形式上不能同意的困局，劝说两村和解的尝试就此开始。岩波在藤原的请求下，与同乡藤森良藏一起热心相助。他自费举行双方的和解会议，多次发出劝告信。一九三四年三月，岩波会同家乡的前辈好友十五人，共同向双发发出劝告信；一九三五年二月，在杂志《上诹访商工会议所报》上倾诉了自己

第六章　对故乡的奉献

的恳切之情，认为二者之间不可能是一方绝对正确、另一方绝对错误，指出雾峰已成为了国家性的区域——可能是指成为滑翔机飞行地一事——带有国际性的意义，此时大家应脱离一町一村的利害，站在国民的、社会的立场上，主动进行和解，并建议将调停工作全权委托公平无私的第三者，例如藤原博士等。进而又以同县的伊泽多喜男、原嘉道等老前辈及身在东京的诹访郡出身者二十八人的名义，劝告两町村民。直到第二年三月，在当地有力人士的赞同下，终于实现了和解。据藤原说，出现和解的希望后，四贺村的委员十几人来到东京时，岩波在神田的牛肉店"今文"招待了一行人。高兴之余，岩波以绝世罕见的走调儿之音，与大家一起唱起了盂兰盆歌：

河畔的柳树，你为什么默默地望着流水度日。
若诹访平原上只有两根芦苇，割也好，不割也好。

一九四〇年，岩波为和解而高兴，向两町村各捐赠一千日元。

（四）对县教育的帮助

下面要讲述的，是岩波对于故乡信州的教育、特别是小学教育，以及县教育会的帮助和倾注的热情。如前所述，岩波有着强烈的乡土之爱，尤其为县教育中优秀的小学教育而自豪，这当然也促使岩波将这种热爱付诸行动。

长野县的小学教员丝毫不出长野县人的性格，喜欢讲道理、辩论，还从东京邀请思想家和学者、尤其是尖端的来演讲，并以此为自豪。岩波根据县教育界的希望，热心推荐，但人选必须是自己原本就敬佩的人。在岩波的斡旋下，很多几乎没去过地方演讲的人物都去长野县演讲了。如果是岩波尊敬的前辈，他更会亲自同行接待，并负担旅费，尽心尽力，例如三宅雪岭、佐藤尚武、中村（良三）海军大将等人都是如此。基督教神学者柏井园、净土真宗的近角常观、岩波的友人田边元、阿部次郎、石原谦、高桥穰、和辻哲郎等，很多人都在岩波的介绍下去过信州演讲。实际上，我本人虽然到最后也没成为"尖端之人"，但年轻时第一次做的演讲便是在岩波的劝说下去的诹访，而且在很长一段时间里，除了长野县没去过别的地方，以至于去得太频繁，还受到了岩波的批评。

一九二九年，信浓教育会馆的建筑物落成，但内部设备还没着落。为此，县教育界的老前辈守屋喜七来到东京，寻求帮助。岩波说，与教育会关系密切的书店风光馆出钱的话，他也出同样的金额，结果捐了二千日元。这样的事情还有很多。

岩波对信州教育界和家乡青年的关心，使他极力关注上述一九三三年发生的小学教员教育思想犯事件，以及一九三七年初报道解禁的黑色事件 [一九三五年十月至翌年一月，以长野县为中心的无政府主义秘密团体"农村青年社"（被称为黑色游击队）三百五十几名成员的拘捕事件，据传他们还策划袭击连队（日本军队编制单位之一，相当于团。——译注）]。他希望不能将之一概认定为"赤色"而进行压迫，不能让他们理想主义的、出于对现实社会不满的改革性和进步性的精神畏缩。关于前者，他在应邀到文部省社会教育局，被问到对策时，陈述了自己的意见，也给信浓教育会寄去自己的意见；关于后者，他于一九三七年一月投稿给《东京朝日新闻》长野版。

此外，比较显著的是他在战时（自一九四二年）对长野县国民学校训导内地留学生（内地留学制度，指教员带现职转到其他大学或研究机构进行学习。而训导则是日本旧制中的一个教职。

第六章 对故乡的奉献

——编注)给予的援助。在长野县,大家把带职进京学习作为无上的恩典,但在物价飞涨的东京生活,无论怎么节约也不能达到留学的目的。岩波等六名顾问在商量此事时,听说除薪水外还需要五十日元,预计其中一半由县与地区的教育会支付,结果还差二十五日元,岩波便提出承担十或十一名留学生每月每人二十五日元的费用。知事听说这件事后,认为不该让岩波如此费心,决定由县里支付这笔费用。尽管如此,一九四三年七月,位于三崎町的原店员宿舍由于店员纷纷被征用和应召而空下来,岩波便免费提供给这些留学生作宿舍,而且,自己还承担水、电、煤气费用。这些留学生就理科、文科等他们感兴趣的学科,在东大、文理科大学等的教室中接受指导。我等有时也和岩波一起与他们一边吃晚饭,一边聊天。岩波还带他们去镰仓的西田几多郎的家,让他们听西田讲话(其中的一个例子是一九四五年三月),照顾得亲切备至。宿舍里还住着一位叫北岛的大婶儿,她是以前与岩波常来常往的木工师傅的遗孀,她是岩波的崇拜者,像亲人一样照顾这些留学生。岩波为留学生们冲洗厕所、安挂钟、挂画,还为其中一个叫西泽福美的学生的死极尽恳切之意,受到留学生们发自内心的感谢。岩波与信浓教育会的关系最初是由于伊藤长七、冈村千马太、矢岛音次、久保田俊彦(岛木赤彦)等长野师范的老毕业生,后来随着与信州教育界的领军人物、当时教育界的老前辈、人格高尚的守屋喜七等的深交,这种关系得到了进一步加强。

信浓教育会由于政府的不加批判的统一政策,于一九四四年七月解散,并成立了大日本教育会长野县支部。岩波对信州教育界最后的苦心,便是推荐藤森省吾做支部的事务局长——与其说推荐,不如说是强加于藤森。岩波在自己的长子雄一郎死后不久,便参加了藤森的葬礼,并在葬礼当中病倒,得了致命的重病。岩波强行把藤森推上台的经过,使岩波的性格跃然纸上，因此，我在这里不厌其烦地写下来。如前所述，教育会长野支部成立，本应由大坪知事担任支部长，但以岩波为首、身在东京的长野县有志之士（岩波、藤原咲平、务台理作、今井登志喜、西尾实五人）为了转达他们的想法，岩波还是强拉着西尾（现任国语研究所所长），于一九四四年七月到长野会见大坪知事，表示应委任一名优秀的事务局长，最终，认为藤森省吾是最适合的人选。岩波受大坪委托，与藤森私下交涉——但据伊泽说，本来在找大坪之前，岩波先找了伊泽多喜男，伊泽也曾劝说大坪——岩波往返于诹访与长野之间，多次打长途电话，将他的热情发挥到极致。在交涉的高潮，岩波利用藤森从泉野的山村去上诹访接受诊症的日子、即当年的十月三十日，也是藤森、岩波、西尾三人约定谈话的前一天，突然只身前往泉野拜访藤森。据说藤森后来曾说过，当他看到岩波时大吃一惊，预感到这次必须出山了。在上诹访，岩波和西尾二人在岩波喜爱的"牡丹屋"等藤森时，岩波向西尾作了泉野奇袭的报告。岩波首先问道："为什么不去长野？"藤森答："理由有四个。"岩波问："是什么呀？"藤森答："第一，我的性格不适合做事务局局长。"岩波说："这不能由你自己决定，大家不是都认为你适合吗？""第二，我的健康状况不好。""你到底打算活到什么时候？"说到这里，岩波愉快地哄笑起来。"第三，我打算作为一介村民，最终化为泉野的泥土。""你只是暂时去长野而已。""第四，我对这样的工作没有兴趣。""现在不是谈论兴趣的时候啊。"岩波驳倒藤森的兴奋劲儿，直到那时依旧高涨。藤森的主治医师也说没有绝对不可能的理由，就连最后的堡垒——藤森夫人也被攻陷，说这次可真没有办法了。藤森终于投降出马，于一九四五年四月就任局长。岩波还写文章寄给了《信浓教育》，以表达高兴之情。但不到半年，藤森便倒下了，再也没有站起来——上述内容几乎全部根据西尾的备忘录记载——岩波对爱子之死草草了事，跑来参加藤森的葬礼，其心事是有如此背景的。

藤森省吾是位于神田的岩波书店近邻、"思考方法研究社"的创办人已故藤森良藏的弟弟。良藏是企业家脾气的人，曾因为家乡的事与岩波共事过，据说二人经常互相争执。省吾与哥哥莽撞的性格不同，比较内敛。可能由于健康问题，尽管集长野县教育界众人所望，他却辞去了出生地上诹访的高岛小学校教头的职务，隐身泉野山村，专注于农村子弟的教育，被称为泉野的二宫尊德（日本江户后期的农政专家。——译注）。我也曾见过他，是个文静但顽强不屈的人。

一九三九年二月，长野市掀起了设立高等工业学校的运动。县知事、长野市长、商工会所的会头向当时的文部大臣荒木贞夫提交了请愿书，岩波也从侧面协助了该运动。

第七章

政治活动

㈠ 对议会及选举的关心

如前所述,岩波以自由市民为招牌,公言自己厌恶官僚。但是,他非常关心政治,对政界的腐败和不公十分激愤,要出马政界的想法经常令他心痒难挠。很多挚友都不赞成,认为与其为政治消磨浮生,不如扩大现在的出版事业,这对社会、对国民更有益处。岩波也说自己是自由主义者,不是社会主义者,当然也不是共产主义者,但由于对现有政党的不满和绝望,他对无产阶级、青年阶层发起的此类运动寄予同情。而且,在自己的本行——出版方面,由于他对于社会主义、共产主义也主张要先有所认识,因此大量出版此类书籍,触犯了当局的忌讳,这在前面已经讲过了。田中政友会内阁首次举行普通选举是在昭和三年(一九二八),但早在之前的一九二〇年四月,岩波书店便出版了佐佐木惣一的名为《普通选举》的小册子,并在店前立起了大牌子,这也在前面写过了,岩波非常赞同这种扩大民众权利的运动。但是,岩波对于无产党寄予的同情,亦是出于抨击政友

第七章　政治活动

会小川平吉的意图，在民政党于大正末期（可能是一九二四年）推出了岩波一高时代的同窗丸茂藤平，政友推出了小川平吉之时，即使在这时，岩波与藤森良藏等人从理想选举的立场出发，推荐并援助没有名气的太田耕作，但这从开始就没有什么希望。岩波对于选举的关心，如果往前追溯，时间虽不太确切，但我想大约始于大正年间的总选举。那时，他援助国民党的古岛一雄，当时古岛被称为犬养毅的亲信，后来成为在野政客的老前辈。据说那时，杉浦重刚来到店里，拜托岩波支持古岛的选举。由于神田锦町的松本楼的老板娘侠气仗义，古岛就以那里为大本营参加选举战。选举之后，岩波与古岛继续交往，还接手了古岛转让的位于信州富士见的别墅。昭和初年，无产党已成为相当大的问题。但在一九二八年二月举行的最初的普通选举中，岩波与藤森良藏、今井登志喜一同支援文学家藤森成吉，岩波和藤森（良藏）拿出二百日元、今井拿出随身现款十日元作为活动资金。当时，据藤森（成吉）自己说，比起对无产党的支持，还是以打击小川为主要目的。虽然没有当选，但藤森却获得了意外多的票数，充分使小川派心惊胆寒了一场。在家乡，岩波向选民发出了警告："你们将无耻之徒送上议政坛，无异于放虎归山。"据说，人们见岩波如此排斥同乡出身的大人物，都谩骂他是怪人、狂人、大笨蛋。

在一九三〇年的国会议员选举之际，东京的同县有志劝说岩波报名候选；社会民众党南信支部长野沟胜，以及诹访无产党的饭田实治也推荐他。关于政治，岩波本来也有"正中下怀"之处，有时也有意出马，与盘踞在旧势力中的巨头们一战，但还是下不了决心，再加上有报名候选的误传，故草拟《表明信念》一文，声明自己没有出马的意愿。岩波在文中明确表示，政治问题的根本解决，归根结底在于民众修养水平的提高，以及除恶显正精神的振兴。自己所从事的出版事业并不是单纯的盈利事业，还有文化事业、教育事业的一面，在这一方面，自己将以更加紧张的心情，继续发扬以往的精神，作为一个忧虑时弊的国民，相信这是一日不可掉以轻心之事，从此立场出发，谢绝推荐。同时，自己这次主要是受到无产派的推荐，但不想现在匆忙成为无产党党员。他还陈述了对当时政局的意见，即反对政友会的原敬"政治就是力量"、"力量就是正义"的论点。岩波曾经崇敬的犬养毅后来取代了原敬的继任者田中义一，他也认为政友会更生无望。特别是对于长野县选出的国会议员、多次位列阁僚的小川平吉，岩波更是进行了执拗、强烈的抨击。虽然对民政党的无力表示遗憾，但他尊信滨口雄幸的人格，认为政界罕见——尽管这种信任后来由于某个理由大大减退——并为滨口内阁的出现而高兴，赞成其黄金解禁、纲纪肃正的政策。对于政友会内阁的松散，他同情内阁不得不采取不受欢迎的紧缩政策。他承认无产政党作为新兴势力的意义，但对于其中各派不顾自己势弱的现状，还在进行无谓的四分五裂的私斗，他希望停止这种行为，甚至还极端地说，无产党为了未来的振兴，也应协助民政党打倒政友会。

一九三二年，岩波劝说同乡的志同道合之士，向乡党发出檄文，痛切陈词道："使国家腐败的是贿赂，毒害国民的是贿赂，行贿者必定受贿，受贿者也必定行贿。……对于行贿的候选人，无论他是什么政党派别，必须断然悉数进行打击。此时，要消灭利用贿赂中饱私囊的选举经纪人。……这是革新的第一步，只有这样，才能将议会政治从行将崩塌的危机中解救出来。……"毋庸置疑，这当然也是打倒小川的运动。

一九三三年，岩波在居住地神田推荐了民政党的赤冢五郎，这也是出于打倒政友的目的。翌年，民政党在总选举中获得胜利时,在给民政系的友人丸山鹤吉的信中,岩波写道:"铃木倒了,小川倒了,愉快愉快。小生为民政的胜利而高兴,更为政友因为正义胜利而败北感到高兴。"他甚至欢呼道:"为无产党的挺进感到无上的高兴,这使我第一次感到不能对日本社会绝望,社会变得愈来愈光明了。"

由于不喜欢政治的挚友的劝谏以及对事业的顾虑,岩波抑制着自己对政治的强烈关心,但同时,对议会的不信任感可能也成为制约他参政的障碍之一。一九三四年,当《京都大学新闻》问到他对第六十五届议会的期待时,他阐述道:"我并不是否定议会制度,但对于现在的政党本身,除希望它迅速消灭之外别无他求。就好像我不否定贵大学的法学部,但对态度不明朗、屈从于强权暴力的留守小组无任何期待一样。"一九三七年初,同是关于议会,在回答杂志《女性与家庭》的提问时,岩波也说道:"我没有任何期待,也没有任何要求。但作为尊重议会的国民一员,为了不使新殿堂成为宪政的坟墓,我静静地祈祷议员素质的提高。"

尽管岩波对于议会灰心失望,但他那选举严肃的议员、发展宪政的愿望,一直非常热烈。但是,岩波是一个禁不住阿谀奉承的人,在他表示信任而推荐的人当中,也有精明地向他献媚之人,也有厚颜无耻、任何恭维话都能说出口的谎言家,还有打着自由与坦率的幌子利用岩波的人,以及并不是什么人物的人,我们不能忽视这一事实。这一方面形成了岩波粗枝大叶、清浊通吃的长处,另一方面也弥补了他神经质般的洁癖,或许这也证明了他是"可欺之方"的君子。

在岩波的故乡长野县的选举中,一九三六年,他推荐了宫泽胤勇和一高时的同窗木下信。战后被公选为知事的社会大众党林虎雄,岩波在一九三〇年初次见面以后,就认为他是值得信任的人物,在其后的县议会议员以及国会议员的选举中多次推荐他。一九三五年，林初次当选为县议会议员时，岩波正在国外旅游。据说他回国后，立即拍电报把林叫来，详细询问选举的情况，为他的当选而高兴。此外，在诹访市议会议员选举中，岩波推荐了他所信服的久保田力藏（一九四一年二月）。

在长野县之外的选举中，他推荐了安部几雄、三轮寿壮以及一高时代的友人玉井润次等无产者的支持者。岩波关于选举的思考不是"党优先于人"，而是"人优先于党"。在推荐离开了社会党的友人玉井润次时，他说道，虽然也赞成"党优先于人"，但议员当选的前提是忠实信念的公共人物；而悲哀的是，我日本的立宪政治还没达到仅靠各党派的政党纲领就可决定的程度。在其他的场合，如关于上述的林虎雄，他说道，虽然厌恶社会大众党，但林很好，社会大众党将会因林而占据重要地位。但在一九四六年去世之前，岩波在回答《东京朝日新闻》的提问时也说："我当然赞成选举政党的建议，但先决条件是任何政党都要选取确实可靠的人物。……我如果投票，虽然也有一些意见，但我可能会选社会党吧。"

他虽然宣称对国会不抱任何期待，但也没放弃尽可能向国会多输送诚实同志的愿望，这清晰体现在上述内容中。而在一九三七年为三轮寿壮和安部几雄写的推荐信中，岩波更加积极地、极端地写道："在各种新势力中，有的人在对党弊失望之余否定议会政治，关于这一点，我与青年将校一派的见地有着根本的区别，诸如特殊国家在非常时期不得已而选择的法西斯政治，在我国必须坚决打击。"

岩波密切地关注故乡的村县，同时，对自己居住的东京的市政及自己书店所在的神田区的区政也十分关心。一九三六年初，在一高同窗丸山鹤吉的劝说下，岩波参加了市政革新同盟。但可能因为与他们的想法互不兼容，几乎在入会的同时就退出了。据厌恶政党、不想入会的相马爱藏说，岩波强行推荐他入会，而在出席入会仪式时，关键的岩波却不在，让自己不知如何是好。没想到岩波竟有这等神速。岩波一不高兴便会坐立不安，任何东西都可弃之不顾，旁若无人。他虽然退出了，但声明仍然会就市政改革而努力。他阐明目前腐化的市政和魔窟般的市议会，需对正直的市民不关心市政负起责任，并和同乡的老医学博士近藤次繁等人，于一九三七年初共同创立了天心会，意欲集合神田区内为数不多的正义同志，对抗不良之徒的群党。对于市政的革新，岩波说，官选东京都长虽然有悖于自治的本义，但市民没有自治能力，既然这是打破现状绝对必要的，官选也是迫不得已。有人希望都长是所谓的大臣级别，但岩波说很难期望大臣级的都长实施革新，应寻找三四十岁、有强烈的正义感、随时愿为东京都殉死的人才。岩波还发表主张，要求减少都议会议员的人数，缩小都议会的权限，扩大都长权限，使都长充分发挥自己的才干与方策。对于一九三七年三月举行的市议会议员选举，岩波希望少壮议员出马；而且，基于他一个区要推荐一个候选人的主张，虽不是少壮，但作为值得信赖的人物，他热心推举了市政革新同盟推荐的神田区的近藤次繁，以及中野区的近藤干郎两位医学博士，并亲自给有权者寄去了推荐信。对于助理的选拔，则提出了稳妥的建议：既然选择了小桥市长，就应遵守这一选择。

　　岩波对政治的喜好最终使他成为贵族院议员，这将在后面讲述。但在当选后的一九四六年三月的总选举中，岩波还在二月末，特为妇女参政权的赞成者加藤静枝写了推荐信。就在他去世前不久，还为老友玉井润次写了两次热烈、恳切的推荐信。也为林虎雄以及关系不太密切的船田享二写了推荐信。三月二十七日，他还给已成为贵族院议员的友人种田虎雄写信，劝他加入同成会。林当选后进京向岩波报告时,岩波已在热海昏迷不醒。但在此之前,当他听说林当选的消息时,他还高兴地反复说道:"太好了!太好了!"

(三) 贵族院议员

岩波对政治及选举的热情,最终使他自己成为贵族院议员的候选人。对此,岩波说道,自己曾立志做一名市民,过独立的、表里如一的生活,为此而开创的书店及出版业,竟出乎意料地被世间评价为对日本文化做出了贡献。他还说,直到今天,自己仍没有信仰,但一直以正直为理念,并体会到经商也可以做到正直,相信"你能够,因为你应该"的格言没有欺骗我们;而且成为议员,对于岩波书店的事业来说,并不是驴唇不对马嘴的事,而是事业的延长。一九三〇年,当家乡信州推荐他为众议院议员的候选人时,岩波曾拒绝道,与其成为普通议员,不如专注于现在从事的、提升文化的基本事业上。但当时,岩波需要作为书店经营的主体;而现如今,情况发生了变化,即使他半年不在店里,也不会妨碍书店的经营。而且,战局的窘迫造成纸张不足,不允许增印及进行新的策划;在如今的时势下,已不是拘泥于自己的兴趣、藏身自然、期盼优游自在的时候了,应贯彻多年来心系的日华亲善、提高文化的理想,打破官尊民卑,以基于真知灼见抵制左右两翼无用的冲突为目标而奋起。在给武内义雄的书信中,岩波写道:日本政治的缺陷在于学者与政治家的隔离,我要让两者握起手来,矫正这一缺陷。他还说,此次报名成为候选人,"缘于诸位前辈的劝导,但另一方面,在很大程度上也有赖于藤森君出马的心境。"这可能是岩波真实的想法——不能只让藤森拼命。同时或是更加不能否定,这也正中岩波下怀。

第七章　政治活动

本来，情况也有偶然之处。岩波实际上是东京市的高额纳税人——他于一九二四年就已经是高额纳税人了，一九三六年，某家报纸也曾报道过此事。这既缘于他的收入增加，但更可能因为他诚实纳税吧——高额纳税议员小坂梅吉于前一年的十二月去世，因此，贵族院的同成会会员曾商议推举岩波为空缺的候补。在同年十二月五日举行的小野冢喜平次的葬礼上，岩波第一次听说这件事。其幕后人物是伊泽多喜男，具体运作的主要是次田大三郎。岩波托我为他写推荐信，推荐人有石黑忠笃、岩田宙造、穗积重远、大河内正敏、绪方竹虎、笕克彦、加藤完治、米山梅吉、高村光太郎、相马爱藏、中村吉右卫门、葛生能久、松本烝治、藤原咲平、古野伊之助、小泉信三、乡古洁、幸田露伴、古岛一雄、后藤文夫、青木一男、三宅雪岭、涩泽敬三、关屋贞三郎共二十四人，遍布各界。岩波的挚友只有藤原等人，其它人看起来也没有太大的热情，而且，从战略上看，列出这些名字也未必有利。伊泽和次田也没有公开名字。其中，葛生是右翼阵营中的老前辈，店员中有他的亲友。葛生自身不想作推荐人，但从战略上考虑，岩波特意请求他进入推荐人名单。岩波标榜理想选举，实际上也按此标准来做，并进行了法律允许的个别拜访，但没有显示出一丝哀求的态度。岩波虽然是理想型的人，但并不总是忘记现实的利害得失，让葛生进入推荐人名单就是一个有力的证据。岩波成为高额纳税议员，除了因为他碰巧是高额纳税人，有这样的资格，碰巧又出现了空缺外，有选举资格的只有二百人左右，规模没有过大，可能也使岩波容易当选。

候补人员除了他以外还有镝木忠正，一度传言此人有优势，因此，岩波也预测自己会落选，连落选致词都准备好了。但出乎意料的是，他于三月二十七日以多数票当选，贵族院的席位落在了以伊泽为首的同成会。岩波拿到议员通行证后，首先用它拜访了房州岩井的旅馆桥场屋。岩波还是高等学校的学生时，就经常光顾这家旅馆，与女主人忍足堰相处得如同一家人一样，可以理解岩波用议员通行证首先拜访那里的心情。他于五月八日拎着一尾鲅鱼等物出现在群马县势多郡的疏散地，使半七翁田中松太郎夫妇大吃一惊时，其心情可能都是一样的吧。在此之前的四月十六日，岩波在位于小石川小日向水道町的家里举行了当选庆祝会，一部分推荐人没有出席，但伊泽和次田等人出席了。就在几天之前，我的家被烧毁，便与伊泽一同在岩波家里借宿，因此也参加了庆祝会。五月，岩波的这栋房子也烧毁了。岩波当选的第二年，曾经为岩波书店发行的《教育》做过编辑的留冈清男拜访了岩波："先生是开书店的，在出版优秀的书籍方面，先生取得了前所未有的成就。但先生应该将自己的晚年继续奉献给重建出版物配送事业，将优秀的出版物妥当地进行配送，恳请先生不要将自己的事业半途而废。"坦率地说出了不赞成岩波成为贵族院议员的想法。岩波对他说："你如果做这样的事业，无论什么我都会援助你的。"留冈听了欢欣鼓舞，为了转达岩波的话，先返回北海道。可就在途经米泽时，看到了岩波去世的讣告。

作为贵族院议员，岩波首次出席议会是在一九四五年九月四日。前一天，长子雄一郎去世。那天进行火葬，但岩波终日待在会场。五日也出席议会，六日列席闭会式，九月八日举办雄一郎的葬礼。

他还写下了贵族院的提问事项，然而最终也没有机会在院内提问。但是，提问事项显示了他生平思考的内容，虽然不很珍贵，但也把它记录在这里吧。

说到外交，一般认为，它从来就不是以天地公道与世界正义为基础的。但天地有大义，人间有良心，我认为，就像个人应该遵从这一道理一样，国家原则上也应以遵从这一道理为目标。关于外交的根本精神，不知政府作何想法？

从历史上看，不应该说日本民族好战。但是，由于满洲事变和军阀抬头，日本军国主义发展强劲，结果引发了毫无大义名分的满洲事变、日中战争、三国同盟、大东亚战争，我认为这些都是兴隆日本的莽撞之过。不知是否妥当。

中国是有着五千年悠久历史的大国。在文化上，我日本有很多地方仰仗中国的恩义。维新以来，日本在输入近代文化上有着一日之长，位于兄长辈分，但不能因此忘记旧恩。对于中国的态度，日本政府没有一定的方针，特别是在满洲事变以来如何对待中国的问题上，我认为那不是酬答邻邦恩义之举，不知是否妥当。如今的战败也是应该思考的事情，日本指责中国排日，但作为中国人考虑，这是理所当然的。我如果是中国人，即使作为一介兵卒，也要奋起做排日的急先锋。不管怎样，我认为在满洲事变、日中战争上，我们做了对不起中国的事。对此，不知政府作何想法？

弱肉强食是禽兽的行径，而在人类社会，无论个人还是国家，都必须把正邪善恶作为规范、作为目标，不知是否妥当。我们以前一直在说富国强兵，但还有句话叫作"自反而缩，虽千万人吾往矣"，我认为，需要教育国民昂扬道义，不知是否妥当。

贵、众两院议员在查明战争责任，这非常好。但对于战争，议员的责任又是什么呢？我听说咢堂先生的意见是议员应该坚决全体辞职，对此，不知政府作何想法？

所有的提问都是堂堂正正的，但与往常不同，内容有些模糊、零乱，恐怕政府当局的回答只能是：您说的每一条都很有道理，我们将尽最大努力，实现您的愿望。最后的提问虽然强烈冲击议员心魂，但问题是，全体辞职的首倡者尾崎自己到底又是一个有多大责任感的人呢？这恐怕也模糊不清吧。

(三) 岩波与政界人士

岩波对社会和政治的关心，与他原本喜爱结交的性格相辅相成，并体现在他对政界及其他名士人物的关心上。绪方竹虎曾说岩波"痴迷于人物"，无论学者、文学家还是政治家，岩波喜欢接近他所感兴趣的、敬仰的人物，并款待他们，可以说这完全是他的嗜好。比如热海伊豆山的别墅，在战时物资匮乏之时，成为岩波络绎不绝地招待这些人的场所，而不是他曾期待的自己休养的地方，这在前面已经讲述过了。实际上，就在他去世之前，尾崎行雄还带着秘书于一九四五年十二月初来到这里，他非常喜欢这个地方，延长了原定一个月的逗留时间，正月、二月、三月、四月，一直到岩波去世前，他都占着惜栎庄的和室。岩波当然以此为荣，非常高兴，但也为此不停地操劳病体。当时，尾崎在战败后博得了异常的人气，回国的共产党野坂参三也是在这栋别墅里拜访了他。岩波再度脑出血发作倒下时，尾崎还住在那里，当他看到岩波病倒后，便慌忙撤离了。这里要事先说明的是，岩波对于他认定的人物会立刻相处得亲密无间，特别是当对方是老前辈、身份高的人时，更会奉上满腔的敬意，并要提供最好的服务。在这里提及的政界人士，虽没必要与"私生活"篇中讲述的交友区别开来，但前者都是世人皆知的知名人士，是岩波怀有敬意并寻求交往的一些人，而且大多是从战争刚刚开始、岩波也成了社会名士之后的交往。我们与岩波的不同之处是，如果是我们，即便在政界或财界名士中有自己喜欢的人物，如果没有万不得已的事情，也不会前去拜访。但岩波只要想见这个人，想向对方阐述自己的意见，或听取对方的意见时，就会即刻付诸实施。而且，对于那些年长者或是有身份的人，他会毫不吝惜我们无法做到的敬意与奉献。这并不全因为岩波是招待能手。实际上，他对于尾崎亦是如此。自从认识尾崎之后，岩波每年都会在尾崎生日的十一月二十日送去礼物，即使是一九四五年病后，也送去了皮背心。岩波将尾崎视为清节之士并崇敬他，自从尾崎在战时遇到口舌之灾后，岩波对他更加为同情，关系也更加密切。我却认为尾崎缺乏政治节操，经常满不在乎地改变自己的观点，例如，即便撇开明治中期的中国分割论，他曾一边入阁大隈内阁、赞成增设二师团，一边又马上变身为军缩论者；作为东京市长，他对老板言听计从，没做一件工作。总之，我批评他仅是口舌英雄，但岩波根本不听那些事情，仅以激愤作答。

岩波把对尾崎的奉献视为光荣、视为人生的价值，甚至忘记了自己生命将尽。因此，转述岩波那时的心情也不是没有意义的吧。在上述一九四五年十一月二十日尾崎的生日那天，岩波献上短歌：祈祷昌龄永继，生命有意义。尾崎也作歌回覆：此生已无意义，唯以久存之生救世。这首短歌表现了尾崎特有的活力。

一九四六年元旦，岩波又为尾崎作歌：

"尾崎先生所谓的新日本纪元二年，赏晴天日出之美。有幸于栎庐（惜栎庄的别称）

  与尾崎先生共迎充满生命价值的春天。
  迎幸福喜悦之日，事宪政之神，我心欢喜
  自栎庐眺望海上旭日，与宪政之神共贺春天

> 于栎庐迎幸福喜悦之日，共谈国之前景
> 国之界限消失、四海皆同胞之日待何时
> 我问宪政之神，国之界限何时消。"

此歌虽拙，却足可窥见岩波像一个质朴的年轻人一样为尾崎奉献着崇拜之情。

就在岩波死前一个月的三月份，岩波向尾崎呈上了这样的信：

> "先生曾说过，哪有什么"辅相天地宜"和"天地宜"之类，是因为您认为这是异想天开的思想吗？
> 在抨击异想天开的思想这点上，我也和您一样，但我不认为这句话是异想天开，它与康德有名的"Starry sky above me, and moral law within me."一样，我所说的"辅相天地宜"（辅相天地之宜）是易经中十分严谨的话，我对此怀有无限的感动。因此，我想请教先生的意见。
> 即使该对此话一笑置之，但我也必须加以思考。

这可能是因为尾崎耳朵背，所以写在纸上讨教的吧。

其中的英文是康德在《实践理性批判》中的最后一句话，也是岩波喜爱的句子，他按照自己的风格翻译为"天上星空灿烂，我心道念盘横"。岩波以前就喜爱"辅相天地宜"这句话，还曾遭小林向幸田露伴确认过。开始还以为是"辅相天地大道"，但露伴翻看《易经》正文，发现写的是"天地宜"，它和"参赞天地之化育"一样，是儒教、特别是《易经》的教诲，不仅与人类，还与宇宙有关，是对人道与天道关系的阐述。我也铭记着这句话，岩波也对此有充分的认识。岩波并无特别相信人格上的神，却相信贯通宇宙与人生的"宜"和"道"，在这点上，可以说他是宗

第七章 政治活动

教性的。但事到如今，岩波又向尾崎讨教这句话，其态度可能的的确确是打算向神请教吧。

岩波崇拜的人还有头山满。他对我们来说，是个来历不明的人，不知能否称他为政界人士，但听说他是撼动政界的幕后势力的中心。岩波以前曾在会议等场合见过头山，一直希望有机会密切接触。河野与一的夫人多麻很早就认识头山，在她的斡旋下，岩波于一九四一年二月拜访了头山，自此，崇拜之情更深。多麻怀着对头山和岩波的敬爱之请，详细记下了拜访时的情景。岩波给头山看了他在中学时代写的"呈给杉浦重刚先生的信"，头山赞扬道"写得很好"，岩波害羞得手足无措，非常高兴。但当谈到日中战争时，面对与蒋介石关系密切的头山，不知何故，岩波没有更深入地阐述自己的一贯主张，也没有请求头山努力。岩波到底知不知道头山对该事变的想法与做法？他认为头山的态度与自己对中国的态度一致吗？在头山面前，岩波的一贯主张好像变得模糊了。在这点上，让人不禁感到遗憾。之后不久，岩波向头山献上了感谢金一千日元，据说头山也高兴地接受了。

岩波曾向友人渡边得男讲了这次会见，还炫耀说医生限制十分钟的会面时间，竟谈了近两个小时，并称赞头山是大人物。第二年、一九四二年初夏，在头山八十八岁寿宴上，头山与大井宪太郎、中江笃介（兆民）等自由主义者亲善，岩波迅速断定，这正符合他让左右两翼会面、举行圆桌会议的主张，甚至赞美头山是"超越左右两翼，为天地大义而生的国宝级人物"，对此，我很难首肯。但是，岩波为头山的人格魅力深深倾倒，之后，他还招待头山一家，岩波的妻子与女儿等也参加了。

岩波还接近作为同乡前辈的原嘉道和伊泽多喜男，就同乡的事情寻求他们的帮助，晚年与伊泽的关系尤为密切。我听岩波说过，田边元不喜欢岩波接近官僚头目兼政界幕后人物的伊泽，绪方竹虎也评论伊泽是接近那个时代所有实权者的男人；伊泽也嘲笑绪方，说他如果穿上礼服也很了不起。按伊泽的说法，自己作为自由人士接近每个内阁，让他们做好事、绝不让他们做坏事，他或许做过这样的辩解。总而言之，他以自己的政治贡献自居。田边可能通过报纸等厌恶伊泽，但岩波曾力说，伊泽反对治安维持法，不像世间评论的那样、是个冥顽的老爷子，他有信州人的性格，喜欢辩论，富于求知欲，愿意听学者的言论。实际上，岩波也曾介绍自己尊敬的学者给伊泽，创造他们谈话的机会。晚年的伊泽敬仰甘地，尽管除了消瘦的身体与脸外，他没有一处与甘地吻合，但他还是自称"冥顽的老头儿"（日语发音与甘地相同。——译注）。世间认为他是个阴险、足智多谋的策士，但接触后会发现，他是一个稚气、坦率、亲切的老翁。从战争末期到战后，只要岩波来到伊豆山的别墅，就一定会给住在伊东的伊泽打电话，询问起居。他还经常去伊泽住处拜访，或请伊泽来伊豆山，每次必会迎送腰腿不好的伊泽，遇到坡路还要搀扶他。这对晚年深感身边寂寥的伊泽来说，确实很高兴。特别是在战后，在伊泽被视为官僚的幕后人物、险遭驱逐之时，岩波也不惜为他奔走活动。伊泽很是感激，说岩波为此缩短了寿命，但这恐怕是他以自己为中心的夸张吧。岩波生命的缩短不仅仅是为了伊泽，而是以向尾崎的奉献开始，残酷驱使已经违和的身体，为社会、为他人奔忙所致。

  岩波曾利用各种各样的机会，指责近卫文麿没有作为首相与蒋介石直接会面，没有控制日中战争的混乱状态，但不确定他是否直接对近卫说过。一九四四年五月初夏，应当时在野的近卫的邀请，我与岩波、小泉信三、和辻哲郎一起来到荻洼的荻外庄。据近卫讲，他曾计划让宫崎龙界面见蒋介石，打开议和的开端，但在宫崎出发途经神户时，被军部阻止。我因些许的酒量催生睡意，没弄清岩波是否有向近卫直言自己平素的意见。据同席人的讲法就是没有，但不确定他在其他时候，是否向近卫阐述了这一意见。

这里有一个例子，表明岩波对于像头山那样的巨头，以及像近卫那样门第高且当过首相的人充满特殊的敬意。那是岩波的同乡有贺精——他所喜欢的诹访旅馆牡丹屋的遗孀的弟弟，他家曾来过一个叫布拉什的德国人。岩波与布拉什关系密切，在纪念三十年宴会上，他是唯一被邀请的西方人。由于强制疏散，布拉什的房子被夺走，不得不频繁地寻找住处，因此，岩波就请求有贺把房子借给他，有贺说："既然你们交往那么密切，把你自己在热海的房子给他住不就行了。"岩波回答说："不，我家和你家不一样（有贺解释为建筑上的），我热海的别墅，如果是头山满或近卫文麿的话才能借，不能借给一个德国人。"有贺虽然对岩波的话感到不满，但又可怜毫无关系的布拉什，便把在真鹤的房子借给他住了两年。岩波的这一点就是年轻人所说的陈旧吧，但不管是新还是旧，我等的想法也无法与岩波苟同，要是我的话，恐怕谁都不会借。如前所述，岩波厌恶政友会，因而也不喜欢原敬，对于原敬横死于东京车站，他认为是报应，反而同情刺客中冈艮一。但他喜欢继任总裁高桥是清恬淡的性格，不知通过谁，弄到了高桥写的、意思是"天下不可一日无嬉笑"的横幅挂在房间里。

岩波尊敬米内海军大将（光政）是忠诚的军人，在他还是铃木内阁的海军大臣时，岩波与友人乡古洁（米内的同乡）一起拜访了他。据乡古讲，岩波说希望米内听一下草莽布衣的意见，便讷讷地、但充满热情地讲了二三十分钟，倾吐忧国之情，海军大臣也颇为所动。岩波虽没从米内那里得到确切的答覆，却得到某些启发，稍稍平静。我想，乡古说的可能是和谈的事。记得可能是在此之前，我与小泉信三、田岛道治、金井清等曾两次受到岩波邀请，与米内共进晚餐。其中一次是在星冈茶馆，米内曾感慨道，他本想逆水行舟，没想到却被冲走。在料理店"滨作"时，他还在彩纸上写下"东西南北人自老"送给我，这句话对众人来说都感慨万分。岩波在"回顾三十年感谢晚宴"上宴请的政界的高官名士，除友人同乡外，大部分都是自由主义者，或是当时受到军部排斥的人。上述中除头山、近卫、尾崎外都有参加，此外还有牧野伸显、宇垣一成、中村良三（海军大将）、古岛一雄、绪方竹虎等，仿佛宴会本身就是自由主义者对当时军国主义者的抵抗运动。此外，佐藤尚武主张和平主义外交，由于币原喜重郎赞同他的对中外交方针，佐藤也对币原有好感。一九四五年十月，币原受命组阁，佐藤在发去贺辞的同时，阐述了自己对日本未来的信念。

顺便说一下永田铁山，此人不是政界人士，他于一九四三年八月，成为军部派阀争斗的牺牲品，时任军务局局长。在永田中学时代的同窗藤原咲平的斡旋下，岩波与寺田寅彦一同在"星冈"招待过永田。当时，寺田说陆军的兵器等一心一意地模仿国外，但真正决定胜败的王牌兵器，不能剽窃外国，制作出色的武器需要基础研究，永田也同意他的想法。当时的陆军次官小儿国昭（后成为首相）还邀请理学界的重要人物，计划进行这一基础研究。但仅仅过了两三周，永田就被杀害，计划因此中断。但是，即使永田没有遭此厄运，在当时的形势下，这一计划可能也没有希望完成吧。

第八章

对时局的态度

(一) 国内问题

泷川事件

由于军部的专横与政治家、国会、学者、文化人的无力或者说是阿谀的追随、民众的不自觉,在昭和十二年(一九三七)发生日中战争前,令岩波义愤大发的,是京都帝国大学的泷川教授事件与美浓部达吉的天皇机关说问题。泷川幸辰成为问题,是因为他的《刑法读本》。在他的刑法理论中,他认为,社会在以报复式态度处理犯人之前,应充分探讨犯罪的原因,并认为在通奸罪中,只惩罚妻子是不当的。对此,右翼狂热的论客蓑田胸喜攻击其为赤化思想。该事件发生在一九三三年五月,当时,斋藤内阁的文部大臣鸠山一郎受理该问题,他不顾京都帝国大学法学部教授会的反对,于五月下旬给予泷川停职处分,这就是所谓的"泷川教授事件"。京都大学法学部的教授、副教授、讲师等全体三十九人联袂辞职,予以反抗;京都大学法经文学生联合会也发表了反对决议,但都无功而返。到了七月,辞职的七名教授改变立场,决定留任;佐佐木惣一、末川博等六名强硬派教授被罢免;恒藤恭教授等依照本人意愿被免职。岩波激愤之余,以先忧子为署名,投稿给东京《朝日新闻》的读者专栏"铁箒"。在文章中,他首先赞扬了为信念而生、为大学玉碎的法学部辞职教授,认为泷川的学说如果真如文部当局说的那样有害于国家,那么,岂止关闭京都大学法学部,也应关闭附和泷川学说的所有大学。如果京都大学法学部的主张是正确的,文部大臣当然应立即辞职,内阁的数次更迭也不能避免。首先,应该查明这个问题,可就连事件的鼻祖京都大学,也不服从这一批判,这是为什么?自己也读了《刑法读本》,作为一个有常识的人、一个社会人,很奇怪这本书为什么会惹出这样的问题。泷川学说会激起内乱、鼓励通奸,此等说法完全错误。实际上,就在这本书的发行之初,大审院(相当于现在的最高法院。——译注)牧野院长在东京《朝日新闻》的读书栏目上还推荐了这本书。他甚至极端地写道:"现今社会的通病是敬仰真理、热爱正义的思想不够。不是不能判明正邪善恶,而是判明之后,不能根据正邪善恶决定去就,而暧昧地采取'胳膊拧不过大腿'的态度。"但报纸方面却以"缺乏信息"为借口没有登载。可能因为泷川平时没有得到京都大学教授的尊敬,岩波也曾劝说他所尊信的西田几多郎,以及友人田边元、和辻哲郎,但他们都不赞成,我也听西田说过,不能因为一个泷川毁掉大学。岩波对此非常不满,他曾就这件事向我感慨道,学者、思想家是后来屈服于凶暴的军部和右翼的始作俑者。

岩波秉持这样的信念:一方面,他支持法学部的主张——《刑法读本》在教育上没有障碍;另一方面,他强烈谴责了自己曾经欣赏的前校长小西重直,指出他没有威逼文部省"让泷川停职前先开除我!"的魄力,反而被文部当局安抚,甚至承担

第八章　对时局的态度

了安抚学生的重担——这本应是当局自己的责任——厚颜无耻地将辞呈原封不动地拿了回来。对于后来继任的新校长松井元兴，岩波也没有收回追究之手，他攻击京都大学评审员会没有对问题的核心——文部省和泷川二者的主张哪个正确，进行表决和公布；他又攻击新校长不决定这个问题，也不主张泷川复职。在这个问题上，全日本最有热情的恐怕就是岩波了。而且，他的主张的根源在于，不论是这个问题还是后来的美浓部问题，岩波都不把它们视为政治问题，而把它们当作比政治问题更深的真伪问题、即学问问题来思考。

美浓部的天皇机关说

美浓部达吉因为自己的天皇机关说，被代表在乡军人的贵族院议员菊池武夫中将视为提倡反国体学说的"学匪"、"谋反者"，在议会会场上遭到弹劾。对此，昭和十年（一九三五）二月二十六日，在贵族院议会的会场上，美浓部进行了明快的申辩。尽管陆、海军两位大臣及内阁大致了然，但内阁和议会无法抵挡军部，以及围绕在军部周围的右翼分子的谬论浪潮，特别是政友会将其利用为倒阁的手段，以至于议员亲自表决了葬送国会的"国体明征"决议。结果，美浓部辞去了贵族院议员，才暂时免于被起诉。关于这一事件，美浓部是岩波书店的作者，而且，岩波也尊敬作为学者的美浓部，因此，他按捺不住心中不满，以"危险思想"为题，投稿给东京《朝日新闻》的铁箒栏目。文中，他赞扬美浓部的品格，认为学者对国君的忠诚在于他作为真理的忠仆、为信念而生。学说的多样性是发扬开国大精神的原因，国体的根本意义不会由此发生动摇。在伟大的皇国精神中，就包含着对持不同见解的无数爱国者的包容。忠君爱国不是部分人士的专有物，它是全日本国民光荣的特权，以狭隘的忠义观、固陋的国体观将其他都作为非国民对待，这才是最可怕的危险思想。我在赞同岩波的忠君爱国主张的同时，也欣赏他利用敌人武器的谋略。但在当时，就连表达这样的想法，也很有可能给岩波及书店带来灾难，因此，岩波的店员堤常和小林勇请求《朝日新闻》社退还了此稿。可能报社也无意冒险登载吧。据说直到最后，岩波也不知道店员们的用心，还一直骂《朝日》胆小懦弱。策动这一打击活动的，仍是一高时与岩波同年级的三井甲之及其同伙蓑田胸喜等"原理日本"一派。后来，岩波书店也多次没能逃脱他们造成的灾难。时年四月九日，美浓部的著作《现代宪政评论》受到修订处分。后来，在城户幡太郎和留冈清男编辑、岩波书店发行的杂志《教育》上，计划采纳这一机关说问题，岩波也同意，还特别请求关口泰，要他安心执笔。但堤经理提出："希望暂缓稿件的登载，这已作为书店的整体方针决定了。"为此，城户、留冈等全体编辑人员向岩波抗议，不料岩波却说："编辑之事全权委托城户、留冈二君。……但鉴于时势，只求各位编辑人员最好不要将反驳天皇机关说打击派的文章刊登在杂志上。"留冈对此不服，向岩波倾诉不满，大意是岩波是杂志的所有者，自己是编辑，岩波自己禁止登载稿件，那就自己拿着稿件向关口说明吧。岩波极其坦率地说："最近，几个暴徒来到我这里，我确实害怕，无辜吃他们的杖打可不划算。"

岩波经常说："街上狂犬大闹时，能扑杀者应扑杀之，却没有实力扑杀的人唯有退回家中待狂犬离开。"岩波也不是在任何形势下都会鼓起勇气的。当时，城户等人蔑视岩波年老昏聩，如果岩波也考虑周围形势，就不能一味地嘲笑《朝日》的软弱无力吧。

"泷川事件"虽然没有关系，但美浓部也好、津田也好，蓑田胸喜尽可能地利用他们给岩波书店作祟。但战败后，当岩波听说蓑田自杀时，说了句"果然是真货"，并送去了奠仪。

第八章　对时局的态度

五条誓文

岩波的文化政策以及其政治的根本，一言以蔽之，就是明治维新的五条誓文。不可否认，岩波将五条誓文作为他向军部及右翼发起攻击的盾，但他们违反五条誓文的宗旨、以及岩波衷心赞同五条誓文也是事实。战争期间，他将这五条誓文写成大字，挂在岩波书店的他的房间里。一九四五年的九、十月，当他病卧长野时，他将五条誓文挂在病房的座边。他认为五条誓文值得向世界夸耀，无论是平时还是非常时期，都适用于日本文化、政治的一切，并在任何事情上都要彰显它。对于这五条誓文，很多人可能已经忘了，或者不知道，因此，就把它们写在这里。

— 广兴会议，决万机于公论
— 上下一心，盛行经纶
— 文武一途，下及庶民，各遂其志，勿使人心倦怠
— 破除旧有之陋习，秉持天地之公道
— 求知识于世界，大振皇基

岩波认为，五条誓文"不仅是维新开国之指南，亦为万世之国是"。在战争期间（年月不详）播放的《一町人所感》中，岩波也提出了这五条誓文，其结尾是这样的："看到这庄严伟大的大遗训，谁能不正襟端坐，谁能不感到精神昂扬？我将它挂在桌边，要为誓训的实现尽微薄之力。万望一亿同胞朝夕诵读、反省。"而且，岩波在其他场合曾说过，五条誓文的宗旨"尤其要在武人中贯彻，比起海军，更要在陆军中贯彻"。

一九三九年三月，内阁情报部就强化《国民精神总动员》（始于前一年的九月）征求意见。在岩波的答复文章中，五条誓文的

精神得到充分的发挥。虽用词当中有非常客气之处，但我相信，它是岩波在当时下了相当大的决心、对时务进行的恰当评论，因此，下面列举部分内容。

  总体来说，我对一直以来的国民精神总动员不感兴趣，觉得它不是发自国民内心的运动，其理由有如下几点：
一、对于这样的大事变，国民至今仍不十分了解它的理由。
二、战争（日中战争是前年、也就是昭和十二年爆发的）即便是迫不得已，但对最初在和平解决上尽的热情与努力不甚了解。
三、不了解国家对于战争的大方针。
四、虽说是国民精神总动员，但以大多数中小工商业者为首的国民终日劳作，尚且只能维持生活，还有更加紧张的余地吗？
五、对于学生与文艺之士来说，为国家尽忠的途径是研究与发表言论。但由于现在的统管，对于这些人来说，为总动员奉献的途径屡屡受阻。
六、现在虽看起来平静，但暴力隐然统治着社会，为此，我认为他们妨碍国民表露忠诚。

在上述内容基础之上，他还附加了几点忠告：第一，如前所述，他提倡贯彻五条誓文；第二，应采取"使民知之、使民由之"的方针。日本人皆忠诚，因此，关于物资匮乏的状态、学术水平的低下，还有世界对日本的舆论、该战争的严重性及日本处于危机的实情，应向国民提出警告；第三，在官尊民卑的日本，要让总动员取得效果，就应让官吏主动申请减俸，增加或严守办公时间；第四，应通过排除暴力、确保言论自由等手段，开

第八章 对时局的态度

放国民尽忠之路；第五，停止以狭隘的思想约束一切，应谦虚地学习有利于皇国发展的事物，例如，青少年的训练应向德意学习，尊重劳动应向苏联学习，言论自由应向英美学习；第六，国民精神总动员有待于国民的牺牲性的奉献，为此，特别希望不用一分钱的国费；第七，关于海报，在纸张匮乏、必要的出版物也受到限制、国民教育使用的教科书正忍受着粗劣的纸张之际，应停止官方的豪华版海报，如果在旧报纸上墨痕淋漓地书写，不花费用且效果百倍。

　　这篇文章的宗旨是与五条誓文的精神相通的，这是谁都不能否认的吧。自一九三七年，正木昊开始出版个人杂志《从近处》，大肆进行自由议论。岩波与他颇有共鸣，在纸张等方面也为他提供方便。据正木说，岩波曾指着居室中的誓文说，没有任何不妥之处吧！对此，正木说道："最后的'大振皇基'这句话显示了日本皇室的利己主义。什么天地公道呀、万机公论呀、求知识于世界呀，都仅限于振兴皇室，因此，一旦影响皇基，就会违背前文，这就是日本的皇道。为此，日本才会发动战争、延长战争并造成诸多损伤，日本的罪恶根源就在于此。"岩波听后"嗯"了一声，若有所思。一九四六年二月，当正木将《从近处》的复刊第一期定为皇室废止论时，岩波为他提供纸张，并买下三百册分发给众人。正木好像据此相信，他影响了岩波的主张、岩波赞同他的见解。战争结束后，岩波在镰仓家中的起居室里又挂起了"忆明治维新，为秉承天地公道的誓文精神而生存！此乃新生日本之根本原理。如果日本真能因无条件投降而复活，那么任何赔偿都不是高价的学费。"这确是事实。但正木忽略了他大书特书的"大振皇基"的维新的历史条件，将它完全归于皇室的利己主义，我无法信服这样的偏颇言论。同时，有些人一边在战争中热烈地唱着战争的颂歌，一边又将一切责任与罪恶归于皇室，自己则劲头十足地发表议论，我也无法心悦诚服。皇道并不是皇室创造的，有些人对军阀或一派论客将皇室当作谋取自家权势的工具这一事实缺乏认识，无视皇室地位在战争中与战后极其不同的事实而提出天皇制论，我对此持反对意见。岩波的誓文论是针对军部打出的旗号而利用这一旗号的战略，我非常赞同。同时，无论誓文是因何种历史情况产生的，我与岩波都相信，其精神光明正大，应长期成为日本的根本方针。而且我认为，这也证明了，在岩波的感情中，怀有对重振日本的明治天皇的崇敬、对当今天皇的爱戴，以及对他的境遇的同情。岩波本来就不擅长辩论，即使真如正木所说"嗯"的一声窘住了，但也不知是否真的信服他的见解。我不十分了解正木，但知道岩波中意于他，并真心地为他撑腰。而且，还听说他是个才子、能干的人。

顺便说一下，有一件事岩波很为正木撑腰，那就是"无头事件"。一九四四年二月，有一名煤矿役夫在茨城县大宫警察署内离奇死亡，正木从临时埋葬的墓地中割下这名役夫的头，由东大法医学教室得出他杀的鉴定，正木由此进行了检举揭发。岩波与正木相识，也是缘于这一事件。据正木说，岩波从他那里听说这件事后，便让他与伊泽多喜男见面。该事件于四月起诉时，岩波还赠送了两尾大鲷鱼及虾表示庆祝。由于报纸上禁止刊登关于这一事件的消息，岩波为了让《从近处》可以大张旗鼓地报道，分给他很多纸张。这些也是显示岩波不允许社会不正的一个证据。

二 对中国及中国人的同情

岩波对日中战争的反对是毋庸置疑的。如前所述，岩波的

第八章 对时局的态度

一贯主张是,为不使事态发展成战争,近卫首相应去大陆,与蒋介石亲切会谈。而且,岩波也多次抨击近卫不负责任:一边宣传"不理睬蒋介石"、"原地解决",一边被军部拖住,致使事件不断扩大,最终陷入深不可测的泥沼。他认为,"将事变当作圣战,甚至声称是为中国而战,却为国民所憎恨,被欧美视为侵略国"是遗憾至极。事到如今,声明等都是无用的,应在事实上、行动上发挥圣战的意义,真正让民国人理解这是为东洋的和平而战。同时,必须让世界彻底了解日本的正义,即使赌上国运,也要让世界知道有遵守道义的一国的存在。这看似在绕远,但实际上,这是根本、永久的贤明态度,又是解决事变的捷径。上述内容是他在一九三九年十月的杂志《大陆》上发表的、向阿部新内阁寄予的希望。

上述内容多少考虑过社会影响,但当个人谈话时,岩波就会变得不客气、不加体谅。时隔很久之后(一九四四年),他曾对长野县的内地留学生剑持(和雄)说:"发动了没有必要的战争。如果正义信念在我,虽千万人吾往矣。为了世界人类,即使一亿玉碎,也应主张正义。如果知道错了,就应该毫不犹豫地改正,像个男人一样重新开始,为此,即使需要百年时间也行啊!竟发动不义的战争,欺瞒陛下,使国民徒然丧命!"当时军部的所作所为是颠覆正义的行为,日中战争战事不断,为世界带来和平、将正义遍布世界已不可能。因此,虽千万人,吾亦无法往矣。错是肯定错了,但非常明显,他们没有果断道歉的想法。岩波的理想与日中战争的现实之间,存在着天壤之别。尽管岩波也知道这些,但他还是不能不那样写、不能不那样说。

岩波每每遇见人,都要攻击日中战争的暴行,他从一开始就反对这场战争,说中国自古以来是日本的恩人、恩师,讨伐中国实际就是忘恩之举。在日中战争前的昭和十一年(一九三六)

十二月，当得知张学良绑架并软禁蒋介石的西安事变终于得到解决，蒋介石平安无事时，岩波面对斋藤茂吉，就像自己的事情一样反复说："真的太好了，听说平安无事，我也放心了。"斋藤说："不知岩波为什么对蒋介石那么卖力气。"一九四三年，宋美龄去美国发表演说，受到美国人的同情与欢迎。对此，斋藤非常愤慨，那时，他和岩波一起拜访住在伊东的露伴，席上，斋藤说："宋美龄喋喋不休地说着英语"，岩波回说："不能用英语喋喋不休地说吗？"结果引得露伴大笑。另外，在我的介绍下，岩波曾给一个关西出生的华侨青年出过学费，这个青年名叫王凤鸣，从一高进入东大。他初次与岩波见面时，岩波室内挂着孙文的肖像匾额，岩波好像对着匾额，又好像不是对着匾额，自言自语地痛切说道："日本不对，蒋先生绝对不希望和日本变成这样。是日本自己逼得蒋先生必须与美国联手。真的对不起蒋先生。"王作为中国留学生，经常有日本人问他如何看待日中战争，他总是感到很痛苦，但听了岩波的话，他从心里高兴地说："我们中国学生想听的就是这些话。"岩波认为，现在也为时不晚，日本应双手触地向中国道歉，共同为亚洲的和平与兴盛尽力。据说，岩波每次和长期居住在上海、为鲁迅效力的内山完造一起谈论完中国之后，总要说："内山君，我最后的王牌就在中国，因此，只要是你决心做的事，无论什么都告诉我，我完全支持你，可要二人一起干呀。"

据说，当同县的有贺精问岩波，能不能为长野县的满洲开拓协会提供捐助时，岩波说："我对这样的问题没有一点兴趣，不想为这种事频繁出钱。如果是与专门排日、抗日、侮日的重庆政权的首领们促膝交谈，不谈日本也不谈中国，而是谈如何结束毫无价值的战争，如何为东亚、为世界的和平握手合作，如果是这样的事情，我是打算略微凑些钱款捐助的。但是，我的

第八章 对时局的态度

友人藤原和小平与开拓协会有关系,为此我已捐了一万日元。"

岩波所尊敬的学者、也是友人的田边元,曾这样评论岩波的政治立场:"自由主义者共通的弱点是理想与现实的矛盾,还有由于理想的抽象性产生的、对现实的妥协。不能否认,你的身上也有这些痛处。尤其随着你的经济实力增强、社会地位的提高,政治上的自由主义理想不得不受到反动掣肘的情况也日渐增多,你自己内心不就有很多相当焦虑之处吗?"田边在这样观念地、抽象地评论岩波的同时还说,"在你的见解中,我感到最难企及的"就是容易被普通人轻视的日中两国的亲善提携,认为岩波对此带着非常的理想主义热情,极其纯粹地强调它的必然性。这一点,应该作为岩波高迈的见解,或者说意外独创的眼光,要永远传给后世。对于后一点,我深有同感。今天,当想到日华亲善的机运与妨碍它的困难的政治形势时,希望岩波活着的,肯定不止我一人吧。实际上,他对日中亲善的热情、强烈的信心,以及纯粹的人道之爱是他人无法企及的、岩波的可贵之处。

实际行动上与日中亲善完全相反的军部也说日中亲善,他们自己一边无知无谋地策划军阀独裁,一边厚颜无耻地断然说讨伐中国军阀、解救民众。岩波相信,只有理解中国自古以来的文化,并对它怀有敬意,才能达成日中亲善,而只有这种敬意,才是通向和平的道路。岩波经常说起这一见解,又要通过出版使之得以实现。就这样,岩波尊敬中国文化,尊敬中国人文雅、从容的性格。岩波的日中亲善不是口头禅,它是不可夺之理想,同时也是热烈的、实质性的实践。岩波衷心地认为,作为国家,日本对中国及中国人犯下了种种罪过,因此,他要在自己个人力量能及的范围内进行补偿,作为个人尽力为国家赎罪,并将其付诸行动。岩波曾经帮助的中国学生,除上述的王君外,还有广东出生的胡朝生,在一高的三谷隆正教授的介绍下,由岩波提供了日中战争期间由一高到京都大学毕业的学费。战争时期，他在工学部机械专业学习，由于是中国人，因此连实习也不能去。岩波听了他的倾诉后，便打电话给同乡、大东亚大臣青木，向他请求——这愿望可能没有实现吧——但还有很多这样人所不知的例子。现在成为中国科学院院长的郭沫若，在日中战争开始后，立刻逃离了日本。岩波得知后，找到了他住在市川的家人，并援助了后来的生活费用——还有一种说法是岩波受本乡文求堂的主人、郭的熟人已故田中庆太郎之托——郭的长子和夫从京都大学毕业后，为表感谢之意，送给岩波一条领带，这令他非常高兴。郭的次子博从京都大学建筑专业毕业后，回到中国。在岩波的次子雄二郎的关照下，市川的房子里现在住着岩波与我共同的朋友久保勉。

要说岩波与中国人的个人关系，那就属钱稻孙了。他毕业于庆应义塾，日中战争时，任北京大学文学部部长，还翻译过万叶诗歌。以前，钱从岩波那里订购书籍，因此得以结交。约一九一六、一九一七年间，岩波还给时任北京图书馆馆长的钱寄过书籍。由于这些原因，钱每次来日本都要拜访岩波书店，最后，两个家庭的关系也亲密起来，钱还让长子端仁——曾在大冢的高等师范学校学习，后毕业于东北大学理学部——住在岩波家里，委托岩波照看。后来，端仁甚至与岩波夫人的侄女时子结了婚——岩波曾以侄女不配为由反对——婚后成为北京大学物理学副教授。一九四五年秋，他将妻子留在北京，只身投奔中共，后来又回到妻子身边，如今一家人都健在。最近，端仁的长子绍诚还写信给岩波雄二郎，信中说，他今年已十九岁，加入了中共的青年共产同盟（共产主义青年团。——译注），正"向着重建祖国的目标前进"。稻孙由于涉嫌协助日本，被作为战犯判刑，后获保释，一家人仍然健在。据说，稻孙将余生奉献给了《源氏

第八章　对时局的态度

物语》的中文翻译。这是岩波与中国人毫无隔阂地交往的一个例子。

蔡培火被中国驱逐，在台湾做新闻记者时，与一九二七年去台湾旅行的矢内原忠雄相识。在矢内原的介绍下，其自费出版的《告日本国民》（解决殖民地问题的基调）就是由岩波书店发售的。岩波与蔡因为日中亲善而意气投合，后来，蔡由岩波书店出版的《东亚之子如斯想》出现问题，被杉并警察署拘留、受到处置时，岩波亲自探望他，又为他的释放尽心尽力。蔡在新宿开办台湾料理店"味仙"时，岩波也爽快地做他的保证人。此外，岩波还向蔡赠送了感谢金一千日元。去年，蔡来拜访我时，我才第一次见到他，现在，他正为台湾当局工作，关于他的人格，我无从得知。总而言之，岩波利用一切机会接近中国人，为了中国人，只要是自己能做的事，无论什么都愿意做，而且，将其付诸行动。清水安三在北京城外的贫民窟经营崇祯学园，教授中国姑娘们手工艺，并进行基督教教育，岩波给清水寄去感谢金一千日元，其志所在也是基于上述内容。

岩波尊崇新中国的先驱者孙文，这从他在书店自己的居室里悬挂孙文的大幅肖像也可以看出。关于鲁迅（本名周树人），一九三五年，岩波去欧洲旅行途中停靠上海时，据说在内山的介绍下，与鲁迅畅谈过一夜，岩波回国后，说他是个了不起的人。一九三七年八月，正值日中战争爆发，岩波通过内山，捐赠了一千日元作为鲁迅文学奖金。

岩波与蒋介石的顾问、娶了日本人为妻的蒋方震（本名百里），也是在吉野作造的介绍下结识的。此人是日本陆军士官学校毕业的日本通，是在对日政略方面起作用的人。据说西安事变时，他也曾担心蒋介石并出谋划策。王大桢是民国大使馆参赞，曾为岩波写下"坐拥书城称南面"，岩波将它挂在居室中。

他还热切盼望能与在中国的志同道合者会谈，战争前夕，在金田鬼一的介绍下，他曾和孙文的弟子陈延炯会谈。一九四五年、即战争结束那年的春天，小几内阁邀请的缪斌由于和平工作失败回国，在回国前夕，嘉治隆一等人主办了与日本文化人的聚会，岩波由于一些不便没有出席，他为此深感遗憾。

岩波的同窗关世男与日中学会有关系，岩波注意到该会的中国留学生宿舍很简陋，为了给中国留学生舒适地在日本学习修建宿舍和设备，他还进行了相关策划。另外他认为，真正的日中亲善应是民间的志同道合之士通过文化结成的，便计划让若干中国的抗日学生来日本，并打算承担全部费用，正要一步步地实现时，战争爆发，这个好计划也化为泡影。

在最初的《岩波新书》中，收录了矢内原忠雄翻译的克里斯蒂《奉天三十年》，这在当时的形势下，表现了相当强烈的抵抗意识，但岩波仍断然为之。对于日中战争，岩波最终也没为军部捐过一次款。不仅如此，每遇到一个人，他都会痛击发动事变的日本政府及军部，并强调说自己绝对不会合作，连铁钱也不出一文。《朝日新闻》社请他为捐献军用飞机捐款时，他也拒绝了。这事传到了社会上，某检察官通过平野义太郎提醒他要言语谨慎，他又得意地将此事张扬出去，在这点上，岩波有时真像个孩子。不可否定，这样的事情在战时连累了岩波书店。但对于日美战争，他的想法多少有些不同，向海、陆军各捐献了一架飞机。

提到美国，关于美国对日中战争的态度，曾任驻美大使的斋藤博说，美国人无论何事，只要道理正确，还是通情达理的国民。岩波相信斋藤的话，认为一般来说，美国人是热爱和平与正义的、快活明朗的国民。他说，美国对日中战争的态度是公正的，即使本国的军舰和商船受到无妄之灾，国民也未出现太大的骚动，大总统也只是交由当地妥善处理，这表明他们具有大国国

第八章 对时局的态度

民的风范。美国对日中两国都禁运武器，南京轰炸时，美国大使馆跑到吕宋号军舰上避难，对此，蒋介石表示不满也是理所当然的，但美国采用最佳手段，努力不卷入别国战争也是理所当然的。岩波不仅作为日本人，而是从国际立场上也支持美国的态度。一九三七年十二月，日本海军误沉美国军舰帕奈号时，岩波立刻交存东京《朝日新闻》一千日元慰问金，但据说美国一般不接受这种捐赠款。

关东大地震时，岩波曾坚决否认朝鲜人的袭击，这在前面已经讲过了，这也是基于岩波的国际感情，以及对东方人的人道爱心。岩波曾庇护一名叫高基铉的朝鲜学生，帮助他的研究志向。高在自己房间的桌子上，始终摆放着岩波的照片。

另外，岩波为朝鲜人做的事还有几件。在学生中，有任文桓及他的日本名叫新井的兄弟。记得任文桓毕业于东大法科，据说他回到朝鲜后成为官员，现任韩国的大臣。在他从学校毕业、将要回朝鲜之际，岩波特地为他定制一套漂亮的西服，还在自己最喜欢的料理店"滨作"为他开了送别会。

在太平洋战争最盛的时期，发生了遣送朝鲜人回本国的事件。那时，在神田的某家商店里，有位长期在那里工作、人非常好的朝鲜青年，尽管本人不愿意，但也不得不被遣返。岩波听后大怒，立刻来到那家商店了解情况，并遍访外务省、内务省，以制止遣返。结果，有人教他，如果当了日本人的养子，就可以不回去。最终，岩波也找到了收养他的人家。

一九三七年，日中战争爆发前夕，岩波计划向中国有代表性的大学赠送岩波书店出版的书籍，可惜没赶上，这在讲述他的出版事业时已经提及。岩波去世后的昭和二十二年（一九四七）三月，岩波书店通过中国代表团的张凤举、谢南光二人，向北京的北京大学、武昌的武汉大学、广东的中山大学、上海的暨南大学、南京的中央大学五所大学赠送了岩波书店新版、再版的书籍共计二百零五种、一千零二十五册。中华人民共和国成立后，也是只要有机会便送书。岩波生前由衷的夙愿得以实现，下面记载的是附在赠书上的两封信。

隔海仰望贵大学的盛名，在此，谨献上弊书店部分出版图书，这完全秉承祈祷中国与日本永远亲善、终生不渝的已故岩波茂雄的遗志。如能有幸承蒙贵大学笑纳，继承故人遗志的吾等小辈将不胜欣喜。

已故岩波茂雄一贯以文化振兴、民意畅达、中日亲善为主张，自三十五年前开创弊书店以来，始终不曾阿谀权势，作为一民间人士，为出版事业献身，为弊国学艺的崛起聊作贡献。其间，他为留日中国学生诸君及诸位学者先生提供后援，作为个人，尽可能地为他们倾注微薄之力，致力于中日两国相互理解与融合。

一九三一年，弊国军阀侵略东三省以后，我对华政策越发强硬，中日关系逐年恶化。故人的忧虑与慨叹无法形容，每有机会，便铤而抗争时代潮流，不断抨击弊国军阀的暴戾与政治要人的无能。固然，不能寄希望一市井出版者能力挽狂澜，因此，故人渴望能向贵国转达，至少在弊国人民中间，仍有敬爱贵国国民之人存在。同时，为有助于两国文化交流，便提议将弊书店的全部出版书籍敬呈贵国诸著名大学。此计划日渐成熟，以至于到了商议实施方法的阶段。时值一九三七年六月，华北风云暗涌之时，仅过两旬，便爆发了卢沟桥之不幸事件，最终失去了实现该计划的机会。

自此，历经八载星霜，中国举国皆成战场，弊国军队所

第八章 对时局的态度

到之处,都市变为废墟,田园荒废,四亿民众之痛苦罄竹难书,对此惭愧欲死。此间,已故岩波茂雄一贯认为弊国的行动有悖道义,倡导即刻撤兵、向中国谢罪。只要事关此事,即便对平素尊崇的前辈博学,也毫不退让,有时不惜激烈辩论。因而触犯军部及检查当局的忌讳,不断受到间接、直接的弹压,甚至经常担心自身危险。尽管如此,之所以能够保身,完全因为天下读书人众望所归,暴吏亦不敢违犯。

一九四五年八月,驱弊国赴史上空前暴举的军部财阀随着弊国的惨败而瓦解,弊国人民首次享受新自由。故人为此崭新的历史开端而欢喜,期待着为自己平素主张的三主义,即文化振兴、民意畅达与中日亲善进一步工作,但不幸身染痼疾,于一九四六年四月,成为不归之客。如今,中日文化提携脱离一切政治野心,不为其污染而得以实施的时机终于到来,望前途赫赫之希望,志未竟而身先死,这不仅是故人千秋之恨事,亦是吾等痛惜不已之处。

在吾等继承故人遗志经营弊书店之时,首先期待实现故人未能得实现的、向贵国诸大学呈献图书之举,待贵国代表团来日,恳请其斡旋。有幸承蒙该团的热心斡旋,使数年来的夙愿有机会得以实现,战后发行的弊书店全部出版书籍得以提供贵览。今日,弊国战后的疲弊已达极点,印刷出版事业仍未恢复,纸张、装订粗糙,恐不堪高览,万望体谅,笑纳故人献芹微衷。

此外,今后将继续依次敬呈新版图书。

一九四七年三月　日

谨向中国人民对外文化协会会长楚图南先生呈报。在中日两国之间建立不可动摇的友好关系,是当今两国人民的衷心希望。最近，此气运如潮水高涨。在此之时，岩波书店向中国学界敬呈一九五三年三月以来小店出版的全部新刊图书五套。这是秉承祈祷中国与日本的亲善、即使在不幸的战时亦不渝此志的已故岩波茂雄的遗志。一九四六年，由于日本的战败，两国恢复国交的希望初现，我们奉故人遗志，通过当时的贵国代表团提出此献书之议。后来，在该代表团的斡旋下，从一九四七年一月至一九四八年三月，分四次向北京大学、武汉大学、中山大学、暨南大学、中央大学五所大学赠送了小店出版的图书各一套，合计四百三十种、二千二百册。之后，由于贵国的政变，赠书终止，直至今日，为此，我们深感遗憾。此次敬呈图书，意在将此计划再次继续下去。如有幸承蒙笑纳，将欣喜之至。务请与上述五所大学联系，将这些书籍与已经赠送之物一并保存，希望能为中日友好的文化交流起到些许作用。

一九五四年十一月三日　　　岩波书店社长

岩波雄二郎

三　太平洋战争与岩波的欧美观

一九三五年，岩波进行了为期七个月的欧美旅行。我敬服岩波的洞察力，即便对于世界形势，他也能凭直觉把握大要。对于英国，他说，英国虽然正在走下坡路，但日本的所谓上坡路与英国的下坡路交汇仅是数日之事，并对日本人侮蔑英国之举提出警告，认为英国可畏。对于德国，当时，日本有很多人被希特勒的成功所迷惑，相信他能称霸欧洲。对此，岩波首先憎恨独裁主义对自由的压迫，以及对犹太人的非人道虐待，直觉认为这

第八章 对时局的态度

种蛮干不会持久。但对于第一次世界大战战败后不知所措的德国，对于同样涣散、无法控制的意大利，岩波承认希特拉和墨索里尼强硬手段的时代意义，同时认为他们错在"不知道停止的界限"。对于苏联，他惊叹于斯大林的政策——以强硬的独裁政治，不介意意识形态，毫无顾虑地采用资本主义方式而取得极大成功。他赞美莫斯科地下铁路规模宏大，预测苏联将与美利坚合众国一起统治将来的世界。东条英机作为满洲军的参谋长促发日中战争，挑起对英美的战争，使日本陷入无法挽回的战争泥沼，岩波对他极其憎恶。一九四一年春，松冈洋右外相去了柏林，受到希特勒的笼络。归途中顺便去了苏联，缔结了日苏中立条约，据说还与斯大林举行了直接会谈，洋洋得意地回国，倍受世间赞许。那时，岩波就曾对人（原田和三郎）说："真拿松冈的轻浮没办法，不久就会出现僵局啦。"

对于盎格鲁-萨克逊人的称霸世界，岩波尤其憎恨英国对亚洲贪得无厌的劫掠、榨取和非人道的压制。他崇拜、赞美以非暴力抵抗英国统治的甘地，将他瘦弱的半裸肖像与孙文的肖像一起挂在居室里。一九三九年强行举行的日英会谈，其目的是要将英国排挤出中国，当时，岩波说，"应带着对中国国土与民众的热情参加会谈，要让民国人理解这是为了东洋和平而战。"其要表达的就是排斥英国一贯的利己主义，真正为民国的国土与人民带来和平。当亚洲、特别是中国的民族意识高涨，英国过去的专横已行不通时，军部却以不逊于英国、不、是超出英国的蛮横与鲁莽，在中国实施英国曾经实施的侵略。而且，他们没有英国那样厚颜无耻的强烈意识，只是随性而为。岩波熟知军部的这种手段，也知道自己的主张都无济于事，然而，他还是敢于说出来了。九月，德国入侵波兰时，英法理应站出来惩罚希特拉的惨无人道，但是，正如岩波挖苦的那样，英国"有着以人道之名摧残殖民地的胆量，有着一边放任丰沃的土地不耕作、拒绝勤勉的国民入境，一边还若无其事地倡导世界正义的强韧心脏"，却在权衡利害后不打算站出来。但最终，就连英法也到了不得不参战的地步。这里，我们可以看到岩波的世界正义的理想——世界不能被某个强国所垄断，世界各民族、亚洲人、日本人都应参与到人类共同的利益与幸福中。

军部为挑起国民的抗敌情绪，称呼美军为"鬼畜"，并宣传败北之日，日本人不知会遭受何等灾难。对于这样的宣传，岩波曾对人说："美国是文化国家，不会做出那么愚蠢的事情，绝对不会，现在投降对日本有利。"岩波没有被初战的奇胜所迷惑，从一开始就认识到对英美的战争没有胜算。但另一方面，岩波坦率地承认，在一九三五年的欧美旅行中，自己作为日本人一点儿也没有感到羞愧，其理由是托武力日本的福。同时，他还阐述道，在军部飞扬跋扈的世上，武力日本虽然了不起，但日本的科学和文化水平远远落后于欧美，如果日本人不谦逊地承认这点，一如既往地向欧美学习，提高科学水平，就不可能维持。他还认为，除理性主义外，无法期望世界一家。大政翼赞会躲在帝剧或东京会馆闭门不出，扬言昭和维新，却没表现出欲罢不能的大和魂以及背负十字架的革新气概，岩波对此感到愤慨。日中战争以后到对英美战争期间，岩波反复阐述的是，日本缺乏能说服国民赶赴战争的道德意义，为此，对于这场无名无谋的战争，他提出一个不可能做到的要求——应立足于世界的正义与和平。对抗武力日本，证明武力日本的文化日本和科学日本还很劣弱；为实现国民愿望，希望允许言论自由，不要让显示了狭隘的日本精神和国体观念的思想统管，抹杀来之不易的国民忠义；特别对于作为言论机关的报纸，对于他们毫无骨气地盲从这一统管，传达虚伪，毫无忌惮地犯着与封建时代的格杀勿论同样的错误深感不满。用岩波自己的话来说，应该发挥五条誓文的真精神打击他们。

但是，当战争终于告急，美军飞机频频对以东京为首的几乎所有城市进行轰炸，以致非战斗人员的无辜良民也遭到杀戮时，岩波也对英美的态度十分愤慨，有时也为日本的立场辩护。一九四五年五月，岩波写下题为《寄美英》的文章，虽未公开发表，但文中可见以上倾向。他在文中写道：尽管和平、幸福与繁荣是人类国家的理念，但他怀疑，战争实际上是为达到这种理念的迫不得已的过程。"这次的大东亚战争是因为没能实现和平对话，为了自存自卫，我们作为领导者，为东亚民族解放而迫不得已发动的，这正如昭书所示。"他指责道，美英诸君一边喊着为人道、为正义、为自由而战，一边企图将日本民族从地球上铲除，将日本国家抹杀。但是，英国对三亿印度人民、美国对美洲印度人又做了什么？威尔逊总统践踏为确保世界和平而建立的国际联盟，这就是美国所为。美国甚至犯下如击沉阿波丸（它载着留在新加坡、西贡等东南亚地方的日本人中希望回国的人，在美国也允许的情况下，设置白色十字标记，却在航行中被击沉。但据说船上装载着很多战略物资。）等残忍的恶行，当中没有倡导正义、人道、自由的资格，有的只是使日本国民灭亡的信念。他还说，自己自中学时代起，就主张东亚民族必须脱离盎格鲁－萨克逊人的束缚，以印度独立为开端，与诸君一起赢得共存共荣、自由平等，却从未想过要灭绝诸君，日本人从未要像诸君那样，以强韧的执着实施暴行。诸君已经夺取瓜达尔卡纳尔，歼灭塞班岛，攻破雷伊泰岛，攻陷硫磺岛，登陆冲绳，每日空袭帝都，科隆大教堂、名古屋城也化为灰烬，伊势大庙遭到破坏，宫城被烧毁等等，这些非人道的暴行只会激发秉承二千余年万世一系的皇室、山水秀丽、醇风美俗、选择王道而非霸道的我大和民族的斗志。岩波又改变他常常向军部提出的、文化日本与武力日本相比仍然劣弱的宗旨,指出日本文化虽非圆满无缺,但也不是诸君口中文明未开的好战之国。日本人不像诸君那样老奸巨猾,诸君有所不知,"朝闻道,夕死可矣"的道义日本是我等存在的根本。即使诸君的炸弹一天杀害一千人,歼灭一亿人也要三百年。不,即便能夺取日本人的生命,也不能消灭他们的良心、道义心与气魄。为了诸君,日本人决意战至最后一人。这与岩波平日所言大不相同,可能因为那时日本战败的迹象越来越明显,国民越来越没有精神,他的爱国心,以及盎格鲁－萨克逊人的执拗、残忍、非人道都刺激着身为亚洲人的他,使他说出那样的话吧。就像他曾说希特勒那样,英美的行为过甚,现在应是该收手的时候了。但是,我们可以认为,他冷静的判断使他热切希望日本早日向美国投降吧。顺便说一下,在其他场合,他曾大声呼吁保护奈良和京都古都。他自称陛下的赤子,热爱日本国土,称日本"山水绝美",特别是对于富士山,怀着深深的赞美之情。他这样表达,是要对军部及其追随者显示自己才是真正的爱国者,也不无策略,使之成为保护自己免受军部攻击的盾。他承认信州人的缺点,也为自己是信州人而自豪,他爱信州,为信州不惜任何努力,对日本也是如此。可以说,在我的友人中,像他这样炽烈的爱国者也很少。但与斋藤茂吉、藤原咲平等人朴素的爱国心相比,他的爱国心是被世界的、国际的阳光照耀着的吧。

一九四一年初,在回答杂志《从近处》的提问时,他说,日本人的缺点是"缺乏热爱宇宙真理的热情与追随世界正义的气魄",从这里也可以看到他的世界心、国际心。宇宙真理,就是他所说的"天地公道"、"朝闻道,夕死可矣"的"道"。必须承认,由于理想主义者的抽象性,在他关于日中战争和大东亚战争的

第八章 对时局的态度

言论主张中,与现实的距离很大。但他对于宇宙真理、世界正义的信念与热情,可以说出乎意料地、是日本人心中应该珍视的东西。而且,诸如他对中国的敬爱、对中国人的同情和善意,已不再是抽象的观念,而是作为具体行动表现出来,通过前面所讲的内容,读者可能已了解这点了吧。岩波承认盎格鲁-萨克逊人的优秀,同时憎恨他们,当中也有这种正义存在。第一次世界大战结束时,他对战争中受尽苦难的法国和比利时两国国民感到高兴,并在店前悬挂两国国旗,这也是他的世界心的体现。对本次战争中的芬兰国民,他怀有深深的同情,亦是如此。特别是对于中国人的同情,他迸发出来的直接和勇往直前,是日本人罕见的。由于语言不通,也没学过礼仪,岩波与西方人几乎没有交往过,但如果有机会和有好的介绍人,他可能会摆脱日本人式的顾虑,与他们密切往来吧。日本战败后,随着国际对抗的激化、扩大化,国际交流也前所未有地频繁,看到这种形势,我的这种感触更深了。

第九章
日本投降后的活动

㈠ 感谢与希望

一九四五年八月十五日,日本向盟国投降,这场战争终于宣告结束。但岩波于九月三日失去长子雄一郎,第二天,他看到被他强行推荐成为日本教育会长野支部事务局局长的藤森省吾的讣告。九月十日,他在藤森的葬礼上脑出血发作,后在长野卧床养病,十月中旬回京,于第二年的四月二十五日长眠。在此期间,店务的复兴大体交给了小林、吉野、长田等人。尽管他的健康状况禁止他活动,但他的爱国心和对社会关注的欲罢不能的表露,使他不能充分静养,频繁往来于镰仓、热海与东京之间,为人、为社会奔走,这对身体强壮的人来说,也是过度的辛劳。他为战争结束而高兴,这自不必说,一九五六年突然故去的绪方竹虎也曾写信说:

> 我最后遇见岩波君是在前年(一九四五年)的十一月二十九日,当时,三宅雪岭翁的告别仪式在代代木未被烧

掉的翁的藏书室举行。那是十一月末非常寒冷的一天，岩波君与古岛一雄君及我一起站在棺前，向送殡者致意。看到没有送殡者时，岩波君就反反复复地说'战败是神风'。战败当然是遗憾的、痛苦的，但正如这次太平洋战争证明的那样，日本最终没能凭自己的力量阻止军部的为所欲为。从这个意义上来说，这次战败可以说是神意代替人，教给日本抑制军部的方法。如果反过来是日本获胜，那才是日本真正的灭亡。由于战败，日本才开始变好。岩波带着真正地迎接到黎明的表情，不顾周围大声地说自己相信战败就是神风。

对此，绪方还补充说道："岩波一边说一边不停地搓着两只手。"关于战败神风说，岩波对几乎所有遇见的人都会说起，我也完全赞同。将其作为神风是日本人的一种解释，可岩波认为，今后的日子会变得越来越精彩，"有生存价值的社会"（在献给尾崎行雄的短歌中也曾吟咏）前途有着光明的希望，但他没有看到这样的前途便死去了。

一九四五年秋，当岩波在长野县静养之时，作为县里的内地留学生，曾受到过岩波关照的内山信政去看望他，岩波对他说了如下的话："这场战争应该失败，就像水从高处向低处流一样，是自然趋势。军部派阀不好。……他们那些人丝毫不懂世界立场。"

然后，岩波谈及对西田学派的迫害，并为三木清的惨死（九月二十六日）悲伤。正巧当时司令部刚刚发表妇女参政问题，因此，岩波说："这是完美至极之事。日本妇女以前学习不足。一部分人认为为时尚早，但还是早些给为好，给得越早，女性的觉醒就会越早。今后，女性必须更加努力学习，更加自觉。"他继续说道：

> 必须将陛下之意分毫不差地传达给庶民。虽然说摆放了宫城的照片供人礼拜，但有些孩子向照片扔皮球时，老师会训斥他们吧，孩子的心情受损，这不是陛下之意。而且，听说发生了对奉安殿（战前，日本的学校里用来供奉天皇与皇后的照片以及《教育敕语》的建筑物。——编注）不敬的事件之后，校长一个个地被解雇，这太可怜了。最近，某位皇族在疏散到某地时，孩子将飞机模型飞到了那位皇族的车子上，据说村长、校长等人脸色苍白地递上请示去留的辞呈，但班主任老师却一个劲儿地鼓励孩子做飞机模型，说不必为那种事情惊慌失措，我认为这一训导有见识。……教育也要全部重新开始，要大干。然后，日本人才能理解美国、苏联、中国的国情。

客人担心对病情有影响，便告辞了。这些话，在战时会作为不敬之言遭到禁止，但战后，社会突然转变为所谓的民主主义，将藐视皇室视为了不起，当这种风潮风靡言论报道时，即便是这些话，可能又会作为保守反动言论招致蔑视。但是，与那些战时追随军部的人突然标榜民主主义或共产主义、自命为时代的领导者的态度相比，我们应该信任哪个呢？

下面通过岩波留下的草稿概要，展示一下岩波对投降后的日本及盟军当局的希望。文中写着投降后几个月，据此推断，这是在一九四五年末或一九四六年初写下的：

> 日本的无条件投降是开天辟地以来的国耻，但这一屈辱是日本自己招致的。由此向世界作出的约定也无论如何

第九章　日本投降后的活动

应该遵守，为了履行这一约定，数十万的盟国士兵驻留在日本。但要说理想，应让世界相信，日本有无须一兵一卒就可履行约定的信义。不必为错误感到羞愧，应该羞愧的是犯错不改；不必为战败感到耻辱，应该感到耻辱的是不承认失败、掩盖失败的心理。

战败几个月后的今日，我担心国民会变得卑躬屈膝。承认战败、履行约定的义务是必要的，但我们不能忘记，要赤手空拳地、积极地、自主地致力于胜败之外的真理世界。

阻挡日本人优秀素质的发挥，妨碍未来日本文化的发展，即便盟国有一点点这样的念头，也必须坚决予以打击。拿走仁科博士的回旋加速器，停止铀的研究，甚至取消全部航空研究，此类行为就属上述情况。这可能出于杜绝日本军国主义再次抬头的意图，但它极大地妨碍了文化日本的发展。我希望，我们日本人应给予他们消除这种担心的信义，使他们敞开道路，让文化国民获得研究的自由，专心致力于学问，极大地发挥赋予我们的能力，在文化上，为人类社会做出贡献。

权力无法战胜正义，利剑不能斩断思想。日本人缺乏放眼世界的眼光。以国粹和传统的美为荣耀是好的，但想以此统治世界就困难了，这次战败在很大程度上是因为这种自命不凡。我希望日本能够领会五条誓文的精神——它是日本取得惊人进步的根源，是日本永久的理念。想想看，纳粹德国在罗马教会上悬挂起德国国旗，而英国皇帝却跪拜着从大主教手中接过王冠——不能想着增强国家权力、统治世界，而是要遵循天地公道，以炽烈的热情追求真理，以实现世界一家。

我们不是凭一己之力，而是靠盟国铲除了我国的癌症——

军阀,又给官僚以极大的打击,获得言论、结社的自由。对此,我衷心感谢麦克阿瑟元帅,但不能允许美国的军国主义。盟国的要求是使日本成为好国家,但为此夺去了日本的军队,妨碍了文化日本的发展,这不是盟国的初衷吧。

不能否定,岩波的意见里有着理想主义的幼稚,但是,能够看到其中也有藏在背后的道义热情。特别是此文是他抱病、繁忙之时所作,更可以看出他的拳拳爱国之心。

(二) 病中斡旋、奔走

随着战争的结束,岩波成了各界拉拽的风筝。一九四五年十月在长野病卧之时,有请他当社会民主党发起委员的,被他拒绝了。他还接到了电报,新出版团体设立准备委员会一致推举他为出版会长,还附加了一个让岩波高兴的条件——正在交涉让留冈清男任事务局长。但是,岩波以健康不堪重任为由,推荐了铃木文史朗。可他又接到了铃木发来的电报,请求岩波答应任会长,岩波再次坚决回绝。此后,委员会那边又传来消息,说铃木答应就任理事长,并以不劳烦病体为条件,再三再四地屈尊请求岩波出任会长。回京后,准备委员会委员长奈良静马、日本评论社的铃木利贞发电报之后又登门拜访,屈尊乞求就任,但岩波最终也没有答应。

到了一九四六年,最使岩波身心疲劳的,可能就是放送协会会长的选拔。一月九日,当时的递信院总裁松前重义对岩波说,在被选为放送协会会长选拔委员的十五人中,由于触犯了本月四日麦克阿瑟司令部发布的命令,已有八人失去资格,想让马场恒吾担任,但他无论如何要推荐你,而且,司令部也同意了。岩波其他的事情都拒绝了,但认为这件事很重要,就答应了。

第九章　日本投降后的活动

实际上，当月十九日，他被邀请出任东京都教育会会长时，也坚决拒绝，没有接受。据放送协会会长选拔委员中的重要人物瓜生忠夫讲，在他们商量出了让岩波出任会长的方案时，岩波也说只愿意担任选拔委员，拒绝担任会长。

记得第一次会议在一月二十二日举行，那时，除岩波和瓜生外，还有马场恒吾、加藤静枝、宫本百合子、土方与志、荒畑寒村等共计十八名委员。经过各种各样错综复杂的情况后，委员会于三月二十八日决定由高野岩三郎任会长。在此期间，有四、五次为了参加商谈会，岩波从镰仓或热海赶往东京，或打电话、或登门拜访，奔走如往常一样无所不至。开始时想推举高野，但有人反对，结果，又定为小仓金之助第一、田岛道治第二、高野第三。三月中旬，曾恳请卧病中的小仓出任，但小仓由于岩波介绍的医生武见太郎的诊断结果推辞了。下面就轮到田岛了，但高野的赞成者比田岛多，就决定由高野担任。岩波认为一旦决定的事又推翻，对此非常愤慨，但大势已定，而且，岩波本来也赞成高野，因此，第二天他就单独拜访高野，劝他出任。据说瓜生曾说过，他为岩波的这种行动力大吃一惊。高野年事已高，委托岩波推荐合适的人作为助理，岩波就推荐了精通英语的古垣铁郎任理事。

这是岩波在世时的事，但据瓜生说，放送委员会决定的会长遭到理事会的反对，理事会与委员会之间又举行了协商，但那时岩波已经不在了。岩波死后，在委员会的推荐下，小林勇被选为委员。

另外，有一位曾在司令部一部工作过的、名叫麻野干夫的第二代日本移民，他毕业于京都帝国大学，在京都时与久野收、青山秀夫等人非常密切，由于这种关系，与小林、吉野也有交往。他自己家在美国经营小型广播电台，他想根据这一经验，在日本也经营一家，因此，进行了各种研究：利用爱宕山的旧广播电台、或接收九段上的烧焦大楼，在那里架设天线，就连机器只要花五十万日元在日本的工厂也可制造出来这样的事都调查好了。一月末，他带着该计划拜访了住在镰仓小町的岩波，谈了一夜，岩波非常感兴趣，竟说就这么干吧。但后来，司令部规定了不实施民间广播的政策，该计划就不了了之了。就在此事加强了岩波对广播事业的关注时，发生了上述选拔委员会的事。

岩波代表了信州人的性格，知无不言；他又超越了信州人，有"言出必行"的气概，因此，他认为好的事，便为此奔走；他认为好的人，便向相关者推荐并说服当事人，奔走周旋，这从上面的例子也可以看出。在文教方面，他也进行了各种各样的劝说、斡旋，这从战时关口鲤吉在荒木文部大臣手下任专门学务局局长时就开始了。战争结束后，前田多门任文部大臣、田中耕太郎任专门学务局局长时，田中还一度被任命为音乐学校代理校长，在专家中找不到校长的合适人选，便广泛寻求理解艺术的人物。当时，还是东北帝国大学教授的小宫丰隆被推举为第一人选，此事也和我商量过，我便说可能合适吧。而与岩波经常往来的、音乐学校毕业的镰仓居民高桥均，也暗示岩波推荐小宫，岩波不知前面的经过，向田中推荐了小宫，田中便委托岩波说服他。由于我凑巧在前田之后就任文部大臣，世间便将小宫的就任称为安倍人事，但事实上，在我任文部大臣时只是发布了任命，而前田时就已经内定了。

我于一九四六年一月出任文部大臣时，岩波高兴地说要推荐优秀的文部次官，并为此找了很多人商量。但对岩波推荐的一个人，我不乐意；另一个我乐意，可本人没答应。那时，我的一个友人为我提供了交际费，并说如果岩波提供的话，世间会有很多议论。辞职后，我又还给了他。但岩波并没有提出这种要求，我也没有期待。

第十章

文化贡献

〇 感谢金

随着岩波书店事业的日渐兴隆,岩波也强烈意识到出版事业的文化意义,这自不必说。但岩波并没有自诩为文化的创造者,而自认为文化的传递者或洒水夫,对学者、作家、艺术家、艺能家真诚地献上尊敬与谦逊之心,这是我们最佩服他的地方。特别对于那些一心献身学问和艺术的人、那些忘我地为社会奉献的人,岩波所怀的尊崇与感谢之真,深深地打动了我们的心。岩波丝毫没有"给钱施恩"的想法,他为自己多少能帮助点儿对方而感到光荣、高兴,这种心情的纯粹是无与伦比的,我们也常常感叹无法企及。实际上,岩波也强烈希望对方带着感谢之情衷心接受这种厚意。

昭和八年(一九三三)八月五日,正值开店二十周年。那年年末,作为纪念出版,《岩波全书》创刊。为进一步实现这一纪念,岩波决定向学问、文学、艺术、艺能、社会活动各领域捐款,以表达自己的感谢之意。这一决定的启发来自他人,但这完全出自岩波自身的选择与感激。在学问、文学及艺术领域，忘记自身的快乐和利益，潜心钻研的认真态度以及反抗权力者的勇气，好像最令岩波感动。虽然这完全是岩波的个人意愿，但我相信，这对接受感谢金的人来说并不是不荣誉的事，因此，在这里作为岩波不为人知的行径发表。

第一次是一九三四年五月，岩波向为培养农村青年而倾注热情的、国民高等学校的加藤完治，日本的罗马字社（田丸卓郎等），《日本资本主义分析》的作者、博学的山田盛太郎，岩下壮一为之鞠躬尽瘁的、收治麻风病患者的神山复生医院，埋头学问、态度认真的哲学家田边元五人，各赠与一千日元。据田边元自己说，大正年间，田边元留学欧洲时，岩波也曾送给他钱。

第二次以后的年代不太确切，但大体是从一九三五年到一九三六年。高桥文（Fumi）子是西田几多郎的侄女，从东京女子大学毕业后进入东北帝国大学学习哲学，在留学德国时，岩波赠与她一千日元。还赠予在巴黎的高田博厚六百日元。一九三六年四月出发欧洲的武者小路实笃，同年七月，忍受着病痛与贫困、在新筑地剧场奋斗的山本安英，以及对其治疗抱怀敬意的东京帝国大学物理诊疗所的真锅嘉一郎，岩波向每人各赠送一千日元，对前述的加藤完治又赠与五百日元。这些人中，高桥与真锅已经故去。

第三次好像是从一九三七年到一九三八年，向歌舞伎演员中村吉右卫门，西洋画家安井曾太郎，在北京崇祯学园教育贫民少女的清水安三，在滨松从事私塾教育的斋藤谦三，由于非军国主义的、毫无忌惮的言论而离开东京帝国大学的矢内原忠雄，各赠一千日元。此时，岩波出版的矢内原的著作被禁止发售，还附加了司法处置。中村和安井温和、谦逊、钻研艺术之道的态度可能吸引了岩波。对清水则可能出于对他献身中国人的感谢。

第十章　文化贡献

矢内原作为学者不屈从于官僚权力及军阀的毅然态度，引起了岩波的共鸣，这是当然的。据说在一九三八年三月，矢内原被免官才两三天，岩波去矢内原家拜访，正巧矢内原不在，岩波手足无措，不好意思地将钱放下就离开了，矢内原夫人为他的态度深深感动。

第四次以后的年月更加不精确，只知道赠金的对象是安井哲子、高村光太郎、从事阿伊努教化事业的英国人巴彻勒博士、从事救助麻风病事业的光田健辅、北海道土木技师山口武治，还有救世军山室军平的遗属。山口武治是北海道的技师，上级官员强行要他作堤坝的虚假施工报告，他断然回绝并放弃了工作。岩波曾经介绍过此人的著作《粮莠记》，但对于此人以及此人的著作，我只了解这些。此外，对于安部几雄，岩波可能被他的清纯人格与多年的无产运动所感动；而且，也是年月不确切，还赠予了植村正九的女儿、热情的基督教传教士植村环。蔡培火的事如前所述。据说长野县教育界的老前辈、岩波尊敬的守屋喜七坚决拒绝了赠与提议，没有接受。此外，岩波又为太田正雄（木下杢太郎）的麻风病研究赠送了三千日元。一九四三年，赠予据说在上海经营书店、与中国的文人志士交往并帮助他们的内山完造；还有岩波崇拜的尾崎行雄；十六年，赠与头山满，这些已在前面讲过了。外国人除巴彻勒外，还赠与了阿伊努研究者尼尔·哥顿·芒罗（Dr.N.Gordon Munro）。芒罗是岩波从北海道帝国大学教授、从岩波书店出版过几种桥梁建筑著述的鹰部屋福平那里听说的。关于此人，了解他的世人可能很少，因此，根据鹰部屋的文章，在这里简单记述。芒罗与阿伊努教化者巴彻勒的传教士身份不同，他是科学家，曾任轻井泽疗养院院长，一九〇五年就已入日本籍。有著作《史前的日本》（*Prehistoric Japan*）、《日本的货币》（*Coins of Japan*），据说前者发掘了从北海道到鹿儿岛附近的原住民的遗迹，提供了丰富资料，是一部大作。从这部《史前的日本》的研究开始，他感到有必要研究阿伊努民族，便处理了轻井泽的医院，来到被称为"阿伊努族的麦加"的日高国平取部落定居，埋头研究阿伊努族。一九四〇年，在热海至东京之间的车上，鹰部屋邂逅岩波，向他讲了这件事。之后不久，岩波就给札幌的鹰部屋寄去了赠与芒罗的感谢金一千日元。鹰部屋花了一天的时间，来到交通不便的平取部落，把钱交到芒罗手中。据说，当时不如意的芒罗非常高兴，但不久他便故去了，终年八十岁。在告别仪式的前夜，守夜的阿伊努人都诉说着他的好处，说芒罗为患者看病时，给穷人开药后再添上一升米。鹰部屋写道，芒罗的名字固然不为世间所知，而知道岩波为他提供这样的帮助的，可能也只有岩波自己吧。

岩波这种阴德，仅我耳闻的还有很多。后来，岩波进一步发展了这一志向，成立了风树会。

🗀 风 树 会

风树会成立于一九四〇年十一月二日。我相信，其宗旨、动机在下面岩波自己写的两篇简明扼要的文章中已经阐明，因此，岩波的想法虽已多次重复，但为了说明他的这一志向的这一志向认真、无奈地产生到成立风树会的经过。故在下面登载这两篇文章正如"回顾三十年感谢晚宴"时，该会监事明石照男说的那样，当时岩波所处的境地是抛出百万日元都纹丝不动，其做法不像坊间的育英会那样一点一点地、小气地使用零散的利息，而是只要需要，不惜用尽全部基金，尤其帮助见效慢的基础理论研究。虽然基金的抛出方式很畅快，但岩波秉承着作为出版者的谦逊态度，不参与该会业务，只承担杂务及办公费用。

这些内容在这两篇文章中也有体现。

战败后，部分风树会财产化为泡影，其余的部分也由于通货膨胀大打折扣。但是，在岩波在世期间，仍对八十名左右的哲学、数学、物理学等研究人员，提供了约合十七万日元的援助，相当于每人每月五十至一百五十日元。当时，这一金额足够年轻学者维持生活、专心研究。受到风树会援助的大部分学者都活跃在现今学界的第一线，可以说，岩波期待的成果也在某种程度上得以实现了吧。

风树会设立的宗旨　　　　岩波茂雄

今天，我国取得世界性的飞跃发展，武威照耀四海，文运之昌隆也指日可待。站在世界水平上看我国学术进步之现状，痛感尚需以谦虚的态度向欧美学习。学术的进步与修养的提高必须是我国现时急迫、根本的要求。今日，即便强调要建设高度的国防国家，其根本理念也应从哲学获取，除此以外别无他选。而且，最新、最精锐的武器弹药皆出自此深奥的科学，这自不待言。没有学术的振兴，就决不可能期望兴隆日本的飒爽英姿。我作为站在文化战线上的一兵卒，经常祈祷的唯有一事，那便是领会有关寻求知识的明治维新的誓文遗训，为学术进步做出些许贡献，报答君国。

近来，社会也知道应尊重学术，对实际应用方面的研究给予扶持的趋势渐强，但为基础理论研究提供帮助的设施还很少。想来，仅靠单纯的应用研究，其效果模糊，只有根本的学术理论研究才能达到实用目的。我不顾微弱之力设立财团，帮助哲学、数学、物理学等学术基础研究，就是为弥补这种缺陷。

我少年时代丧父,青年时代丧母,无处报答父母的海岳慈恩,这是我终生最大恨事。至今,仍因怀念父母而黯然。我意欲为世上做些许贡献,不过是要慰此风树之叹,本捐助行为的名称便来源于此。生于此尊贵的国家,际此值得纪念的皇纪二千六百年,再过几日,又将迎来我敬仰的明治天皇佳节。今天,很高兴能在父母灵前告此献芹微衷,并向多年来扶持我事业的江湖诸君子献上深深的感谢。

一九四〇年十月三十日
教育敕语颁布五十年纪念日

关于风树会的设立　　　　　　　　　　　岩波生

关于我为何设立风树会,其目的是什么,又为什么起名为风树会等,已在前面的宗旨书中阐明。我附上宗旨书,提交财团法人的设立申请,是在教育敕语颁发五十年纪念日的十月三十日。有幸承蒙以文部省本田学艺课长、内山秘书官、岩见史朗为首的诸位的尽力,更劳烦桥田文部大臣、冈田东京府知事,仅两日便得到批准。这样,在对于像我这样生长在明治时代的人来说记忆犹为深刻的明治节前夕、即十一月二日,风树会正式成立了。能够实现多年夙愿的一部分,以此迎接今年的佳节,对我来说,实是感慨万分之事。

想来,我担心误人子弟,辞去教职,暂以此业求藏身之家,已是约三十年前的事了。预想的失败没有到来,由此,也没有机会过上我所憧憬的晴耕雨读的田园生活。事业能发展至今日,并成立了风树会,这对我来说也是意外之事。这一是由于创业多年来,不惜对我指导、鞭挞的诸位先生及知己诸君的高助,还由于热爱文化的各位知识分子的大力支援。首先,我要向他们献上衷心的感谢。

关于风树会的运营,有辱西田几多郎博士(理事长)、高木贞治博士、冈田武松博士、田边元博士、小泉信三博士就任理事,又请第一银行行长明石照男任监事,一切全权委托上述诸位。以往,在编辑方面,有很多仰仗诸位理事之处,在事业运营方面,有很多仰仗监事明石之处;今后,在这个计划方面,能够得到诸位一如既往的协助,这对我来说是无上的欢喜。能请得诸位权威做风树会坚实的磐石,在本会的运营方面,我没有丝毫的不安。更何况,学界之事原本不应在我一介出版商插嘴之限。世上的这种事业,往往仅因设立者的缘故而使无关者坐上重要位置,鉴于这一弊端,我不仅不担任风树会的理事,就连资金的用途也全权委任上述理事会。只是业务上的杂事不敢劳烦诸位先生,对此,我愿作为一个办事员,效犬马之劳。

另外,出资的百万日元及其利息将纯粹用于研究人员的生活供给等费用,不允许有毫厘用于他处,本会的业务经营所需的所有费用,规定由我自己负担,今后,此项费用将永久地另行捐助给本会。而且,以往此类财团的习惯是仅以利息运营,以期财团得以存续。但我认为,不应将此类事业视为对自己的纪念,因此,我决定不采用仅靠利息经营的方法。只要理事会认为用途有效、正确,即使即刻支出全额,我也在所不惜。我衷心祈愿的,是我学术的茁壮成长与我国民教养的提高,特别是在风树会所范围内,取得基础研究的辉煌进步。为达此目的,我希望风树会尽早用尽全部财产。我此次设立财团的方法及事业运营的方式,如果能为今后的公益财团设立者提供些许参考,此愿足矣。

风树会成立以来,承蒙知己诸君及素不相识的诸君子无数激励之辞,使我受到意想不到的感动。不能一一回复,在此做简短报告之际,谨向诸位表示深切的谢意。

三 文化勋章

一九四六年纪元节、即二月十一日,岩波获得文化勋章。在此之前的一九四〇年七月,由于多次为公益事业捐赠大量私人财产,岩波被授予藏青绶带奖章。文化勋章是装点岩波事业尽头的光荣,对岩波来说,也是极其喜悦之事。正如前面提及的那样,岩波说,"我是向日本社会散布并普及学问、见识、艺术的传递者、撒水夫。"(一九四〇年十二月,在帝大新闻社招待宴会上的致辞)像自己这样的一介市民、文化的传递者,能与像自己的作者那样在学界、艺术界一世卓绝的人们一起获得勋章,感到光荣至极、诚惶诚恐。他也确实想坚决推辞,但听说已经决定,便终于接受了。又听说世间为他的获奖而高兴、祝福,他也确实非常高兴。据说,在决定之时,当时的枢密顾问官南弘,以岩波也承认的、他不是文化的创造者而是传递者为理由,曾强烈反对。勋章的授予也是在我担任文部大臣的时期,因此,也有人说这是我的安排。但事实上,这也是我的前任前田在任时内定、我上任时公布的。伊泽多喜男说自己是斡旋者,这应该不会错吧。最近,我对此类事情关心淡薄,只在我认为不配的家伙获得勋章时会有点生气。我并没想推荐岩波,但我认为,岩波获得勋章是应该的、或者说完全应该的,我绝不认为岩波与后来经多方活动而获得同样勋章的大谷竹次郎是五十步笑百步。岩波一发表不顾得失的言论,就有人轻率地批评他是伪善者。但如前

第十章 文化贡献

所述,我敢断言,岩波对理想的热情、无视利害得失的公众精神,在天下的学者、文学家、所谓的文化人中,几乎无人能与他匹敌。

岩波在那时的致辞中,详细表述了自己惭愧的心情,以及获得勋章之后,对世间意外为自己高兴而感激。如果岩波的母亲还活着,一定会喜极而泣吧。二月十一日上午十一点半,在文部省举行拜受仪式,受勋者入宫参见、登记,然后再返回文部省,我也与他们一起举杯,共进午餐。一同受勋的有法学博士中田薰、理学博士宫部金吾、同为理学博士的仁科芳雄、工学博士俵国一、能乐师梅若万三郎。除仁科以外,年龄都比岩波大。其中,宫部可能因为八十五岁的高龄,没有从北海道来京。当时还是物资匮乏之时,宴请仅为一盘寿司,但还记得让人特别取来的鲷鱼寿司相当好吃。午餐大约只有一个小时,但全场气氛和谐。

第四篇 私生活

第十一章
兴趣爱好

(一) 登山、旅行

岩波是个待不住的男人，因此，从很久以前开始，他就经常旅行。少年时代参拜伊势，一直走到鹿儿岛，这在前面已经讲过了。特别是他出生在山区，平时就仰望崇山峻岭，惯于登山，富士山对他来说更是真正象征日本的、令人向往的山。后面将要讲述的昭和十年（一九三五）的欧美旅行，当问他为什么去时，他回答是为了看阿尔卑斯的群山及名画。下面，就沿着记录中保留的他的登山足迹，逐年简单讲述，这也是为他立传者的义务吧。

我认识岩波不久，就听他说登乘鞍岳的事，这可能是他在一高时登的。他本人关于登山的记录可能只有东驹岳，那时他还在一高上学，我想是在二十世纪初的一九〇一、一九〇二年，同行的Y君可能是舢板的伙伴、比他高一年的山本唯次。看了这篇文章，如亲临实景，展示了岩波不可小看的文才。从火车中仰望东驹雄姿，突然灵机一动，在小渊泽下车，连食物都没准备就计划登山等等，从开始就是岩波式的。从山顶朝伊那前进，下山途中遇上大雨。终于找到溪水，在水花飞溅的巨大的岩石边，二人冷得发抖。在一高制式的麦秸草帽中，将金刚拐杖削得像鲣鱼干一样，终于燃起火来，勉强防止指尖冻僵。第二天早晨，又远远地逆流而上，渡过溪水，看到一缕烟，好不容易来到一处烧炭小屋，这才捡回一条命，这也是直线登山下山带来的灾难。尽管如此，每当出现登山遇难者时，岩波都感到遗憾，责备他们对山不惶恐、不虔敬，并攻击他们准备得不够周到细心，可能他自信自己的登山是特殊的吧。他没有因为这次遇险而接受教训，在伊那町休养了两天后——他在那儿喝了二合（1 合 =1/10 升。——译注）牛奶，并说从没喝过这么好喝的东西——接着又登西驹岳（木曾驹），遇到暴风雨，与陆地测量部的人在山顶的小屋中待了两昼夜后，与Y君分手，又登上御岳，这不能不让人惊讶。

一九一一年夏，岩波攀登信州越中境内的阿尔卑斯山岭后，与我去了酒田、秋田、角馆旅行，这在前面已经写过。那时，我们都是登山外行，是发起人田部重治为了创造攀登赤牛岳、黑岳的纪录，我们就像被他拉着去的。我们带着帐篷等物品，又雇了四个脚夫，一行装备简单，岩波更只是穿着碎白花的单衣，脖子上挂着包袱。那时，登山的行家好像也是日行不过三四里，慢慢地走。看到我们这些外行能走多远就走多远，懒惰的脚夫们好像非常不满。其中还有像岩波这样腿脚强健的，连田部也不曾料到，惊叹不已。

还有一件事田部至今铭记于心。那是一九一二年秋，过了十月中旬，岩波与田部去登山旅行，非常精彩，下面就写个大概。首先，岩波突然来到当时大久保附近的田部的家，问去不去日光深处，据说还拿着地图，因此，二人便乘山手线去上野车站。在

第十一章 兴趣爱好

车中还发生了一件事，岩波在缠绑腿时，包袱被偷走了，里面装着青森寄来的苹果。夜里两点在西那须野车站下车，本打算夜行至盐原温泉洗个澡，可不知什么时候走过了。突然发现路边有个杂货店，岩波径直走进客厅，连个招呼也不打就睡了一个小时——这里田部可能多少有些夸张——田部担心地向屋主解释，面相不好的屋主一大早起来，边在炉旁喝着烫酒边说："有这样不请求就进屋的家伙吗？"但岩波却不顾田部的焦急不安，睁开眼睛就说，走吧。然后，他们越过山口，在汤西川温泉住了一夜，第二天抄近路去川俣，可在去川俣温泉的途中走错了路，夜里十二点又回到了川俣。第二天走了十一里的路，就连岩波也筋疲力尽，最终到达了今市。田部说，后来和岩波说起旅行中的事，可他几乎不记得了，只是把去川俣温泉时走错路的责任推给自己，太让人为难了。

大正年间，岩波已经成为书店主人的一九一五年八月末，他与藤原咲平探望了当时在日光汤元的上野直昭，逗留了一周。他们登白根，越过金精山口，经过笈沼、丸沼岸边，来到会津大路，在伊香保住了一晚。

一九一八年八月，岩波邀上野和高桥穰，从燕岳登枪岳。从枪岳出发，走在去德本山口的路上，上野因为腹泻，身体虚弱，岩波背着他的背包，不停地向前走。

一九二二年，岩波参加了上伊那郡教育会主办的纵行南阿尔卑斯活动，从七月下旬到八月上旬，以高远为起点，走遍了从仙丈岳到盐见岳的崇山峻岭。

同年十月二十八日，他与速水滉、上野直昭、中勘助、和辻哲郎、津田青枫、安倍能成等，再加上当时还年轻的篠田英雄、高桥健二，从夜里出发，第二天在信州饭田住了一宿，第三天的三十日花了一天的时间，从天龙峡出发，晚上六点到达远州滨松的在鹿岛。关于此次登山,在同年十二月的《思想》上,和辻以"蜗牛的角"为题发表了纪行。非常罕见,这次旅行是由安倍组织的。

一九二三年晚秋,岩波与小林勇登三峠。这是因为那一年,《东京朝日新闻》举行《寻找》征文活动,要求寻找看富士山的地方,还要尽可能近地看到山的全貌,最好隔着水,在满足这些要求的投稿中,就有三峠。他们来到御殿场,经吉田,住小沼。第二天早晨,要登顶峰时,途中下雾了。岩波在路边坐了两个小时,向小林讲雾对登山的可怕之处。夜晚,他们住在三峠的山上小屋。第二天早晨,由于没有零钱,本该付二日元却付了十日元,岩波非常遗憾,但小屋的老翁后来将自己削的石楠木手杖送给了他,这让岩波非常高兴。小屋里有厕所,可岩波想难得上山,便故意到户外拉野屎。那时,因为下雨,没能攀登爱鹰山,但在二、三年后,他还是和小林一起攀登了。据说难得雇了带路人,岩波却独自行走,让同行人很为难。

一九二五年七月二十四日,岩波又向着枪岳出发了。八月初,岩波登上了朝日山岭,其伟容及大观是山形高等学校山岳部首次向世间介绍的。在大朝日岳的山腰,山形高等学校教授安斋彻遇见了岩波,他由东大山岳部的丰川武卫门带路,与酒井由郎一起登山。安斋彻讲述了当时的印象:登上山顶后,岩波擦着汗坐下来,马上解下草鞋、脱去短袜,好让脚凉下来,这首先让安斋佩服。接着,他徐徐地站起来,脱下裤子,解开白色兜裆布,指着远处的越后海岸,两手挥舞兜裆布,这举动让安斋大吃一惊。岩波表情愉快,一语道破:"那不就是信浓川的河口吗?"安斋又为岩波那登山家的敏感而折服。归途中,从"熊岳"的山坳到小朝日岳的山顶高二百五十米,岩波不断用手抓住陡坡上的灌木,一气呵成登上顶峰,这样的岩波恐怕是无与伦比的吧。

从一九二六年的七月二十日历时一周,岩波与小林勇、长田干雄一起登赤石山。他们乘伊那电车，在片桐下车，又特意请求搭乘久原木材会社的货车，节约了穿行山谷到大鹿的一日行程。约好三个脚夫第二天凌晨两点来，可岩波不等他们来就出发了。三人分了小林的便当，当他们饿着肚子到达山顶小屋时，暴风雨跟着就来了。小屋里有个伊那的年轻人，分给了三人一点剩饭。第二天早晨，在附近相隔一百米的矮松中避难的脚夫又给他们一些饭，这才填饱了肚子。当时，登上赤石顶峰，正巧几个青年也登上山顶，岩波好像在叱喝他们一样说道："不许欺负雷鸟！"青年们大吃一惊。第二天凌晨两点从小屋出发，放弃攀登当初计划的荒川岳、东岳，越过三伏山口，一口气来到大鹿村的大河原。当扛着行李的三个脚夫与小林晚一步到达旅馆时，岩波与长田已经穿着浴衣在喝啤酒。关于雷鸟，在岩波刚开书店不久，一天，田部重治路过书店，看到岩波正怒气冲冲地发脾气。原来，岩波看到某高等学校的学生在山上捕食雷鸟的报道后非常愤慨。当时，雷鸟刚刚成为禁猎鸟，据说岩波要和田部联名向那个学校的校长提出抗议，还硬逼田部写草稿。

昭和年间，大约是一九二七年七月下旬，岩波与前辈、信州的登山老手兼松本女子师范学校校长矢泽米三郎一起，历经一周，攀登了仙丈北岳、间之岳、农鸟岳。在登山之前，他们住在一个叫户台的村子里的一户人家，岩波从东驹九死一生逃出来后，就是受到这家人的关照。而且，就在此行出发之前，他接到了芥川龙之介之死的电报。

一九二九年正月四日，岩波与长田干雄一同踏雪，登箱根的二子山。然后，在昭和初期的几年中，年月不详，他曾游加贺，独自登上白山。

一九三〇年八月下旬，岩波再次攀登西驹岳。一九三四年七月，从尾濑沼出发，经法师温泉、三国山口来到汤泽。他最后尝试登山可能是在一九四二年中旬，与小泉丹、酒井由郎及长子雄一郎登越后的苗场山吧。

关于岩波登山写得有些啰嗦，是因为他的形象在这里最栩栩如生：岩波登山的热情与旺盛的体力、惯于登山的强健脚力与技术、登山的直往与独往、等不及脚夫到来的急躁，以及自己的住宅里很早就安上了水洗厕所，却故意在大自然中拉野屎的爱好。他一方面待人关心备至，另一方面给人添麻烦、让人照顾却毫不在意。不只是在登山方面，还有他那百忙之中、像着火一样说干就干的实行力也是如此。

如果再搜寻的话，或许还能找到更多登山的事迹，这里就不再勉强寻找了。

关于其他的旅行不再一一列举。他为了给书店办事，也多次旅行过。为了前辈友人的红白喜事，庆吊、拜访的旅行也很多。为了观光和美术鉴赏，还有为了温泉治疗、休养，或滑雪等运动。旅行的同伴有前辈、友人、家人、店员等各个方面的人，与店员的旅行多是每年春秋两次，每次两日一夜。他几乎不请人去游乐酒馆，但确实经常请人吃饭或旅行。其中比较长的旅行有：自一九二七年末历时二十日，与三木清去满洲旅行；一九三三年六月，与幸田露伴、小林勇夫妇一起去十和田湖；自一九三六年十月十一日历时约两周，与野上丰一郎、三女美登利相伴去朝鲜旅行，在京城与上野、安倍等友人会面，还探访了金刚山名胜；一九三九年夏，在四女末子的陪伴下，与十河信二去北海道旅行。最长的旅行还是从一九三五年四月到十二月中旬的欧美旅行。

此外，我与岩波一起去的旅行，能想起来的，是从一九四一年九月六日到九日，我们与一高同窗、一日会的同伴十几人一起去新潟市看望同级的白势量作，看他收藏的长井云坪的画。然后，岩波又与安倍、藤沼庄平、荻原井泉水也一同去了出云崎，看木村家收藏的良宽的书法。可能是第二年、一九四二年，记得还是从新潟出发，我与岩波、十河信二，还有同窗佐藤政太郎一起去了山形县的温海温泉，然后拜访了十河的熟人石原莞尔，他住在高山樗牛在鹤冈的旧宅。那时，石原被东条英机赶出满洲军，回到家乡，好像正在筹划农作物改良的事。在物资匮乏的当时，记得岩波在温海温泉买了小豆。总之，他那不能安稳在一处的热烈，驱使他一有机会便去旅行。心情不好时，去登山；有要事时，去札幌、仙台、京都；亲属去世了，或某某结婚了，马上登上火车赶去。

在他的旅行中，几乎没有为了脱离平日繁忙的静养。他在一个地方待得时间最长的，便是一高时代在野尻湖待了四十天，这十分罕见。即便在那里，他也游泳去对面的村子，在湖上划船，最后还跑到房州，强行参加三里的远泳。静养、闲居，他几乎做不到。他登山也是在没有路的陡坡上左冲右撞，就像在自己的领地内一样。总之，为了让过于旺盛的精力与热情迸发出来，经常登山、旅行是岩波的兴趣。

(三) 欧美旅行

岩波的欧美旅行恰巧是在他五十五岁那一年。旅行费用既非出自官厅，也非出自书店，完全是他自己的钱，这是自不待言的。他带了五万日元，这在当时也是一个壮举。旅行时间短，但因为他照例不厌其烦地东奔西跑，看得很多，应该看的地方没落下，关键的要点也领会了。欧美旅行没给岩波的意见和主张增添甚么根本性的新意，但给了他具体的见识，并强化了他以往的主张。

昭和十年（一九三五）五月四日，岩波乘靖国丸从门司扬帆起航，周游了欧洲和美国后，于同年十二月十三日乘浅间丸进入横滨港结束。历时二百二十三日，约七个半月。

让我通过岩波的谈话（《日本古书通信》一九三六年二月十五日记录），追寻他的此次行程。首先，从门司到达上海，后经香港、新加坡、槟城、科伦坡，渡过印度洋，经亚丁、红海、苏伊士。在开罗，参观了上古的狮身人面像和金字塔。从赛得港出发，渡过地中海，顺便去意大利的那不勒斯。六月五日登陆马赛，开始了欧洲之旅。

首先，在巴黎安顿下来，稍稍参观了乡村（古城等）。然后去比利时、荷兰、英国，回到巴黎。去意大利、瑞士旅行后，再回到巴黎。去瑞典、挪威，从斯德哥尔摩渡海，在柏林安定下来。然后去莱比锡、德累斯顿周边游览。还顺便去了波兰的华沙，然后途径苏联的莫斯科、列宁格勒，到芬兰的赫尔辛基游览。渡过波罗的海，游览拉脱维亚、立陶宛小国，看过哥尼斯堡，再回到柏林。游览莱茵河，第三次返回柏林。然后去了捷克．斯洛伐克的布拉格、匈牙利的布达佩斯、奥地利的维也纳。第三次进入德国，游览纽伦堡，第四次返回柏林。这期间，他利用很短的时间，从巴黎进入西班牙，去了马德里、托莱多，再返回巴黎。从法国的寒夫勒出发，乘坐英国船只在纽约登陆，游览华盛顿，拜谒华盛顿墓，又返回纽约。还去了波士顿，参观美术馆，游览了尼亚加拉瀑布、芝加哥、科罗拉多大峡谷、洛杉矶、约塞米蒂国家公园，经旧金山、夏威夷回国。历时七个月，快马加鞭地走遍欧美二十多个国家，如果像现在飞机这样便利的话，他还会去更多的地方吧。

据岩波出发时乘坐的靖国丸号船长大矢新次讲，在船上，岩波马上成为一等舱中的受欢迎人物，没想到还成立了"靖国

第十一章 兴趣爱好

丸五月会",约定回国后聚会。一九三六年十二月举行了第一次聚会,之后由于战争的关系没再举行,战后,由于中心人物岩波的逝去,就不了了之了。船上经常举行化妆舞会,岩波找来茶褐色的厚窗帘,一圈圈地缠在身上;又不知从哪儿找到像拂尘一样的东西,威严地拿在右手上,露着多毛的腿,缓慢地走出来,在一片喝彩声中得了二等奖。不用说,岩波非常得意,但岩波自己说,他想自称甘地,想做甘地的弟子。不管怎么说,岩波的肉感肯定比甘地本人多。在该船的船客中,他与宫内省的林野技师长谷川孝三的关系尤为亲密。在柏林逗留期间,他们决定一起去苏联,但签证迟迟不下,岩波就打电话给驻日本的尤莱奈夫大使,很快,签证就下来了——岩波是这样写的,但还有一种说法,就是岩波在出发之前,已和他的朋友、当时的同盟通信社社长岩永裕吉商量过去苏联的事,这是得力于岩永的斡旋——这次去苏联,给岩波留下了强烈的印象。途中,在波兰华沙的街上,岩波意外遇到当时的小平夫人、岩波自己的女儿百合,但仅此而已,并没好好地说说话便去苏联了。看到同行的长谷川非常吃惊,岩波便说:"这次旅行,我没对任何人说就来了。旅行还是这样好啊,轻松。"

岩波最喜欢最初到达的巴黎。他对巴黎的印象并不罕见:与预期相反,巴黎并不华丽,而且惊叹于其暗淡和低调。卢浮宫美术馆的绘画是他的主要目的,去的时候,他吟道"离开嫩叶熏香的大和岛根,寻访卢浮宫之乡";与巴黎惜别时,他又吟道"寻访卢浮宫之乡,心意满足,见艺术之巅峰,百看不厌"。"卢浮宫之乡"有些奇怪,据说也有人嘲笑他,说以为指的是苏联,但他本人好像很得意。

他为巴黎人的兴趣和喜好所折服。据他说,只有黑色与白色,其他彩色衣料一概不用,这样的服装店只有巴黎才有。巴黎妇女从衣服的颜色到携带物品都很协调，就连女佣也如此。他看不起伦敦、柏林等地的俗气和低下趣味。岩波赞美巴黎的料理、葡萄酒和面包的美味，贬低伦敦、柏林，这和很多日本游客没有不同。他看到黑人与白人美女毫无顾忌地走在大街上，赞美巴黎超越人种的气氛，这也是任何人都注意到的。

前面已经说过，他旅行的另外一个目的便是山。为了看原版的阿尔卑斯，他来到瑞士的因特拉肯，乘电车登到顶峰附近，眺望少女峰，又在靠近马特峰、勃朗峰的地方眺望它们。瑞士的山没有让他失望，给了他极大的满足。如果再有奢求的话，岩波认为缺点就是树木种类少，山麓和山麓边缘的原野不美，水不清冽。但他又说，当游完瑞士回到法国后，就觉得法国看起来很污浊。他说，对斯堪的纳维亚半岛的峡湾很失望。据他观察，瑞士山麓平原不美，可能因为那不是火山的缘故，而斯堪的纳维亚的景色则过于老旧。

在岩波到苏伊士之前，他看到英国殖民地势力的强盛和榨取的严重、亚洲人被奴役的状态以及印度人对独立的渴望。他承认英国人了不起，但对英国人彻底的现实主义、为了利益全然不顾正义的、无动于衷的态度没有好感。但同时，他也没有忽略英国的可怕，这在前面已经讲述过。岩波甚至说，英国博物馆里的珍宝全是从国外掠夺来的，可英国人却无动于衷地说，现在能看到这样的珍宝是谁的功劳？"要感谢我！"他还说，英国人没有美感，德国人也说英国人不懂音乐。

对于希特勒治下的纳粹政治，岩波的见解也击中要害，这在前面已经讲过。他指出，德国现在看起来很有活力，但实际上，经济已经相当停滞。

关于苏联，他看到那里生机勃勃的新气象，由于第一个五年计划等政策，国家经济正一步一步地发展，增强了他对苏联的恐惧感，这在前面也已讲过。他还举出具体事例：在波罗的海与北海之间，据说动用一万多名政治犯开凿了运河；莫斯科地铁还有八十米长的大理石制扶手电梯等。他说，莫斯科宛如震后的东京，虽然有着火灾现场般的拥挤、混乱，但要想一想十年、二十年后。只要是斯大林的想法，不管是什么主义，马上成为法律，切实得到执行。物资丰富了，生活好了，也开始不断向右倾斜。有必要让日本的左翼和右翼看看实际的苏维埃。在德国时，都说去了苏联没有酒、没有水果。可去苏联一看，事实上非常丰富，见与闻有着极大的差异。但岩波也注意到，从华沙进入俄罗斯的土地后，俄罗斯的国土的确广大，沿线没有村庄，火车走了不知几个小时才看到农舍。据他观察，和在瑞典等地看到的小巧牢固的农舍不同，这里的农舍不像它的国土那样大，而像猪圈一样惨不忍睹，实在不可思议，这是漫长的帝制榨取的结果吗？如若这样，暴力革命在俄罗斯也是自然、必然的产物。

他参观了国立出版社、书籍零售店、劳动者之家、为卖淫妇女提供工作的设施等，但最让他感动的是歌剧。意大利米兰的斯卡拉歌剧院由于过季没有看到，维也纳的歌剧虽也令人感动，但俄罗斯歌剧的规模之大、背景之壮观、技术之娴熟堪称世界第一，给他留下深刻的印象。在他看来，歌剧不是意识形态的艺术，而是民众厌倦了宣传剧，追求真正艺术的现象吧，并讲述了观众的异常热心的喝彩。

看他的苏联观，感到他对左翼、右翼意识形态的差异漠不关心，以及他对正义与真理是统一的中庸想法；同时，还能感受到他对斯大林强有力的、认为正确就勇往直前地实行的独裁，发出了英雄崇拜式的赞叹。

同是盎格鲁－萨克逊人，岩波偏爱美国，还特意参拜了华盛顿墓。首先，岩波是美国精神——清教徒寻求自由、在新天地创建国家——的赞美者、信仰者。而且，第一次世界大战后，首倡国际联盟的威尔逊也曾经是岩波赞美的对象。他在大西洋上航行一星期后，看到纽约的摩天楼群，在感到"极端物质"的同时，对其底下涌动的年轻生命的精神进步充满期待。他说，感到美国国民是快乐、表里如一、热爱和平的国民，他还说，当时议论纷纷的日美开战论，作为常识几乎是无法想象的。

他游历世界，感到祖国的可贵。第一，他赞美祖国位置优越、草木繁盛、百花绚丽、自然山水优美。与很多时髦人士相反，他依然是富士山的礼赞者，又为以皇室为中心的、相对和平的幸福而感到高兴。看到近代日本取得的令世界震惊的飞速进步，他不怀疑日本人优秀的资质，只是认为应该警惕岛国式性格——气宇狭隘、不从容、急躁、心胸狭窄的弊病，极左极右的思想都源于心胸狭小。他主张日本应广求知识于世界，远溯历史，从中了解社会的发展，这样才能避免自以为是地将他人都视为不合理的错误。他还热切地议论道，苏联、德国、意大利都是通过革命实施独裁政治，但从日本的国民性考虑，应渐进地促进国家革新，坚决打击像国外那样极端残忍的暴力革命。

我认为，他游历世界的所见所感，比很多知识分子不发自内心的、抽象的议论更有价值。他的确把应看的都看了。当然，七个月的旅行不能吞下整个世界，尽管后来的世界也发生了预想不到的激变与混乱，但他大致看清了主要的趋势，再次对岩波表示敬意。

顺便记录一下他的本行——有关出版的所见所闻。一九三五年八月一日，法国N.D（不知道是什么报纸）上刊登了他接受记者采访的报道，他在回答对方的提问时说，日本的读者是认真的。他在莱比锡看了福克、劳伦斯、雷克拉姆等书店。特别是雷克拉姆，它虽然是《岩波文库》的样本，但如今的实际情况是只有校对员两三人，主要出版旧版书籍，没有唤起岩波太多的感动。令他佩服的是伦敦泰晤士报社的书友会，这个组织每月从会员那里收取一定费用，让他们轮流传阅与金额相应的几册书。后来，由于战时的纸张管制，日本的出版数量减少时，岩波建议出版商和书籍经销商应扩大眼界，不能厌恶租书店，而应效仿这种书友会的做法，这在前面也已讲过了。最吸引他的是苏联的出版事业。据他讲，苏联、德国、意大利都属国家社会主义，但苏联不承认个人资本的企业，这是与其他两国的根本差异。国立出版社社长是个劳动者出身的、七十岁的老太太，这里的委员会制定全年的出版方针。岩波听说，那时纸张也丰富，出版的书很快就卖完了，在日本大使馆等想买小说都很难买到，不用担心剩余书籍的处理，也没有余暇再版。据岩波讲，当他听说有关地铁的、非常漂亮的书印了十万册很快就卖光时，也气焰嚣张地说，你们花十日元制作的书，我们资本主义国家用一半的钱就可以做出来。国家做的未必就便宜吧。

还有一件事，作为岩波欧美旅行的轶闻顺便记述一下，那就是去看当时在布达佩斯的夏目漱石的长子纯一。岩波到了车站，没看到纯一，便气愤地立刻去了酒店。而纯一来到站台迎接，没看到岩波，过了一会儿，灯也熄了，就想回自己的住处。但为了慎重起见，他还是顺便去了酒店。据纯一讲，"那家伙（岩波）已经睡下了"，叫起了他，他还生气地说："你干什么去了？"第二天，岩波各处转转，说要让家人看看，便买来八毫米胶片的照相机，为纯一照相，结果后来才发现没放胶卷。还有，纯一从东京的汇款断了，岩波便和邮船公司商量预付船票钱，将他送回了国。顺便说一下，正如多次讲述的那样，岩波因漱石获得成功，这是不可否认的，但是，岩波为夏目家倾注的真情与帮助，的确有令人敬佩之处，这里不一一列举。尽管如此，夏目家族的某些人，或者是指责岩波一边标榜正义一边发财的弟子们，经常做出无视岩波好意的行为，一有机会便诽谤岩波，在了解事实的我看来，这实在令人不快，也太无情。

还有最后一件事要补充。岩波从美国到达横滨港，据说他在这条浅间丸上也很受欢迎。堤、小林与雄一郎、雄二郎一起乘驳船去迎接，岩波从船上认出了驳船中的他们，便朝两个孩子大声斥责："怎么不去上学？"堤与小林让二人回答"放假"。迎接岩波的策划是三木清等人提议，以幸田露伴、长谷川如是闲、冈田武松、寺田寅彦、小泉丹、和辻哲郎的名义实行的。第二天，岩波就造访幸田、冈田、寺田、和辻（寺田卧病在床）向他们致谢。第三天，他请店员到"幸乐"，发表了回国致辞和漫长的演说。尽管冈田、小泉（丹）要盛情邀请过岩波，但被他谢绝了，反而是这两个要请客的人被岩波邀请到偕乐园。岩波的这一喜好可能与他出发之前谁都不告诉的喜好相通吧，只是这一喜好也太执拗、太顽固了。

三 骑 马

说起岩波喜欢的运动，登山可能是其中之一，还有高等学校时期的舢板、游泳以及曾一时热衷的骑马。除此以外，他有时也去滑雪，例如一九二〇年正月，曾去过东大滑雪部在赤仓温泉的住宿地。第二年正月，又带着两个女儿百合、小百合去了，但他的滑雪技术还不熟练。至于室内运动，如围棋、象棋、麻将、扑克牌等，他完全不屑一顾。下面，关于之前未曾讲过的骑马运动简单讲述一下。

据岩波的马友、宫内省的侍医小田正晓介绍，岩波骑马是从一九一九年前到一九三五年。岩波自己有马，那是宫内省转让的名马，老师是一个叫山内保次的人。我住在小日向水道町的岩波租的房子时，我房子的后面是马厩，有三个年轻人轮流照看。据小田说，比起马场的马术，岩波更喜欢在野外骑马。原海军将校、后来成为哲学教授的鹿子木员信，评价岩波骑马"僵硬"。本人也骑马的巖本善治说，他为岩波大胆粗暴的骑法大吃一惊。而后来，曾与岩波一起骑马远行的马友佐藤达次郎（原顺天堂医院院长），说岩波的马拙笨。但也有人评价岩波骑马的姿势是"石佛流"。与游泳一样，岩波骑马的技术好像也不好。但是，这种一时的热衷非常厉害，他甚至说，有时梦见自己骑着马在天空中纵横驰骋，前后的事情都忘了，只记得非常愉快。一九二二年八月十四日，岩波在代代木练兵场骑马时坠马受伤，首先被送到附近代代木山谷的 ARARAGI 发行所，后来转到马友筑地的片山（国幸）外科医院住院。有人说他是为了躲开前面的一队孩子而勒马的，也有人说是因为马踩到蜂巢，遭到蜜蜂的攻击，马受惊而致。据说夫人去探望他时，他还精神百倍地说要骑马出院，但还是暂时停止骑马。他与佐藤、中村是公一起骑马去伊豆，又从伊东去御殿场，可能是坠马事件的前年——一九二〇年秋或二一年春。一九二四年晚秋，岩波带着小林在富士山脚下游玩时，住在精进湖的旅店。第二天，从本栖去大宫的途中也骑马了，他自己骑着老马，让马夫牵着缰绳，给小林骑年轻的悍马。

到了昭和年间，岩波还去过华族会馆的马场，可能是在一九三五年去西方旅行之前吧，时间已经不确定了。但那时，他已没有马了，他的爱马让给了当时还是石本惠吉夫人的加藤静枝，这可能是在坠马后的一九二三、一九三四年。可是，不知听谁说那匹马被卖给了东中野的骑马俱乐部，便带着胡萝卜和小林一起前去看望。岩波觉得马虽然可怜，但被人杀了吃则更了不得，就没有赎回来。菅忠雄在一九二五年一月的《文艺春秋》上发表了小说《卖马的夫人》，这可能是他听了岩波的愤慨后，按自己的想象写下的，里面的小山田书房主人、岩本夫人等人物名字相似，但故事与事实不符。

㈣ 口　味

关于饮食，岩波一直炫耀自己饭量大。据小林勇说，昭和初年或是大正末年，岩波经常去市谷见附近温灸，自那以后，肚子突然大起来，饭量也增加了。但之前，他的饭量也绝对不少。无论是开书店以前，还是旧书店时代，岩波经常带着朋友、店员去烤鸡肉串、中国面等的路边摊去吃饭。而且，在出版《漱石全集》的一九一七、一九一八年间，他还在石切桥边的"桥本"将三人份的鳗鱼一扫而光。总之，他食欲旺盛，而且吃得快，在中华料理店，经常将别人的份也吃得精光。

打算减少饭量是在岩波近六十岁时。一九三九年（五十八岁）三月（十一日），同乡友人名取夏司（名取和作的弟弟）去世，为回乡参加葬礼，岩波于二十三日早晨从新宿出发，在车上碰到名取的亲戚朝吹常吉，留下如下片断：

"与朝吹氏的谈话。
朝吹氏曰：
　　心静则睡深
　　少食、淡女色乃长寿要诀
早饭：苹果
　　　牛奶
　　　煎饼　二块
午饭：面包　一片

汤

晚饭：酒

生鱼片（白肉鱼）

小豆馅不好，名取就是为此伤胃死去的。

以大米为主食不好。

自己（朝吹）荞麦面一份（十五钱）就够吃了。

从三 B 主义　　美食、暴饮、暴食（日语发音皆以"B"开头。——译注）

转变为三 S 主义　　粗食、少食、咀嚼（日语发音皆以"S"开头。——译注）

可能是在这次谈话之后不久，据小林讲，岩波住在镰仓的名越时，将写有三 S 戒律的卷纸贴在厚纸板上，立在餐桌前。可据说有一次，有人送来了盐烤鲷鱼，岩波拿在手里狼吞虎咽地吃起来，还把眼前的纸板藏在桌子下面，并说"今天这个就停了吧"，最终吃了一整条鱼。

还听堤说，夏天，在富士间的别墅，可能是在一九四四年之后吧，他依旧注意少食，将饭定为三碗，前两碗忘乎所以地吃，最后一碗舍不得，于是中途离开，写一、二封信后再回来吃。

饭量大很早以前便如此，而美食则是在发财之后。尽管如此，在家里时，他经常与夫人不在一起，照顾他的是一个叫池田夏（Natu）的老太太，所以，他也不提什么要求，不管什么都默默地吃掉。本来，在他出生的中洲及诹访地区，在他成长时期，没有特别有钱的人，但也没有特别贫穷的农户，大家都很简朴，挥汗耕作。岩波也曾说过，在村里每七年举行一次诹访神社御柱祭（从八岳砍大树制成柱子，每七年在神社的前后四角更换一次）时，能吃上诹访湖的鲤鱼和鲫鱼就算美食了。岩波说，当地固有的农家菜也并不是没有风味，诹访平原的蔬菜实在很香，这些可能都是事实。赤彦在诗歌中吟咏的"透黄"的硬咸菜，虽不是诹访特有，但有信州的独特风味。将大葱、萝卜、芋头、胡萝卜、牛蒡、魔芋等放在大锅里，满满地加上水，咕嘟咕嘟地炖，只添加酱油调味，岩波爱这道"杂烩汤"中的乡土味道。他曾写到，在节日等时节，会再在里面加入鲑鱼，"就像东京人不知道米由什么种出来一样，我们以为鲑鱼在海里时就是咸的"。稍微加点儿这样的咸鲑鱼，就会想起饭菜极其丰盛的儿童节。与城市里长大的人相比，缺少味觉的磨炼确是事实，而正因为以前没吃过什么美味，对美味的迷恋也就越深。如此说来，信州有句谚语"用别处的牛蒡做法事"，意思等同"借花献佛"，它与"杂烩菜"一样，体现了地方特色。

岩波偏爱的料理店有"滨作"、鸡肉料理店"末发（Hatu）"，还有雷门的"金田"。岩波夸"末发"的女主人文雅细心，又对"滨作"非常偏爱。早在一九二八年开业的时候，"滨作"还只是泥地房间，岩波就劝他们扩建二楼。二楼开业时，岩波包下了二楼招待客人。还经常借给他们挂轴字画，帮他们品评房间。"滨作"也将岩波视为认真的老师尊敬他。但就连这样偏爱的"滨作"，其态度也有让岩波不满意的时候，一度曾有半年没去，再去时，"滨作"的主人夫妇都非常高兴。岩波说，在"滨作"的泥地房间吃饭最香，并称赞复杂、清淡的"丸吸"、（甲鱼汤）保留了蔬菜原味的烹调方法。在"滨作"的二楼备办饭菜时，他指出顺序、分量等的欠缺之处，表现得像个美食家的样子，这多少有些人云亦云的成分，有时也老实地听信别人的话点破真相。有时，一天早晚去两次也不稀奇，这种勤奋也让他受益匪浅，未必会受到城市长大的美食家的小看。但是，据小林说，他们曾一起去"滨作"吃饭，小林赞叹拟鲹鱼的刺身实在好吃，可岩波说我这儿怎么没有，就把小林的吃了，然后说确实好吃。这是因为他吃得太忘乎所以，连自己吃的是什么鱼都没意识到。酒上来后，他先喝点儿，再等小林喝，然后问小林酒怎么样，小林如果说好、或者说有点儿不好，他也会跟着说我也这么觉得。他的嗅觉极其不灵敏，连烧焦的饭也毫不在乎地吃下去。据说有一次，小林奚落岩波连香味都闻不出来，还对料理说长道短，太滑稽可笑了，结果岩波面露不悦。

下面的事与饮食无关。岩波招待客人去"滨作"时，他总是在客人来之前坐立不安，并让小林给某处打电话。小林觉得烦，一次便抢先问道，给哪儿打个电话吧？岩波苦笑着，当时就没打了。以反应快著称的小林，经常和岩波有这样的对话交锋。

震后，由于一桥商科大学出版《复兴丛书》一事，浦松佐美太郎与岩波有过接触。据他讲，他曾和岩波说起天妇罗，岩波极力称赞下谷御徒町的"天民"东京第一，他也说，自己常去的"天一"与"天民"味道不同，但也很好吃。这事他说完就忘了，后来因为别的事与岩波见面时，岩波说，我去"天一"了，味道不好，还是"天民"最好，那口气好像在说浦松的味觉也不好。比起岩波对天妇罗的味觉，浦松更佩服他到处寻找美食的认真劲儿。可能确实如此吧。

最后的内容有些粗俗下流。岩波自己曾说"我像马"，正如他所说，岩波有个毛病，饭后马上排泄，去厕所"嗯嗯"三声马上结束。而且，大吃以后一定服用乳酶生等消化药。

⑤ 读书、艺术

岩波是书店的主人，或者因为是书店的主人，所以他不是什么读书家。友人上野谈及此事时曾说，正如岩波说过的那样，"读书就不能出书"。但自少年时代起，岩波对读书就有自己独特的选择。例如，羽仁本（Moto）子在创办《妇女之友》之前，曾创办封面淡褐色的《家庭之友》，在它未得到世间认可时岩波就喜欢读。他还爱读巖本善治的《女学杂志》，这些都是彰显编辑个性的读物。如前所述，内村鉴三的《圣经之研究》是岩波始终喜爱的读物。在报纸当中，他很早以前就偏爱《东京朝日新闻》，但战争时期，对它怀有极大的不满与诉求。当时，作为花边报纸而为知识分子不屑一顾的《都新闻》(今天的《东京新闻》)岩波赞赏它的质朴、贴近民众的态度，尤其爱读"商量的商量"。在书籍中，一九〇二年出版的加藤直士译的托尔斯泰的著作、特别是《忏悔录》等给岩波以极大的感动，这在前面已经讲过。在岩波书店的《哲学丛书》中出版的、阿部次郎祖述的狄奥多·利普斯著《伦理学的根本问题》，作为人格主义的伦理学，是岩波既感动又推崇的读物，甚至想让所有日本国民都读一读。另外，在中学时代，他读德富苏峰的《吉田松阴》，受到极大的感动，以第二吉田松阴自居，燃起了勃勃的理想与野心。后来，在书店出版的松阴全集等书籍中，也可看到岩波感动、爱好的印迹。岩波崇拜三宅雪岭，但岩波书店只出版了一部他的著作《同时代史》，而且还是在岩波与三宅死后。

对于音乐，岩波完全是个五音不全的人，跑调跑得厉害。高等学校毕业后，岩波一度想进音乐学校，被阿部次郎阻止了，在第三者看来，这甚至有点可笑。但岩波和我们一样，虽然不懂音乐，却喜欢音乐。一九二二年，知识分子中掀起了音乐热的时候，岩波在板垣鹰穗的家，听到罗马圣伯多禄大殿西斯廷礼拜堂合唱的唱片，非常感动，立刻订购，并在他因坠马住院时送到，在得到医院的允许后播放欣赏。他还经常以一种独特的调子在我们面前朗诵汉诗、和歌，心里好像非常得意。

第十一章　兴趣爱好

他又经常写和歌，直到晚年有时还朗诵它们，其中也有真情流露、音律好的作品。他热诚帮助 ARARAGI，主要因为被同乡岛木赤彦的热忱所打动，但也因为他本人热爱和歌。杂志《日本短歌》(昭和十一年四月号)曾计划登载洼田空穗、斋藤茂吉、石原纯、前田夕暮、北原白秋、与谢野晶子的自选短歌各一首，在向岩波征求意见时，他说，石原、前田的歌内容上有趣，但不适合热衷于旧式韵律的自己；对于斋藤的"街上一只猫，碾压如线断"，他认为就像从铺好的道路中间自然涌现的一样，非常好；但最符合自己兴趣的，还是白秋的"山川至今轰鸣，向岩石询问"。他说记得学生时代就喜爱与谢野晶子的处女歌集《散乱的头发》中的歌，以及铁干的诗集《天地玄黄》中的诗。

对于书画古董，就像他曾回答别人的提问那样，"要尽量消除收集欲"。即使在后来财力允许时，他也特别戒备。这可能是担心沉溺于天性喜爱的书画兴趣中吧。他曾说，比起不明真伪的手迹，自己更喜欢照片版，例如，他在别墅惜栎庄中悬挂的，除少数自己尊敬的今人手笔外，皆是如此。但也有特例，仅限于罗丹的雕刻、岸田刘生的丽子像，以及夏目家转让的漱石的书画及漱石的少量珍藏。丽子像是某个青年向武者小路实笃借钱时，他附信让那个男子带给他的，据说那个男子拿到钱后就跑了。关于罗丹的作品，从中可以看到岩波独特的鉴赏能力与对艺术的热情，他将自己获得这件作品时的心情，以"心境的变化"为题，发表在《文艺春秋》(一九三二年四月)上。在写这篇文章很早以前的关东大地震时，岩波从店里逃出来时，只带了这件雕刻，因此，他得到这件雕刻应该是在关东大地震之前。他去上野看"法兰西美术展览会"，第一次有机会接触有名的罗丹的众多作品。最吸引他的，是在里面屋子的角落里，有一件照片上未曾见过的男子的躯干。"我站在前面目不转睛地盯着它，怎么也看不够。又从侧面、背面看,越看越敬佩。在我看来,它是力量的聚集,我甚至感到它不是人类创作的,而是宇宙的一角飞过来凝固在这里的。"岩波如此感动,以至于想要得到它。但考虑到价格,感到与自己的身份不符,百般烦闷之后,竟盼望早些被人买走。偶尔向高村光太郎询问此事,并将自己的烦恼向他倾诉时,高村问他作品的大小,岩波回答说有人的躯体那么大,高村将两手打开一尺左右,说没有那么大,也就这么大吧。然后,他对岩波说,你真是行家,那件作品与外行不对路,因此没人买,或许会被带回法国,一定要想办法把它留在日本。岩波的心境顿时发生变化,他兴奋地感到这超越了自己的喜好,成为艺术问题、国家问题,感觉变得英勇起来。以往的烦闷消失的同时,他又焦虑起来,担心这件作品被卖掉了怎么办,便即刻驱车赶往上野。途中,躯干被贴上红标签的幻觉不断驱使着他。急忙进入会场一看,大小正如高村所说的不太大,也没贴红标签,便决定马上买下,带回家中,就像看第一个出生的孩子一样,忍不住朝夕端详。东驹的攀登记也好,这篇文章也好,写的都是岩波自己的真实感受与经历,形象情景栩栩如生,是篇优秀的文章。总之,无论鉴赏家、批评家如何批评,他就是喜欢自己认为好的东西。他曾去镰仓拜访鹰部屋福平,不巧他不在家,岩波极力赞赏他那幅大海的画(在德国买的百号大画),就是个例子。在绘画方面,他尊敬平福百穗,还喜爱长井云坪的山水画。他曾在长野、新潟拜访云坪作品的收藏者,鉴赏他们收藏的画。

　　岩波对于衣物的花样、随身物品等的选择也很有自信,因此,他喜欢去百货商店等买东西。这也是因为夫人在这一点上与他没有配合,而且,她也缺乏这方面的兴趣。但有一段时间,他身着和服、穿着藏青色的短布袜出席酒会等,这就很难说搭配协调了。

第十一章　兴趣爱好

㈥　建筑——惜栎庄

关于建筑，现在的岩波书店是原东京商科大学的三井会馆，岩波喜欢这个装饰少的、坚实的建筑。小日向水道町的住宅，买的时候房子就相当旧了，岩波把土墙仓房以及围墙改造成钢筋水泥，这也显示了他的爱好。这座仓房在战火中也保留下来了。

岩波自己建的房子只有位于热海伊豆山东足川的别墅。这幢别墅建得精心细致，倾注了岩波极大的心血，但以岩波的财富来看并不奢侈。而且，要是想到直到岩波去世前，他几乎每天都在这里款待前辈、友人、知己的话，不如说可以把这幢别墅当作岩波向朋友奉献的工具吧。决定建这栋别墅的直接动机在前面已经讲过了，是岩波书店出版的津田左右吉的几部著作触犯了出版法，作者和发行者双双被起诉，岩波做好了进监狱的准备，为了出狱后保养身体而建的；而且，温泉地区的信州人岩波原本就喜欢温泉，在离东京三小时以内的地方拥有温泉早就是他的愿望，这对他的决定也起了促进作用，便决定买下这里。在被起诉的昭和十五年（一九四○）三月八日当天，他得到了这块地与温泉。土地临热海酒店一侧的海岸，岩波过去经常住这里，特别在该事件发生时，他一度把自己关在这个酒店的房间里，可能因此看中了酒店附近的土地，选在这里。别墅的建成是在第二年、一九四一年的秋天。

这幢别墅由于当时的建筑限制，占地面积不过三十坪，房间也仅有十六张榻榻米的西式大房间、八张榻榻米和三张榻榻米的两个连在一起的和室、女佣的房间与浴室。这在当时是特别奢侈、讲究的建筑，据说每坪一千五百日元（当时一般仅为五百日元），建筑费用约五万日元，总费用八万五千日元。

　　按照岩波当初的想法，食物从热海酒店买来，甚至认为没必要设女佣的房间，但最后还是设了。一开始时委托了清水建设，但在筑地的料理店"锦水"，他看到一种装置，能把所有的门和隔扇都收入门窗箱，房间可以全面开放，便马上和清水组交涉，清水组欣然同意，就把建筑委托给了"锦水"的设计者吉田五十八，该装置是吉田的创意。西式房间与和式房间都有套窗、纱门窗、玻璃窗、隔扇及各三根门槛，我称之为十二层单衣。西式房间里有一个沉重的整块大玻璃窗（六至八尺），送入三个门窗箱后，海风立刻吹满房间，十分清爽。如果把西式、和式的两个房间、浴室、卫生间的窗户都打开，就可以望见大海。据说当岩波向幸田露伴骄傲地说起时，露伴感叹道："真是山区出身的人啊。"早晨起来，打开浴室的窗户，泡在温泉里，从老松之间眺望海上日出，感受从太平洋吹来的海风，那种心情不仅在夏天，即便在冬天也是绝好的。即便是现在，当我泡在浴缸里时，也会不知不觉地对死去的岩波说一声"谢谢"。浴室的浴缸和地面都是黑色花岗岩，墙上铺的是意大利产淡黄色大理石。玄关的淡绿色大理石也是意大利产，它和浴室的大理石都是当时日本最后的意大利石材。据吉田说，现在日本也没有同种的。当时，战时运输极为困难，岐阜县的批发店想把大理石板切成两块运输，岩波不肯，硬让他们整块运来。而且，浴缸的大小考虑到身高六尺多的男子，深度也是岩波拿着卷尺现场确认箱根其他的温泉旅店后决定的，在一家旅馆里还弄坏了瓷砖，要赔偿。我和岩波一起在根岸的"盐原"洗温泉时，也看到岩波拿着卷尺频频测量浴室。浴室中当然有花洒，还有一种装置，可以用流出的热水为冰凉的理石地面加温。各个房间也有温泉取暖装置,但现在已经不用了。据说岩波开始时还想建造带有防雨装置的露天温泉等,但在这样的建筑中当然不可能。岩波喜欢木料原色,外侧及室内的装饰柱都是用优质杉木制成的圆柱,其他则是方柱,各房间的门、天花板也都使用正切的杉木,用于阻隔来自其他房间的声音。西式房间的地板是柚木的,刚刚打过蜡。和室里没设壁龛,只在松板之间留出一个角落。西式房间考虑到要坐下,就在两块板门覆盖的地橱上,将壁龛抬高。天花板仅限于西式房间,与墙壁一样,涂成典雅的淡褐色,在横跨天花板的、贴有装饰板的角材之间,是否加上细小的角材成为大家争论的问题,后来决定加上。在与玄关相连的走廊上,铺着在禅寺的佛殿等处常见的四方瓦。屋顶的瓦是来自京都的最上等货,在东京,一般用于名人的瓦顶屋。檐端的曲线非常优美,由于担心雨水管妨碍这种美,因此没设雨水管,而是在下面设排水沟,并在排水沟的水泥格栅上覆上小石子,屋檐滴落的雨水就落在上面。听了吉田的介绍才知道,这也是岩波的用心,我还以为是因为讨厌雨水管中落叶堆积时的嘈杂。的确,檐端的瓦的曲线很美。

室内的日常用具尽量简约,尽量少数。听说西式房间里的矮橱与和室里的一张松木小桌,与门窗一起都是名人南齐的作品,尤其那张小桌,做得简单漂亮。那时,由于时局的关系,熟皮革是违禁品,但又大又结实的椅子上却贴着它,这是钻禁令的空子,强行让人把皮拿到现场贴的。战后,这里与隔壁的樋口旅馆被进驻军征用,美国人的孩子穿着鞋上去,狗也啃咬,弄得不成样子。

从别墅的选址上也可看出岩波的嗜好与讲究。已故关口泰引用梦窗国师的泊船庵的诗句,称这幢别墅是"以山为篱,以海为庭",的确如此。通到半山腰的街道上有巴士往返,这栋别墅就建在山的坡面向海上倾斜之处，别墅后面是樋口旅馆。如果打开西式房间后面的玻璃窗与隔扇，前面可望见伊豆海上的大岛与初岛；右边依稀可见野村别墅的轮廓，山很矮，但遮住了旁边的山；左边、即东北方向是十几株大黑松，后来在松树之间种了孟宗竹，透过树影，可以看见拍打在真鹤岬端的"三石"上的碧浪。进入入口后，小路通过自南侧上下的矮小的悬崖间，虽然狭窄，却形成一处乾坤，是绝好的隐居之所。西式房间的正面是一株大栎树，吉田为了建筑要把它砍去，岩波夸张地说：你要砍它就先砍我的胳膊，坚决反对，这幢别墅也因此命名为"惜栎庄"。据说露伴曾说，不用那么屏气用力吧，叫"栎庐"就是了。这棵树边上只放了长长的一字形石头（贵船石），小小的庭院铺着草坪，石墙边种着矮松。左侧和室一边种着山茶花，从花瓣散落的松荫可以走到入口的小路上。说到树木，岩波喜爱松树，据说赤彦死后，岩波去拜访遗孀保田不二子，在离开时，他特意折返回来说："夫人一定要珍爱松树啊。"在物色上州北轻井泽的山中别墅时，他也是找松树多的地方，伐去杂木，命名为"十八公庄"。他看不起山上的白桦等，认为它们是无用之材。

岩波照例精心讲究，木材、石材、瓦都是用当时最奢侈的，选择第一流产品，坚持自己的喜好。据说在建筑期间，没有什么特别的事，有时一天也要找当时住在大森的吉田二三次。他是个只要沉迷于某件事就待不住的人。总之，这幢别墅使岩波的理想极大地具体化，可以说是一件简约、牢固、干净的作品，设计者吉田对这一作品也难以忘怀。只是它照例有点僵硬，房间的韵味有些不协调，这可能也是岩波的爱好吧。这栋房子里没有匾额，除明本的书法、牧溪的雀与柳、柿图、栗图的照片版外，几乎没有应该挂的书画。岩波还在靠近这幢别墅的上方，建了一栋二层建筑，但它与这栋别墅相比非常粗糙。就在岩波去世的一九四六年，承包的木匠中途把材料卖了，令岩波极其气愤、焦急，从而加重了病情。虽然也有生病的原因，但岩波激动起来也是超乎寻常的。

第十二章
交　友

　　关于岩波社会生活中的交友大体上已经讲述了，尽管无法严密区分，但下面简单讲述一下他私生活方面的交友。

　　前面也曾经提到过，绪方竹虎曾说过岩波"痴迷于人物"，如果在他身上把交友抽走，岩波无论如何也耐不住那种寂寞吧。对谁都好，而且，那种好非同寻常，这就是岩波的人际关系。据说，岩波的店员称岩波是"冠婚葬祭负责人"。的确，庆吊吉凶、参加仪式、赠送礼物或供品、扫墓等他都不辞劳苦。一九三五年的一月一日有人曾问他打算做什么，他回答跑五十八家拜年，给凯比尔、夏目两位先生扫墓，就是一个例子。而且，这并不是为了表面上的交际或为了利益。其数目之多我等无法相比，原本也因为他事业上交际广泛，但即便一个一个拿出来比，数量多的他比数量少的我们更情意深厚，对此不得不让人惊奇。例如，我的哥哥住在阪神地区时，岩波到那里办事，虽然只是顺便，但没想到竟探望了关系不算很亲密的哥哥，如果换作我的话，是万万想不到的。但岩波这个人，却只因为是自己挚友的哥哥，应尽点心意，便前去造访玄关，虽然只是一阵风似地来又一阵风

第十二章 交　友

似地去，但他的诚恳、亲切却让他欲罢不能。一般人对于旧交情谊深厚，但他绝不限于旧交。例如，去欧洲旅行时靖国丸上的同船伙伴，岩波也亲自款待，组织聚会。只上了一年学的日本中学的同窗会等，他也尽力周旋。高等学校的同室会、同期会等，他经常招待同学，组织聚会，还提议给经常缺席的友人寄送大家的留言。一九四五年八月，在诹访的牡丹屋住宿时，他心血来潮，打电话给故乡中洲村的小学时代的朋友，款待他们，一夜尽欢。在三十年纪念晚宴的章节中已经讲过，那时邀请的客人，除岩波交往的天下名士、学者、作者、学友之外，还有无名的同乡旧交、常来常往的人们。喜欢交往、或者说喜欢聚会、或者说喜欢请客，有人说这可能因为岩波富有，或是因为他周围有需要照顾的人，但绝不是这样，这来自岩波的天性。

岩波见到人就说"吃饭去吧"，这是回忆岩波的人异口同声之处。经常去的是"滨作"，稍微严肃点儿的就去"锦水"。岩波不太饮酒，但经常与人共进美食，这或许是使他血压升高、以至早逝的原因。但毫无疑问，他的目的除美食外，更在于客人。打算作为静养场所的惜栎庄，也成为络绎不绝的待客之处，这在前面也已讲过了。他没有客人就不安稳，据说没有客人来时，他甚至还请经常出入别墅的小伙计吃晚饭。

岩波所到之处都能找到知己，这在前面也已讲过了。他与房州岩井桥场屋的女主人忍足堰相处得像亲戚，在岩波的介绍下，我和天野贞祐等也常常光顾那里。岩波在很早以前、大约是一九〇六或是一九〇七年去那里时，与在那里养病的大森忠三、小池元武相识，这在前面已经讲过了。在信州上伊那郡朝日村为早逝的大森举行纪念碑揭幕式时（一九二四年七月），岩波也特地出席。后来，他还为小池斡旋东京牛达的埼玉县学生扶助会宿舍舍监一职，该扶助会是涩泽荣一主办的，由岩波的友人渡边得男照看。

岩波的友情除前辈、友人外，还遍及弟子、店员和常来常往的人，尽管数量极多，但其真情实意仍是普通人无法企及的。岩波的一个年轻男店员曾指责，某个忠实的校正负责人因病入院花费了一些费用，尽管他就这笔费用的处理方式提醒过岩波，但岩波仍将其算作书店借给这位校对的，这位店员并说与那时岩波给予患病的山本安英的待遇相比，原来岩波的好意只限于名人呀。但是，指责岩波借给店员住院费，这是一种过于自我中心、只顾要求别人、缺乏反省的态度吧。

总的来看，接受过岩波好意的人，经常会感到岩波只对自己这样好，但这并不是因为岩波的技巧，而是源于他的真诚。

岩波求友于天下，在故乡信州人、特别是教育者中有很多挚友，这在前面已经讲过了。其中一人就是东京府立第五中学校长伊藤长七，在他卧病期间（一九三〇），岩波率先筹集慰问金。还有冈村千马太，他是一名多年为信州教育界尽心尽力、独立不羁的人物，在他不幸的、病弱的晚年，岩波也给予很大的关怀。矢岛音次离开教育界后进入政界，不是十分得志，但岩波直到晚年都推崇他为自己的商量对象。久保田俊彦（岛木赤彦）一丝不苟地致力于 *ARARAGI*，岩波对此热心相助，也由于这个缘故，与平福百穗、斋藤茂吉等人也交情深厚。对于太田水穗，虽不能说倾倒，但因为受到过他的帮助，一生都有交往。晚年，岩波尊敬诹访市议会议员久保田力藏，二人同为尾崎行雄的崇拜者，结成了深厚的友谊。而在同乡学者中，岩波尊敬前辈的哲学家北泽定吉。一九〇九年，北泽患肺病时，岩波诚挚地去平冢的杏云堂医院探望，安慰病人夫妇。与低他两三年的后辈、气象学者藤原咲平，二人在作者与出版商的关系上也非常亲密，这也在前面讲过了。

说到同乡，岩波对旧交小松武平的深厚友情还惠及他的儿

第十二章 交 友

子摄郎、醇郎及女儿细谷澪子。对于其他我认识的、或者不认识的同乡友人的厚意不能一一列举。岩波曾经的店员、已故桥本福松，以及从一九四一年末到四四年担任岩波的秘书、其后代管岩波富士见别墅的小尾喜作（及他的妻子），本来都是信州的教员。

岩波原本就是英雄崇拜之情很强的男人，在"回顾三十年感谢晚宴"上，他说道："我虽不才，但希望向着高远的理想再靠近一步。我之所以能够驾马加鞭地沿着一条道路走到现在，极大地仰仗于杉浦重刚先生，他教给我贯彻至诚之道义的可贵；凯比尔先生，他教给我作为人的崇高境界；内村鉴三先生，他教给我什么是永远的事业；福泽谕吉先生，他教给我独立自尊的市民之道；还有以公益精神贯穿整个生涯的青渊涩泽翁。"这五人当时已成为故人，但对于活着出席这次宴会的三宅雪岭，岩波也怀有极大的崇敬。在文化勋章制度设立的时候，他首推三宅作为应授勋者。岩波本人在三宅之后也被授予这一勋章，他一定感到诚惶诚恐，认为是特殊的光荣吧。对于夏目漱石，除了尊敬之外，作为使岩波书店获得成功的作者，岩波与他的关系很深。漱石去世后，漱石喜爱的弟子寺田寅彦又作为作者以及出版方面的贤明指导者，受到岩波的尊敬。据说寺田曾对学友高岭俊夫说："岩波君说得真好，据说要发挥我的全部人格。"曾任第一高等学校校长、京都帝国大学文学部部长的狩野亨吉（一九四二年十二月二十二日去世），是漱石敬畏的友人，也是岩波尊敬之人。晚年，他不考虑自己的能力性格，投资朋友的锉刀制造业等，岩波虽然不赞成，还是让他写些出版物的书脊文字等，以此暗中帮助狩野摆脱穷困。岩波对于幸田露伴的钦佩、爱慕，虽然表面上被店员小林勇抢了风头，但他在露伴的生活等其他方面也非常用心，并通过小林帮助他。晚年，岩波委托露伴写涩泽荣一的传记，这是因为他真诚希望以露伴之笔，将自己尊敬的涩泽的一生传给后人，但也是为了让露伴安享晚年。

在岩波尊敬的诸前辈中，他学生时代与内村鉴三的关系已在前面讲述过了。而开办书店之后，他也为销售内村出版的著述、杂志尽心尽力。一次，神田的青年会馆宣传内村将在此演讲，但其实内村没有答应，当岩波听内村说起此事时，立刻找当事人谈判，让他擦去告示牌上内村的名字，又在告示牌下面贴上内村写的纸条"小生没有约定今晚在青年会馆演说　内村鉴三"。据说内村高兴地对弟子藤井武说，岩波真是个勇敢的男人。

由于与内村的这种关系，让我从岩波缅怀内村的文章中引述他的内村观：

> 从先生致力宣扬的基督再临开始，我终究没能理解纯福音，只停留在仰慕托尔斯泰的所谓"没有信仰就没有生存"的境界，最终也没有过上有信仰的生活。对于先生来说，我是没被救赎的后辈，也是让先生悲伤的人之一吧。没有信仰的我应该不会理解先生的伟大之处，但我确实受到了先生的人性感化，尽管这样的人性感化时常为先生所忌讳。即使我终究没有理解神国的幸福，但先生的教诲让我深切领悟到此世荣耀的微不足道，领悟到永恒的事物与梦幻泡影的区别，领悟到真理、正义与真诚比任何事物都应受到尊敬，强烈领悟到置身密室一个人的祈祷远比迷惑民众的表面事体更重要，领悟到社交的无聊，与自然为友、亲近典籍的快乐。如今，我不大出席宴会等场合，尽量减少交际，也是受先生的影响吧。对于先生，我可能只是个可怜的迷路的孩子，但对于我来说，先生是给予我极大感化的恩师。

第十二章 交 友

在国家举步维艰的当今，想到先生被称为国贼、被骂作非国民、被侮辱为伪善者，我感到尤为痛切。我不认为先生没有人性的弱点，也觉得先生有很多素质被误解。先生像鹿恋慕溪水一样爱慕真理，哪里能找到像先生这样的人？先生尊重正义、热爱家国日本、真诚地生活，哪里能找到像先生这样的人？在先生可怕的容貌中，包藏着极其正直的心与无限的爱。作为有信仰的人，先生是暴风怒涛般刚烈无比的战士；而作为平常人，先生软弱得以至于别人以为他胆怯，温柔得一片花瓣拿在手上也要落泪。比起与众人共享和平、和谐世界的生活，先生更是斗士，他承受着迫害，继续孤高地奋战，越来越发扬自己的本质。虔敬、庄严、高贵、谦虚、热忱，先生的祈祷除此之外别无他物。先生怀着破碎的灵魂、忏悔的心跪在神前祈祷时，就连像我这样怀疑不信的人，也感受到宇宙中俨然存在亘古不灭之物。想来，像当今日本这样远离正义和真诚的社会，在世界上恐怕是绝无仅有的吧。倡导忠君爱国者屡见不鲜，善导思想的学者也比比皆是，却没有先天下之忧而忧、后天下之乐而乐的、真正的忧国重义者，这是现代日本的忧患。我不停地祈祷出现像先生一类的国贼、非国民、伪善者，站出来颠倒价值，揭示何谓真理，指导一代人拯救现时之日本。（一九三四年五月《内村鉴三先生》）

这是岩波借内村阐述自己的理想与自身的文章，因此不厌其烦地在这里引用。也许有人会说，见了人就要请人吃饭的岩波说控制社交，这也太奇怪了，但他确实几乎不出席同行业的聚会，他所说的社交可能是指这样的聚会吧。

岩波对于自己尊敬之人的倾倒，在内村的青年会馆演讲事件中表现尤甚。下面再讲一个例子：在妇女中，岩波尊敬曾任东京女子大学校长的安井彻（Tetsu）子，称赞她心灵美丽、头脑清晰、见识广阔、态度豁达，是少有的人格完美之人，是虔诚的基督教教徒，同时又具备了日本妇女贞淑的美德。岩波让四女末子入学该校，又率先为该大学募集基金（一九四〇）。另外还有一件事，那就是岩波请求安井为现在已故的长子推荐配偶候选人，安井推荐了某家某女，是女子大学的学生。对方也希望促成此事，但雄一郎的姐妹们不赞成，母亲及雄一郎本人也没兴致。怎料岩波对我诉苦说，大家对于他尊敬的安井推荐的候选人一点儿也不考虑，也不做任何调查，太不像话了，说着竟气得流泪。正巧我对对方也略知一二，就说既然如此，两家人见见面也好，在我的劝说下，岩波一家与对方一家共进晚餐，但此事最终没有成功。后来又提了一家，雄一郎本人愿意，但不久就病故了。此次事件，我觉得岩波有些过分了。还有一件可笑的事，依照岩波的强烈主张谈妥的两家聚会，岩波却在中途开始犹豫，想要中止，遭到了女儿们的反击，这才回心转意。岩波也有像孩子一样的可爱之处。

在作者当中，岩波尊敬、并以效犬马之劳为荣的前辈还有西田几多郎。自从其他书店出版的《思索与体验》在岩波书店再版以后，又继续发行了他的全部著述。岩波不仅尊敬西田是个优秀的哲学家，更尊敬他人格高洁，经常关心国事。对于西田在镰仓的住所、西田的继室等，他都不厌其烦地奔忙。还有一个人是岩波一高的同期，由于作者关系与其交往密切，那就是田边元。因为阿部、安倍等人的关系与岩波亲密交往的，有一高的后辈和辻，还有天野。岩波热衷的人物都是给他感动的人，如果是学者，则是有着炽烈的向学精神，不厌贫苦，或是道德信念始终如一，或是才学优秀，总之有让他欣赏之处。田边就是一个例子，他去欧洲留学时，岩波送钱饯行，又不仅赠送前述的感

第十二章 交 友

谢金，还带着诚意要资助他的研究。田边有洁癖、正直，但脾气暴躁得近乎病态。例如，他住在岩波的北轻井泽别墅时，据说曾大发雷霆，说房间里没有窗帘，一大早就醒了。岩波令人吃惊地、唯唯诺诺地听了他的不满。另外，可能由于店员的失言，田边取消了由岩波书店出版所有自著的承诺，岩波风风火火地跑到京都，向田边百般道歉（一九二五）。同年，田边病重时，岩波也立刻来到病床前探望。天野是因为他的诚实、有道德的性格而受到岩波的尊信。阿部次郎与岩波是同级，他头脑的清晰和犀利是岩波极其尊崇之处，敬之如兄，出版之事也常常征求他的意见。但由于阿部任性的性格，晚年关系就疏远了。

一高时代由于舢板而结交的伙伴吉田圭、上野直昭、林久男、渡边得男等，终生都与岩波有着保持美好的友情。特别是上野，由于后来从法学部转到了文学部等原因，又成为岩波出版方面的商量对象。由于那淡泊而诚恳的交往，他们之间可能没有发生过一次不愉快，始终都是岩波的好友。一九二四年秋，在上野踏上欧洲留学之路时，据他说，"岩波送了高额的饯别礼。"一九三〇年正值书店不景气之时，上野再次去欧洲出差，岩波解下手表赠给他说："现在无法给你饯别礼了，就把这个拿去吧。"据说上野至今还保存着这块表。林与岩波是同县出身，虽然岩波也承认他的缺点，但二人密切的关系终生不渝。岩波亲密无间的挚友，还有从学校毕业后不久就自杀的（一九一三）大阪人山田又吉。他头脑聪明、正直，能给人细致入微的同情与理解。

同宿舍或同级的伙伴中，还有乡古洁、工藤壮平、玉井润次、荻原藤吉（井泉水）、大久保（旧姓关场）侦次等人。大久保作为大藏省的局长，受到所谓的帝人事件的连累（一九三四）时，岩波向法院提出意见，指相信大久保的人格清廉与正直。乡古在战后要被问以战犯罪时，岩波也为他起草了辩护文章。岩波与大久保等人关系并不特别亲密，但还是寄以了如此厚意。主持旧同盟通信（现共同通信）的古野伊之助虽不是岩波的旧交，但当他被问以战犯罪时，岩波也为他执笔辩护。此外，玉井润次作为旧交，木下信作为同乡，他们在选举时都得到岩波的帮助。晚年，岩波与种田虎雄、十河信二也有密切交往。岩下壮一由于其学识和对麻风病患者的奉献，受到岩波的尊敬。真锅嘉一郎由于漱石的关系与岩波相识，作为医生受到岩波的信任。真锅死后，武见太郎又受到他的极大信任。

岩波的好意还惠及友人或店员的婚姻、家庭。他关心晚婚的上野直昭，又为在凯比尔手下工作而长期未婚的久保勉奔忙，如此之事不能一一列举。这都基于他那一旦认定就必须实行的性格。但有时，过分的好意似乎也给对方造成了强制的感觉，或者让对方觉得像处理公务，从而产生了不满。

在波多野精一的介绍下，虽然性格不同，但岩波还是资助了三木清一九二四、一九二五年留学时的费用，还资助矢崎美盛的留学费用，他喜爱河野与一，也帮助他的生活。还有很多学者、特别是年轻学者受到岩波的尊重，并得到他的资助，这种阴德除风树会、感谢金之外还有很多。

岩波有洁癖、神经质、爱憎强烈的一面；而另一面，与我们不同，他有很强的包容力，在某种情况下还会清浊并吞，这对他事业的成功很有帮助吧。但如前所述，所谓的文人气质不合他的性格。他对白桦派的文人怀有敬意，虽然也出版武者小路实笃、长与善郎等人的著作，但关系并不亲密。如森田草平、铃木三重吉等虽然有《漱石全集》的关系，但倒不如说他们对岩波反感。在金钱方面，对于自己主动付出的钱，他不惜重金，出手大方；但即便对关系亲近的人，也仔细计算，从不原谅胆敢赖账不还的人。他严格督促生田长江偿还借款，在借给某位有才干

第十二章 交 友

的女文士巨额款项之后，又不满意她的态度，最终让她全部偿还。而且,岩波还不允许为了奢侈而借钱,小宫丰隆向他借钱时，他认为小宫日常生活奢侈，便在小宫寄给他的奢侈的信笺背后，写了表示拒绝的回覆。ARARAGI的高田浪吉说,自己结婚时收到岩波的贺礼，而他的借款则从版税中扣除。

前面提到他对店员特别用心，其中最显著的例子便是曾担任他的秘书、现在仍是店员的堀江（旧姓木俣）铃子。她毕业于东京女子大学，一九三二年春，在高桥穰的关照下进入书店工作。之后一度被拘捕，第二年四月成为岩波的秘书，但担心连累书店，便于九月辞职，从事非法活动。一九三四年一月，她再度被拘捕并被起诉，岩波送去甲鱼汤慰问，并操心她的辩护律师，请了三轮寿壮担任。她的母亲在她入狱期间再度患肠扭转,于一九三六年五月死去。岩波在京都看报纸得知此事，连夜来到她的故乡滨松吊唁，又乘清晨的列车回京。据说岩波曾说过，由于自己对母亲的风树之叹，他每次经过滨松时，都会怀念为铃子操劳的她的母亲。铃子被释放后，他劝铃子静养，等待身体恢复健康。为准备一九四二年十一月三日的"回顾三十年感谢晚宴"，岩波请她帮忙做演讲的口授笔记等，到一九四三年初更任命她做秘书。他不顾世间的议论，给予铃子真挚的关怀以及为她采取的行动，使纯情的铃子深受感动，在岩波健康日渐衰退之时，她亦以忘我的奉献报答岩波，直到最后。不得不说岩波的这种态度是世间罕见的吧。

我与岩波的友情与其他的友人有些不同。我在一高遇到岩波以后，很快就与他成为好友。到岩波成家之后，我又成为他亲密的家庭之友，一度与岩波同住一栋房子里。我的表弟堤也作为岩波的经理，像影子一样为他工作。岩波开店之初，我是岩波的商量对象；特别是在他出版事业刚起步的一段时间里，岩波出版书籍的广告几乎都是我写的。岩波的首要出版物《哲学丛书》的发刊辞，以及《漱石全集》、《寺田寅彦全集》的发刊辞等也都是我写的。但是，我从未作为作者为岩波书店奉献过压轴的名著、力作，也没有让岩波感动的学问态度。我曾经请求岩波出版我的《西洋道德思想史》，它曾刊登在岩波书店《伦理学讲座》中，可岩波没有点头。这可能是因为他听了谁的评价，但我自己也认为这一作品只是对西洋学者著述的改编，的确是稍微便利的书籍，至于它能否受到岩波书店的重视，我却没有信心，因此也就甘受拒绝。也有人因为我与岩波的关系而通过我请求岩波出版，但我对这些劝说不太热心，实际上由于我的推荐而出版的书籍也几乎没有。我从中勘助那儿借的房子，后来连同主宅都被岩波购买时，我想这下可以在这房子里稳定下来了，便把这样的盘算告诉岩波，没想到岩波冷淡地回答：不，可能什么时候得请你离开。我多少感到愤懑，既然如此便想自己建个房子，不久后买下了目白的文化村的分割出让土地。岩波听了很高兴，借给我第一银行的六千日元股票，建议我把这些股票作抵押贷款。前后的关系已经忘记了，但在我突然决定去京城帝国大学时，岩波说你既然去朝鲜，就得有"埋骨韩山"的思想准备，反对我建房子，我没有听从他的建议。总之，我抵押了岩波借给我的股票，从银行借了钱，同时也从其他地方多方筹措，终于建起了房子，但这栋房子后来在战争中烧毁。昭和初年，岩波书店不景气时，岩波要求我还钱，我便从其他朋友那里借钱，将股票还给了他。我有时也会请朋友通融些，但对于岩波我从未借钱不还。当然，岩波也请我吃饭，拉我去旅行，这样的事情多得数不清。小宫、阿部去欧洲时，还有后来我去欧洲时，岩波为我们组织了箱根热海二、三晚的送别旅行，这样的旅行他也招待

第十二章 交　友

过很多其他的好友。

一次岩波请我吃饭，还请了寺田和小宫，好像是在日本桥的"春日"，小宫和我就书店的一些措施说了很多不好听的话，岩波无法回答，最后哭了起来。后来，寺田非常严厉地责备说，你们做了件非常不愉快的事。现在，我也忘了当时说什么了，虽没有感到良心的痛苦，但这件事反而说明了岩波的纯朴老实，我们也并没为此得意。我从昭和之初赴任京城之后，每有假期便回到东京。岩波经常来找我，或请我吃饭，只是对他一大早扰人清梦吃不消。还有一件事：岩波一家曾撇开岩波，商议娶我的女儿给岩波的长子做媳妇。可能岩波不愿意让我成为他有实力的亲戚，我理解他的这种心情，也没觉得不高兴。但我对岩波说，我这边毫不介意，你却说得好像是我强加于你的一样，太不像话了，岩波听后很坦率地向我道歉。后来，女儿嫁到北海道时，岩波还赠送钢琴作为贺礼。这些都显示了岩波性格中最愉快的一面。但是，岩波还有像孩子一样虚荣的一面，例如他隐瞒自己落第，还比如在岩波待客时我出现了，他就会简单地介绍我，好像这样能保持自己的威严，显示自己懂得待客之道，对此我只能报以苦笑。

明治末年，我们一起去旅行。快到越后的高田时，岩波问师团大还是旅团大，我回答说，你觉得不知道这种事是了不起吗？岩波听后愤慨地说，你就只知道挑别人的缺点。就这样，我与岩波的相聚并不总是愉快的。走进他的房间，岩波有时满面愁容，笑也不笑一下——也不知道当时我的脸是什么样的——他还开玩笑地说我是"可怕的大叔"。就这样，我们终生交往，最后，关于改组株式会社的事，除明石、曾志崎、堤等熟悉店务的人之外，在众多的朋友当中，他好像只想和我商量。这次的商量由于岩波的早死而没有实现，但岩波可能还是信任我的吧。

关于我的事讲得这么冗长，有些奇怪，但还要讲一件有趣的事：昭和三年、岩波书店发生罢工时，我听说在店员的抗议中，有一点是岩波一边虐待店员，一边却为和辻哲郎去欧洲赠送高额的钱别礼物，便对岩波说，我去欧洲时你好像什么都没送呀，不料岩波怫然作色道：我送你值一百几十元的翡翠袖扣了，你不承认也可以，你夫人要是不承认就太不像话了。我把这件事忘记了，才失口说出那种话。后来，有两三个妇人夸奖说，你袖口的翡翠色泽少有的漂亮，从那以后便十分珍惜。战时房子被烧后，每次外出时，我都把袖扣放到帆布包内携带。但在东京最后的轰炸时，为我们存放东西的那家也着火了，袖扣一时下落不明。后来，烟灰随风散尽，袖扣从废墟中露出来，但原来美丽的翠色已经消失了。

当我想到我与岩波的友情中有一种苦涩时，我认为这既缘于我与岩波性格的差异，也缘于我俩性格的共同之处，但也因为我毫无顾忌。有时，我无论如何也无法对岩波的得意或兴奋产生共鸣。还有我们二人过于接近，还因岩波的夫妇关系，我同情他们的夫妇关系，也为他们悲哀、不快。和辻和田边等人是保持一定距离的同情，而我不仅如此，这使得岩波忌惮我。我又是夫人的同情者，这也是我与万事谨慎的上野等人的大不同之处吧。而且，我还忘记人家好意赠送的礼物，也不道谢，经常不客气地说些令人讨厌的话，所以，岩波不愿意积极地送我各种礼物也是理所当然的。

第十三章
家庭生活

岩波在一九一三年八月开办书店之前,或做些业余工作,或做教师,其家庭生活与职业从未分开过。开办书店之初,岩波也与夫人及两个女儿一起住在神保町的房子里,夫人也站柜台等,做些工作,神田高等女校的毕业生等人也来帮忙。

但第二年,一九一四年九月,书店出版了漱石的《心》。时年春,四月二十七日,三女美登利出生,孩子用剪刀剪了漱石亲笔题写的封面,岩波认为还是应该把家和书店分开。一九一六年四月,岩波再次租下曾经与我同住的富士见町二丁目的房子,让家人住在那里。时年十月四日,长子雄一郎在那里出生,但第二年六月,为了雄一郎肺炎愈后的休养,在医生的劝说下,岩波在镰仓坂之下租下房子,夫人与孩子住在那里,与岩波分开居住。当时将书店与家庭分开也是必要的,特别对于爱孩子、对待问题不姑息、一定要彻底解决的岩波来说,搬家也是理所当然的处理。但对于岩波那样热情、体力旺盛之人来说,这逐渐成为促使他疏远家庭的一个原因,也是不得已之事。一九一八、一九一九年,岩波原来的学生作为岩波的秘书住进店里,由于岩波长时间与家人分开，也住在店里，终于与这位学生发生了情欲关系。虽然夫人吉以前与丈夫多少有些不和，但在这一点上绝对相信丈夫，因此，这对她来说自然是极大的打击。自此，夫妇不和愈烈，岩波的生活日渐放纵，吉的苦闷也愈加严重。但在此期间，一九一九年六月十五日，次子雄二郎在镰仓坂之下的租借屋中出生。第二年二月，岩波在书店附近的神田今川小路买下房子，不久，夫人与孩子也从镰仓回来，住在那里，但家庭生活看起来并不愉快，岩波在曲町下六番町租房子，又在八月住进以前的旧巢、千驮谷的那须处。同年十一月，岩波买下位于小石川小日向水道町九十二番地的中勘助哥哥的房子。当时，岩波由于《漱石全集》等收入颇丰，在卖价六万日元之上又加了五千日元的谢礼。这样，岩波有了能和家人一起居住的房子，四女儿末子于一九二一年十月二十二日在这里出生。但岩波始终在夫人住的这里不能安顿下来，经常住在今川小路的房子里。再加上三女美登利病弱，一九二二年九月，除年长的两个孩子外，美登利以下的孩子都和母亲搬回到位于镰仓坂之下的以前租的房子里。一九二三年地震前，岩波买下镰仓名越的房子，将家人搬到那里居住，这栋房子是为存放前一年举行的和平博览会的展品而建的。那时，年长的女儿百合和小百合住在东京的学校里，与岩波一起在东京，其他的家人都在镰仓的房子里度过了大地震。但第二年三月，由于夫人希望和家人一起生活，便又回到了东京小石川。但不久，美登利再次发病，这次，岩波为美登利请了家庭教师，自己与她一起搬到名越居住。再第二年四月，岩波又与夫人替换，夫人搬到镰仓，除年长的两个孩子外，其他的孩子们又与美登利一起住到镰仓。另一方面，岩波与在报纸上登广告雇佣的女佣一起，从昭和初年到六年（一九三一）住在小石川，这引起了子女们的悲伤与周围的反感。女佣离开后，一九三一、

第十三章 家庭生活

一九三二年,夫人又带着孩子们回到东京,住在小石川,但岩波又避开夫人,回到镰仓。从一九三三年下半年,他在镰仓有了情人,一直持续到他去世前。一九三八年,他曾一度在稻村崎租房,一个人居住,第二年二月,又在小町买了房子住在那里。

岩波在所谓的结婚倦怠期,开始感到与曾经热爱的妻子之间性格乖离、生活不协调,为了工作与孩子的病,不得已而分居。岩波有着超乎常人的精神和肉体要求,因此与其他异性产生了关系,这种关系进一步带来了夫妻不和。特别对于岩波来说,他将与夫人同居视为痛苦、不快,躲避着受不了独住的寂寞、想要一同生活的夫人,以至于最终将分居作为家常便饭。岩波希望离婚,夫人内心有时也是这样想的吧,但由于她对岩波难以割舍的爱情,也出于对孩子们的幸福的考虑,再加上岩波朋友的劝说,有很长一段时间,她没有接受、也无法接受离婚。那段时间,夫人即使得到友人的同情,但仍感到离开岩波的爱的寂寞;岩波虽然得到了情人,但仍感到不被挚友们认可的愧疚,他的秘密使朋友们疏远,夫妇二人都过着寂寞的生活,虽然不得已,也着实悲哀。

一九四一年九月,岩波在热海伊豆山建造了临海别墅,比起家人,这栋别墅大多为朋友知己所用,这在前面已经讲述过了。一九四四年六月,依照古岛的愿望,岩波买下信州富士见的古岛一雄的别墅,命名三倾园,用于家人疏散等。岩波是古岛多年的支持者,由于当时古岛要用钱,便以三万日元买了下来,其实市价仅是它的十分之一,据说岩波也戏称是"千金一笠"。所谓的三倾园是因为只有建筑用地是平的,其他部分都向三个方向倾斜,因此而得名。

岩波夫妇生了二男四女。关于他们名字的由来,长子和次子的名字是效仿他所尊敬的雪岭三宅雄二郎之意;长女百合是因为他酷爱百合花的缘故；次女小百合是因为她是百合的妹妹；到了三女时，朋友们笑话他说这下该起铁炮百合了吧，但岩波按照樋口一叶的小说《青梅竹马》的女主角，取名美登利；四女末子是停止的意思。据说在小百合诞生前，岩波准备了男女十几个名字。长子雄一郎毕业于东大物理学科，在东京芝浦电气制作所的电子工业研究所担任电子管研究室主任，从事电视的研究，但不幸于一九四四年六月患肺病，并于第二年九月三日早岩波八个月离世，年仅三十岁。岩波在当年元旦的日记中写道：在热海参拜来宫、伊豆山两神社，祈祷雄一郎和美登利痊愈。真是可怜天下父母心。雄一郎头脑不坏，是个纯朴正直的年轻人，可惜英年早逝。他在去世之前有意继承家业，岩波为此非常高兴。据说长子死后，在得知次子雄二郎也有继承家业之志时，岩波也很高兴。他虽然说过，事业就一代，我死后让堤来做等等，但让自己的孩子继承遗业，毕竟是人之常情。

长女百合在藤原咲平的撮合下，于一九三〇年四月与中央气象台技师小平吉男结婚。次女小百合在野上丰一郎夫妇的撮合下，于一九三二年九月嫁给了小林勇。三女美登利在大河内正敏夫妇的撮合下，于一九三八年四月嫁给了物理学家山崎文男。美登利由于身体虚弱，受到父亲特别的宠爱与照顾，后来又在丈夫的庇护下幸福地生活。四女末子在明石照男夫妇的撮合下，于一九四三年四月嫁给了友人种田虎雄的外甥种田孝一。另外，长女百合不幸于战后和丈夫分手，又恢复了旧姓。

这四人都是在岩波在世时结婚的，次子雄二郎则在安倍能成夫妇的介绍下，于岩波死后的一九四七年十二月，与高野与作的长女淳子结婚。其中，小林勇的婚姻是当事人双方相爱的结果。但小林勇在发生劳动争议的一九二八年末离店，加上他才气焕发、富于谋略，经常与岩波合不来，而且，岩波也不能说不重视对方家庭的社会地位，因此一度对他们的婚姻感到不满与不安，岩波的友人中也有不赞成的。但是，女儿意志坚定，夫人也赞成，再加上幸田露伴、小泉信三、野上夫妇的后援，终于促成了他们的亲事。在婚宴上，露伴也就缘分的不可思议娓娓道来。

触及到岩波的家庭、特别是夫妇关系，对我来说是件痛苦的事情，也非常困惑该如何写为好。如果是世间普通的传记，可以不触及，或用表面的漂亮话来掩饰。但在将岩波其人流传后世的意义上，我不希望这样。然而，我也不喜欢一味地攻讦挚友的隐私，"以己为直"。岩波作为一个不完美的人，也有很多迫不得已的、令人同情的地方。而且，他的短处与长处一样多，为了将岩波如此独特的人格流传后世，又不得不触及这些事情。忍受着这种痛苦的疏远，最终竟没有走到家庭破碎的地步，这很大程度上倚赖于夫人的忍耐。面向社会，岩波常常倡导正义，夸耀"你能够，因为你应该"，因此，不喜欢岩波的人污蔑他是以正义为商品而获利的伪善者；还有人嘲笑说，岩波那样看来纯朴的男人，按他的性格应该不会有这样的情事。这些说法都是不准确的。

岩波所夸耀的康德将道德视为纯理性的东西，极力排斥与感性的交错。但看岩波这个人，他的道德主张却经常与强烈的感性、即感情本能结合在一起。而且，岩波既不像康德那样是个道德理论家，也不像康德那样是个单身的君子，反过来，也可以说，他由此成为道德的强有力的实践者。我认为，道德并不是与自然分离的，人类既是自然的、感性的，也是理性的、道德的。不，正因为是自然的、感性的，才需要理性与道德，它明显的表现就是，在最自然的男女关系上最需要道德。岩波的"你能够，因为你应该"的信念，由于岩波的道德的、理性的正义与热情相吻合，才使他在有如旧书按标价销售这样困难的事业上获得成就。但在热情领先于理性的恋爱上，这一格言的消极方面，即"你不能够，因为你不应该"就很难行得通了。总而言之，岩波在野尾湖时期所怀的草率的、抑或说粗糙的、唯精神的柏拉图式恋爱的梦想，脆弱地粉碎了。这本来也是理所当然的。

岩波的父亲是个身体虚弱、温厚方正的人，但祖父传吉被称为大传，是村子里有名的身材高大、精力充沛的人物，据说村子里甚至流行一首歌"金子的大传轻浮、轻浮"。母亲歌也是充满热情之人。总之，岩波生来就遗传了血气方刚的性格。开店之初，有一个稍微容貌出众的学生来店里帮忙，岩波经常和这位女子出去散步，这成了家庭纠纷的根源。夫人托我提醒岩波，岩波却昂然道：一起散步有什么不好！诚然如此，我也无言以对。但是，岩波很少以有妻有子之身，顾虑两个人散步带来的诱惑。而且，岩波不再留恋往昔的理想主义，永远是一个幼稚的恋爱至上主义者。震前，他为有岛武郎与波多野秋子的殉情而感动，以一份不超过五十钱的限额从社会募集资金，发起了建纪念碑的策划。在此之前的一九二一年七月，石原纯迷恋原阿佐绪，放弃妻儿与东北帝国大学教授之职，岩波也为他打算，后来，石原通过岩波书店的工作赚得生活费用。放弃一切，追随自己的热情，这样的行动总能博得岩波的同情与感动。他在为他人的这种行动感动的同时，对于自己的这种冲动也有草率之处，这是不可否认的，但毋宁说，这是谁都有的"意料之外"的本性、本能所致吧。然而，对于与自己有这种关系的女性，岩波并没有把她们作为单纯的性交、游戏的手段而全然不顾后果，而是要做该做之事，情意深厚。总之，以享乐的心情，快活地享受花园的逍遥，把自己亲手装饰的花朵秘密地安置某处，这种游戏的、消遣的态度在他的身上是不存在的。可以说，他极力回

第十三章 家庭生活

避古董兴趣以及酒色之乐，可能也是担心自己的热情不会止步于不冷不热的兴趣层面，而是会不顾一切地达到自己想达到的目的吧。"不能以人格为手段"的人格主义是岩波的信条，但与此相矛盾的行动是岩波及很多人格主义者所共有的，尽管如此，这种愿望还是隐藏在矛盾的背后。有人劝说岩波，以职业妇女为妾可以省去很多麻烦，岩波不接受这样的劝告，可能也因为这一点吧。但是，岩波不能无视人格主义，又不能完全控制自己的热情与情欲，这给岩波的恋爱、抑或是爱欲生活、进而是他的家庭生活染上了一种苦涩，这是无法否认的。而在这一点上，夫人虽没有过错，但她的刻板可能也加重了这种苦涩吧。

岩波与家庭的疏远起源于一九一六年的分居，或者在更早时就已萌芽。一九一八、一九一九年，他与夫人的疏远日渐加深。可能是在大正末期，岩波几度下决心离婚，都由于夫人不同意而没有成功。晚年，二人关系看似有些缓和，这里不再——追踪经过，也不再记录每个人及其行动。但是，与其在这里做种种忖度，不如引用岩波夫妇关系最为疏远的大正末期，岩波写给和辻哲郎的信，以岩波自己的笔，告诉大家岩波关于夫妇关系的心事。

> 拜复 您多方关心小生的一点私事，对您的好意表示感谢。我觉得自己的一点私事不值得与人讲，而且，即使讲了也无济于事，也无法表达真实的心情，因此，就没主动和任何人讲过。感谢您好意询问此事，我也愿意回答任何问题。兄长或许不想触到我的痛处，而我却恨没有被触到痛处。
>
> 我的决心是什么，虽然不确切（可能是指传的离婚的决心），但我不想把形式上的事、手续上的事作为重点考虑。
>
> 对于这个问题，最后的、确切的事实是我欠缺作为丈夫的资格。而且，今后无论怎么考虑，按我现在能考虑到的，

我也没有希望培养出这一资格。因此，我的希望就是，让对方完全理解我的这种心情，让对方允许我从丈夫的地位辞退。

其次，我自己也相信我不具备为人父的资格，但是唯独没有丧失多少为孩子做些谋划的意愿，想至少能让我抚养三女一人（美登利，病弱，尤其为岩波所爱）。相信自己没有为人父的资格却要照顾孩子，这是极其矛盾的，但我想，如果愿望至深，或许从什么地方可以得到这一资格。如果不同意的话，那也没有办法。另外，如果我继续做书店的工作，无论多么小，也需要一处除书店以外的、自由的、不为他人侵犯的住所。被赶出小石川，又被赶出镰仓的家，全然无法安顿的话，这对工作不利。即便被赶出来，至少也希望在预先警告之后。对于小石川的房子、镰仓的房子，虽多少有些考虑，但如果想要的话就会给她，因此，希望她明确表明意愿。让对方不幸并不是我的本意，即使从义务责任上说，最初也是我要求建立现在这种关系的，而且，迄今为止也受到各种恩义，这些我都不想忘记。无论什么事，我都愿力所能及地提供帮助。但是我想，如前所述，我没有做丈夫的资格，佯装丈夫双方都不会幸福。如果能够理解这一点，我愿意提供任何便利，但好像没有这种希望。

以上就是我的希望，如果允许了，为达此目的我该怎么做才好？

如今，为了相互的幸福，我避免直接交涉，虽说如此，我也不想请别人代劳，只是顺其自然吧。

如有意见，愿意洗耳恭听。

八月十五日
岩波茂雄

第十三章 家庭生活

和辻哲郎

我不是没想过断绝与世间的来往,过一种为自己的兴趣而生的生活,但也想尽可能地奋斗。想到今后的生活,如果像现在这样,是无法工作的,多半没有效率。如果要工作,就要尽量有个了结,从而毫无顾虑地工作。

不是磨磨蹭蹭的年龄了,如果找不到有意义的工作,眼下的工作(出版)也要学习一下。虽是一点私事,但自己内心深处的问题,只对自己来说却是重大的,并经常支配自己的行动,因此,我希望对方哪怕仅对根本问题,也能尽快有所了解。

田边君说要亲自为小生向对方转达小生的意志,并在以前就建议我委托兄长交涉,但我都觉得过意不去,便不了了之了。

岩波在这封信中所说的自己没有做丈夫的资格,也不想努力得到这一资格,希望夫人理解这一点并同意分开,可以说,这种心境与愿望不是谎言。而实际上也听说,岩波曾几乎要抓着夫人的手恳求。但是,这种值得钦佩的心情,一旦接触到对方,便立刻成为激烈的争吵,成为怒骂,挫败了锐气,对方也怒上心头,抗议、讽刺,结果,疏远变得更深、更剧烈。岩波希望分居不受妨碍,这种心情也大致可以理解。从信中可以看出,即使岩波像模象样地、或看似像模象样地反省没有作丈夫的资格,但他的爱已冷却了。由于自己没有做丈夫的资格,使妻子陷入孤独的悲伤,岩波连体察这一原点的从容也没有。那时,可能正是岩波对妻子的爱情最冷却、又无法分开、多少有些自暴自弃之时。另一方面,夫人作为一名女性,不管怎么说都是消极的,因此,她那无法承受孤独寂寞的心情使她陷入请求岩波同居、到处追赶岩波的境地，这也是迫不得已之事。但是，在这期间已经有了六个孩子，由于二者性生活的不和谐，肉体、精神上的各种理由，岩波的冲动、热情的性格，夫人理性的、冷静的、有些刁难人的性格所带来的不似当初的轻蔑与憎恶，加上两者之间、特别是夫人一方由于介入两者之间的女人而产生的不满、嫉妒等，使事情不能由道德简单地解决。开店前的一九〇九年秋，住在西大久保时，夫人曾离家一夜，这在前面已经讲过了。或许从那时起，由双方的性格及性生活的不和谐造成的裂缝就已经开始形成了，但直接原因还是由于书店经营的繁忙与繁荣激增，再加上孩子健康问题造成夫妇的分居。岩波不想与夫人接触，或住在书店的角落里，或租屋居住，过着寂寞的、居无定所的生活。为此，在肉体和精神上忍不住渴望女人，也不是不值得同情的。如前所述，一九一九、一九二〇年，夫妇生活的破裂日渐明显，比起岩波书店的繁荣与丈夫的荣达，夫人更痛切地怀念往昔夫妇共同工作的、俭朴的生活，这也不是没有道理。她屡屡与岩波的挚友们商量，一九二四年秋，也就是岩波夫妇不和变成慢性病、甚至提出离婚之时，岩波挚友之一的上野直昭决定去欧洲，为了尽量避免二人离婚，他要求夫人为了孩子也要坚决拒绝。时年十月，他还约岩波去仙台，在夜行列车上彻夜交谈，但并没有让岩波打消离婚的念头。后来，在一九三〇年，上野第二次去欧洲之前，他也劝夫人绝对不能离婚。我开始就对岩波提出过忠告，但深感夫妇吵架谁的话都不听，也就打消了这个念头。岩波的挚友们都不想一味地指责其中一方，尽量避免直接介入他们夫妻关系，但完全赞同岩波者，特别是在了解岩波家庭的人当中几乎没有。关于这个问题，岩波认为这是自己的问题，不应该对别人讲；除此之外，他也感到挚友们的否定态度，无法向别人倾吐，只有一个人体验这种内心烦恼的痛苦。田边、

第十三章 家庭生活

和辻等离开东京去了京都,与岩波的家庭不太亲密的朋友们,在观念上对于岩波的心事抱有很大的同情,这也是自然的。夫人对岩波的爱并没有消失,"喜欢岩波"的心意与离开岩波的寂寞共存。岩波在寄给和辻的信中写过,不希望没有预告便把自己赶出家门,但正如岩波在前面说的那样,他像躲猫猫一样逃避妻子,如果以冷淡的态度看,这好像很滑稽,但逃避者与被逃避者都感到苦涩的寂寞吧。虽然有孩子、家庭及其他原因,但二人之间存在的、无法割断的东西,可能是使他们的夫妇关系至少在形式上没有以悲剧收场的理由吧。就这样,岩波虽然继续做出"缺乏做丈夫资格"的行动,但结果二人还维持着表面的夫妇生活,没使家庭破裂。在如此困难的关系之中,也没给子女的教育带来极大的伤害,使他们正直、朴实地成长,如前所述,将他们送入社会,从整体上看,这正如岩波所愿。在减少大家、特别是孩子们的不幸的意义上,比起任由夫妻感情使家庭破裂,这还是比较好的结果。这源于岩波对夫人及子女的道德责任感,尽管有许多不服与不满,但他尊信夫人的人格,尽管让孩子们伤心,但他让孩子们相信自己对他们的爱。但主要还应归功于夫人,她忍受着痛苦,在家庭中好好地保护着孩子,没有像世间一般的母亲那样,通过向孩子们倾诉自己的痛苦,使孩子们站在自己一边,与父亲为敌。据女儿们说,从未听母亲说过父亲的坏话,这是很难的事情。在对外的仪式上,岩波也携夫人出席等等,虽不是赞扬他,但不料这成为防止家庭破裂的制约。晚年,夫妻关系有所缓和,在一起的时间也多了,例如,前述在招待岩波崇拜的头山夫妇一家时,岩波也是携夫人和女儿们款待的。一九四五年秋,岩波在长野病倒时,夫人可能担心刺激岩波的神经;而且,前次落马受伤时,夫人在医院遇到了岩波的恋人,可能担心这些不愉快的事会产生其他影响,因此没去探望,但据说岩波心里很在意，盼望夫人能来看望自己。夫人在一九二六年春患乳癌时，岩波迅速请求真锅嘉一郎出诊，并听从真锅的劝告，请盐田博士实施手术，自己也在场，住院二十天后又转到别处，在紧要关头总算平安无事。一九四六年一月（二十日左右），在自己的健康日渐衰弱之时，得知夫人怀疑得了丹毒，也请武见太郎与专业医生共同诊断，以防有大变故。不仅对夫人，他经常为注意家人生病而忘我地奔忙。正如女儿美登利说的那样，岩波在非常之时极其可靠、有力、温暖，是很好的商量对象。

关于夫妻关系的破裂，可以说最初的责任在岩波身上吧。岩波刚烈、耿直，在肉体上也不是性欲弱的人；而夫人过于理性、冷静、一本正经、生硬，还有讽刺、批判的性格。二人不能互相自然、轻松地无视，也不能化解郁闷，一旦发生不和，就会落到无法收拾的境地。而且，双方都无法适当地掩饰或适当地虚伪，这使一方禁不住情欲，使另一方燃烧着憎恶、嫉妒之火。但由于无法逃脱道德责任，又使他们夫妻关系几经危机却没有崩溃，扭曲却向着缓和的方向发展。从另一方面来说，一方性格刚烈，另一方性格坚强，这可能又加深了他们之间的裂痕。总之，由于岩波的热烈、出其不备的恋爱而结合在一起的两个人，由于性格和体力的差异，不得不走过了相当悲剧的历程。这是很多人都会犯的错误，或许只能说二人都过于刻板、过于执拗，但事到如今，也不知该责备哪一方。如果夫人能够稍微愚笨些、感性些、天真些、自然些，能再轻松地宽容岩波一点儿，或在某些时候能够露骨地表现自己的感情，向岩波发泄，结果可能反而好些。例如，岩波回到家里，不满意夫人板着脸，便脱掉西服，把上衣啦、裤子啦、衬衫啦摔得到处都是，以发泄自己的愤懑。夫人忍住怒气，若无其事地把西服等收拾起来，可能反而侮辱了岩波，触怒了岩波，使他再也不想回来了。

第十三章　家庭生活

岩波与孩子没有特别的隔阂，但他尤其喜爱病弱的美登利，这在前面写给和辻哲郎的信中明显表露出来了。这也是因为美登利性格直率、聪明、体贴的缘故。我夸奖小百合时，岩波竟抗议道："夸奖小百合小姐可以，但不能不夸奖美登利小姐。"对熟人称呼自己女儿的名字时带"小姐"，这给我们留下了较深的印象。

在男孩子当中，长子有些懦弱，但很温柔；雄二郎幼时顽皮，对父亲有强烈的抵触情绪，但岩波晚年，特别是死后，他也渐渐明白父亲的好处。岩波在正月休假、寒暑假等闲暇之时，即使是在家庭的波澜没有平静时，也经常举家去温泉疗养或避暑，还和孩子一起旅行，可以说，他是十分愿意为家庭效劳的父亲、丈夫。

岩波有两个妹妹。如前所述，小妹妹世志野（一八九〇年生）死得早。大妹妹美都江（一八八四年生）嫁给了岩波的表弟井上胜卫，井上先于妻子离世（一九三四年一月），她也于一九三五年岩波去欧洲旅行时，追随夫君而去，这在前面也已讲过。对于她的遗孤美枝子，岩波殷切照顾。对人有爱心是出自他的天性，即使对他的血亲也不例外。

加深夫妻关系不和的分居，也是因为太担心孩子的病了。就这样，岩波的子女们在家庭的寂寞中也享受到了快乐。而且，随着时间的流逝，他们也理解了父母的长处、短处、性格的差异及抵触，对任何一方，在批判的同时也怀有同情。子女们从父亲那里继承了社会正义感，即便是女孩子，对于社会的不公正和邪恶也感到难以忍受的愤慨。他们秉承了父亲与母亲的性格，虽然也有冷静与热烈的差别，但父亲的正义感与母亲的坚强都不同程度地为子女们继承了。岩波在某一时期也曾与孩子们疏远，但他经常留意让孩子们看、听优秀的东西。自己过生日时，他总是逃走，不让他们庆祝，但在孩子们过生日时，他又教导道:"在过生日时想过自己的使命吗?"对于信件等,他也注意纠正他们的错字。百合在自由学园上学的时代,岩波自己写文章时,经常在房间里一边走一边口授,让百合写。就这样,即使在岩波书店富有繁荣之后,家庭子女的生活也总是很简朴。

三女美登利尤为岩波所喜爱,这在前面已经讲过,果然,她对父母的性格也有清楚的认识。下面的这篇文章,比任何人都更有力地阐述了父母的性格,以及这对不和的父母所营造的家庭的妙处,因此,我不厌其烦地在这里引用。这是美登利写给我的信中的一节。

> 大家都知道父亲喜爱我,我想这是有原因的。父亲常常为人效劳,但也常常要求别人为自己效劳。性急的父亲对于身边之事不断地要求别人,如果不马上满足就焦躁起来。我比较懂得父亲的心情,因此能够不停地、迅速地执行。母亲经常说"真麻烦",这对于劳累的母亲来说可能并不过分,但我讨厌这句话。如果举手之劳就能让人满足,对于年轻的我来说,能让父亲满意实在不算什么。
>
> "忍受寂寞之极限,感生命于天地之近"父亲喜欢这首歌,经常随口哼唱。我理解父亲的寂寞,觉得父亲很可怜,就想对他温柔些。实际上一点儿也不温柔,但父亲很寂寞,所以我经常陪他。我心情不好时,他会邀我出去走走,开始时是拒绝的,但感受到父亲想方设法要带我出去,便无法拒绝,终于点头,过后经常会后悔,想那时阻止父亲就好了。
>
> 在父亲晚年时,我经常陪他去我不想去的地方,一方面是我总感觉他可怜,另一方面我想,如果我在他身边,会稍稍起到抑制的作用。
>
> 待在父亲身边的时间一长,我就经常把父亲当作一个

第十三章 家庭生活

男子旁观。我得到的结论是,作为恋人,他是可靠之人,但他的热情、他的性情作为丈夫就不理想了。虽说父母性格有差异,但看到父亲如此对待自己曾经喜爱并结婚的妻子,就不禁对自己觉得可靠、喜欢、迷恋的男性有所警戒。

作为丈夫,我觉得不改变的人、在一起时能感到放松的人最好。与父亲在一起,我会紧张个不停。并不是讨厌和父亲在一起,但要不断地关心他、为他尽心尽力,感到很累。要是经常见面的人还好,如果一生都要在一起生活,还是不要这种人为妙。

叔叔好像觉得如果母亲再温柔些,我们就能有一个更好的家庭。但我却认为,父亲是个不适合家庭的人,他适合工作、恋爱、充满热情地行动。如果不是有像父亲那样特别的丈夫,母亲可能会成为一个贤惠夫人,营造一个很好的家庭。但因为我是女人,所以不清楚在男性的眼中,母亲是否非常有欠缺之处。但我觉得,没有一个温柔的、无可挑剔的妻子,反而能为父亲的行动辩护。

在孩子看来,父亲在非常时期是极其可靠、有力、温暖的人,是很好的商量对象。但如果每天都在一起度过,就不觉得他是位好父亲。

但是,从某方面来看,对于像我这样体质不太好的人,父亲和母亲都为我担心、爱我,姐姐和弟弟们也很挂念我,我想在这一点上,大家是一条心的。姐妹中从没有嫉妒和不快的争吵,我想可能也有这方面的原因。从未记得姐弟们刁难过我,这要感谢我的母亲。为了不让生病的女儿感到寂寞,母亲一直以我为中心。本应容易被遗忘的我,由于有病的缘故,像女王一样威风。弟弟们一从学校回来,就拿着零食来到我的身边,这是母亲的安排。我听大家讲外面的事,并进行评论,一点儿也不寂寞。母亲干活勤快,我把从弟妹们那里听来的话告诉母亲。比起母亲,弟弟们也更容易和与他们年纪相近的姐姐说话。母亲是个说话不温柔的人,却为我做了那么多。母亲真是个吃亏的人,即使能感觉到她温柔的心意,她却不能自然地表现出来,一旦表现出来,却变得不温柔了。

美登利可能会为登载这封信而烦恼吧,但岩波和他的妻子如果能活着读到这封信,一定会为女儿中有这样的知己而高兴吧。

对岩波夫妇的纠葛写得如此冗长,但在岩波死去、吉也死去的今天,并没有责怪谁的想法,只感到人生的悲哀与无常。夫人吉在岩波死后,又过了十年儿孙绕膝的平静生活。从去世前两三年起,吉的健康开始衰退,特别是在一年半前中风,生来的尖锐、刚强已不见踪影,成了笑嘻嘻的好好婆婆,于一九五六年二月十五日离世。如今,一切都结束了。我甚至在心中描绘着这样的光景:二人在某处相遇,握着手说:"喂,我们彼此过于较劲了吧。"

第十四章

人格与临终

□ 岩波的人格

关于岩波的人格、岩波的性格，已经结合前面各种各样的具体事件和问题作了冗长的阐述，但这里再允许我稍稍画蛇添足。岩波在一高时就喜欢读岛崎藤村的《寂寥之歌》，经常展示他那一流的朗读。他喜欢说"寂寥"、"孤独"，但这在另一方面也暴露了他易亲近的性格、也可以说是不堪忍受孤独的性格。同时，他对人的关心太深切、热烈，也可以说过于人性化，所以，当自己的要求不被满足时，他就会表现出不满。他说爱孤独，但无法长时间地沉潜于孤独。他去探望别人，或邀请别人，或写信，特别是晚年有病，他也焦躁地、手忙脚乱地到处找人。但是，他一直喜欢吟诵陈子昂的诗句"前不见古人，后不见来者，念天地之悠悠，独怆然而涕下"，以及伊藤佐千夫的和歌《寂寞》，这还是他真情的表现。

岩波乍一看容貌魁伟，头部像火山岩堆一样，很有豪杰之气，但他也有渴望别人的爱、软弱、懦弱的一面。他因触犯出版法第二十六条与津田左右吉一同被起诉时,他的胆怯已在前面讲过了。之后,右翼活动猖獗,不断飞来各种各样的恐吓信,那时,对于与这些不请自来的客人见面,他既害怕又警戒。在这一点上,他没有对任何事情都无所畏惧的胆量,与其说是豪杰,不如说他是一个胆小的平凡人。面对如狂犬之徒,怀有使命感的岩波也爱惜自己的生命。但是,他虽有胆小和神经质的一面,对此却既不隐瞒也不炫耀,有着必须将它们显露出来的天真。当他站在真理与正义之上下定决心时,有着不顾利害得失、勇往直前的勇气,这是别人无法企及的。他没有因藐视人而大胆,懦弱却有着奋起的力量,在这一点上,他有着基督教所阐释的"破碎的心"。喜怒不形于色、表里不一这些所谓的运筹谋略,在他的素质里是没有的。坦率地把自己显露出来,或战战兢兢地不够从容,或果断地不改变信念,或勇往直前,这都是他真实的形象。

在人性当中,既有对立也有联系、协调。这是肉体上的也是精神上的,越是性格刚烈、坚强的人,这种对立就更容易成为矛盾,使人焦躁、痛苦。岩波是个卓越的人,同时缺点也多,这种矛盾着实激烈。尤其剧烈的是道德意志与自然的、冲动的情欲,或者说是与热情的矛盾,这在前面已经详细说明过了。

一九三五年初,杂志《真理》曾问岩波的座右铭,他的回答如下:

> 做一个比惧怕任何事情都更惧怕真理的人。
> 永不失去思慕真理之心。
> 克服我执,仰望真理之光,终生努力。
> 在悠悠的宇宙间享受人生,愿脱离烦恼俱足的境地,哪怕瞬间。
> 参天地之大道

第十四章　人格与临终

> 朝闻道，夕死可矣
> 朋友啊，莫轻易慨世、厌世，为人亦是欢乐之事。

最后的那句与他经常说的"大地愈加美丽，为人亦是欢喜"意思相通。"朝闻道，夕死可矣"是他特别喜爱的格言，他对这句格言的感动非常强烈，这恰如岩波其人。不管别人怎么说，但岩波追随真理、正义之心非常强烈，这句格言正符合岩波的感情。战争结束前，岩波在起草攻击英美暴行的文章时，也引用了这句格言，极力推崇东方人的崇高境地。在他的心境中，只有这种境地才是东方理想主义的极致。这种感动形成了他性格的核心，当站在这一信念上时，他超越了往日的动摇、踌躇、怯懦，表现出了"虽千万人吾往矣"的气概。看到他喜欢讲真理、谈正义，也有人认为他喜欢玩弄空洞之言，但对他来说，真理与正义是促进他勇气与行动的原动力，如果想到这一点，就不能一概地将其贬低为抽象的、空洞的概念。但是，当面对每一个具体的事件时，他常常不能"克服我执"、验证真理、跟从正义的指引，作为人来说，这也是很自然的事。

岩波是积极而非消极的，而且，从整体上看，他不厌世，是乐天之人。要厌世的话，他也过于爱人，过于拘泥于人了。像口头禅一样，他常说："我讨厌死，一想到人必须死就厌恶。"他直到临死都有这种想法。他本质上是乐天派，不是消极而是积极的，这是因为他使"应为"的事情"能为"。但是，正如凯比尔所说，历史上的任何大事，没有热情都不能完成。正是因为岩波的热情、他渴望生存的意志和本能，与道义和真理吻合，他才能成就很多好的事业。但如前所述，要否定他的热情和情欲，让他服从理性的命令，则他的热情、感性、本能、情欲过于强大，而理性又略微粗放，有时很难控制他的热情、感性、本能、情欲的泛滥。

但另一方面，岩波胆怯得令人着急，应该说的话说不出口，这表现在他对堤夫妇的态度上，也可以从他的恋爱关系上看出来，那总是因为被好强、积极的异性所打动而建立起来的。岩波没有不为物所动、大胆无畏的精神，但一旦决定，就变得坚定、执拗、耐心，这在前面已经讲过。

在一九三六年五月的杂志《真理》上，当问及"安身之处"时，他回答，"我禀性愚钝，尚未虑及安身立命的境地，为至今仍是人生的迷途羔羊感到羞愧，唯愿靠自然之美与人间之爱得以慰藉。"这也是他自年轻时就常吐露的、不变的感慨，可以说是他毫不虚伪的告白。

下面再稍加补充。对于岩波来说，"我小时候干过农活，这不只是在子女面前的炫耀，面对他人也觉得踏实"，而且"我认为劳动是高贵的，也感到劳动者的身姿是神圣的，我拥有与常人一样的奋斗的力量，我想也有赖于小时候帮忙干农活吧。"他作为社会人，对熟人友人尽心尽力地奉献，与他的精神一样，如果没有这样的体力也是无法想象的。同时，这种奉献尤其到了晚年，成为他对部下的强制命令，经常使周围的人厌烦。上了年纪后，他更加炫耀自己的劳动能力，例如，他在北轻井泽的别墅砍树、割草，随心所欲地活动。这也可以，但他砍树不是从根部而是从上面砍，而且砍完就走，也不收拾，给周围的人添了很多麻烦。据说，一个店员送给他"独善院他力本愿居士"的尊号，他的热心方式、对前辈友人的尽心尽力，从结果上看，未必没有成为店员或周围人的"他力本愿"（净土宗指依赖阿弥陀佛的愿力拯救众生，转义为依靠外援。——译注）。他好像很体贴，不，他的确很体贴，但同时又是旁若无人的暴君。一方面，他舍己为人，又抚慰人的心情，有时还很怯弱，做无谓的担忧；同时，他又令人吃惊地完全不顾他人，任性、任意而为，这不仅限于他遵循道德信念的场合。在物资匮乏时，他有时也一个人狼吞虎咽地贪吃；在物资匮乏、禁止黑市交易时，他也不惜金钱、毫不在乎地囤积——虽说如此，但他并不是为了获利，而是为了生活必需以及招待他人——或许还有一个理由，就是没道理为军部随意发动的战争而缩短自己的生命吧。

说起他的执拗，他的身体本身的有些部位也像硬疙瘩一样。信州小学老师、东京留学生之一的渡边三次，一天晚上曾在热海为岩波做按摩治疗，他详尽地描写了岩波的肉体，这很罕见也很有趣，所以就在这里引用其中一节："岩石般的肩部肌肉、松树根一样的颈部和各部位的肌肉、腰部像山上突起的岩石、让人想起梅树树干的上臂、像把两个甜薯纵向摆放的下肢肌肉……被热水温暖过的先生的肌肉，有的地方完全像岩石或是树干，着实大吃一惊。……这肩、这腰、这手臂，当我想起它们在我手指上产生的伟大感觉时，感到在某个地方见过一次与此完全相同的肌肉。我一边想着，一边在黑暗中此肌肉、彼肌肉地不断按压。当按完全身来到颈部时，想起来啦！奈良——天童鬼！运庆创作的、据说表现出镰仓文化的感染力与强大的两个佛像！我在大家都已熟睡的寂静中，带着像是失而复得的心情，与其说是揉搓，不如说是不知疲倦地开始调查。"我想，渡边所说的天童鬼可能是兴福寺中据传由运庆的三子康弁所造的天灯鬼及龙灯鬼吧。但他的直觉确实准确，岩波那头部大、肩膀窄的强健肉体，足以让人联想起那个雕刻。不仅是肉体，如前所述，他对于运动也很执拗，缺少自然与柔软。这还表现在他的所有活动上、事业上，以及他留下来的唯一建筑——惜栎庄上。但是，对于他下定决心开始专注的工作，他总会竭尽全力，希望拿出一流作品，在出版方面如此，还有他对三十年纪念宴会的精心，也是一个明显的例子。他的粗硬很多已经被这种执拗锤炼了，但还是残留着一些僵硬，这也是无法否定的。

下面转述岩波是怎么说自己这张脸的。

> 据说托尔斯泰看了自己的脸后感到很悲观。很多人希望将我的脸作为雕刻的模特（例如高村光太郎、高田博厚等），但我的脸好像也是无法乐观的脸。我自己觉得不致如此，但人们感到我的脸十分可怕。一高时代，我被称为"狰狞"。……自己也觉得这个绰号不好，但好像很贴切。至今，还被家里的孩子们取笑为斗牛犬等，看到这些，好像不能否定我的脸可怕的说法。但是，与脸很不相称的，是我有一颗特别温柔的心。脸是别人说的，而心是我自己这么想的，所以应该没错。年轻时，由于自己的面相还被人抱怨过，但现在，我能够感谢造物主，没有把可怕的脸和温柔的心颠倒过来。不允许身兼所有的优点，所以这一点我已死心，但一想到这可能是因为年龄的关系，又感到可悲了。（杂志《话》所载）

在岩波的肉体中，他自己也得意、别人也夸奖的就是耳朵。那的确是硕大的福耳，耳垂丰满、平整，足够装米粒的。一看他的耳朵，就感觉他的确是福寿之人。

岩波不吝惜金钱，高兴将金钱奉献给自己敬爱的人，同时，对借了钱却不放在心上的人则毫不客气。他经常请人吃饭，却畏惧、警戒放荡的生活，控制对古董的痴迷，这些在前面已经讲过了。但是，可能是生于农家的缘故吧，他对土地有着很深的热爱，这可能是尤其在激烈的都市生活中，要为自己的事业与生活寻求稳固的基地吧。一九一三年开设旧书店的房子是租的，但一九一七年就把它买下来了；土地是租赁的，但后来也收购了。

第十四章 人格与临终

随着事业的扩大,他开始收购他周围的土地、房屋,又发展到商科大学的旧建筑。以今川小路和三崎町为代表,为了作仓库或店员宿舍等用途也购买了很多房屋,以至于还买下了小石川小日向水道町自己住宅的周边及附近。另外,在房州、信州、上州、伊豆、东京郊外等地也购买了很多土地。可能随着财产的增多,劝购的人也很多吧;而喜欢土地、要拥有它才觉得踏实,这种想法可能也促使他购买土地。即便土地的价格稍高他也不在乎,经常勇敢、果断地购买,但对地界却很严格,这或许也体现他万事不能敷衍的性格吧。

最后,我还想不厌其烦地重复岩波与时代的关系。从那些站在共产主义历史观上、对任何事情都一律加以约束的人看来,岩波既不是社会主义者也不是共产主义者,他们会直截了当地说岩波是从前的人。可是,在我等看来,他坚信"邪不压正",这一点我们也毫不吝惜地赞同他。如前所述,他自己也说,他既不是社会主义者,也不是共产主义者,而是自由主义者,是真理与正义的信徒。他出版了很多共产主义书籍,可能是因为现代资本家极端追求自我利益、破坏民众的利益和幸福,不符合他的正义感。无论对于资本主义还是共产主义,他没有明确的理论认识,但对于共产主义尊重劳动者的观点,以及令受虐民众获得幸福和利益的主张——即便这事实上造成了寡头政治带来的极大压制——岩波有极大的同感。即便为了批判或攻击共产主义,首先也必须认识共产主义,这是岩波的信念。在他的出版中,这样做是否与介绍其他各种主张、思潮之间获得了均衡,对此虽然有充分的争论余地,但很明显,这样做无损于他的正义感。大体上可以承认,他说的"读书就不能出书"并不是谎言,他不是学者,所以能够包容日本与世界、古典与现代的各种各样的著述;同时,他对时势的激动与直觉,使他不仅在总体上地肯定左右并立,还使他避免犯大错误。他的"邪不压正"的信念被不断动荡的时势所捉弄,到底能维持多久,现在还不能马上断言,这取决于"正"在多大程度上被根本地把持,以及在不断变化的时代和社会条件下,在多大程度上能变化地存在、发挥作用,但我绝不认为他的这个信念是错误的。

㈡ 病情及临终

岩波炫耀自己的健康,无视周围人的为难,强行贪吃、大吃、特吃。高等学校时期,他曾透露过由于微热,肺部有些毛病。后来我问起他的这一毛病时,他否定说没有这回事。但我相信,这是他在逞强,至少医生说过一次。可看到他那么蛮干也没有什么毛病,估计那是医生的误诊吧。关于脑溢血,他的母亲就是因此倒下的,他也觉得自己属多血性容易头晕的体质,从少壮时期就多少有些戒备。一九二?年六月二十四日,在给和辻的信中他也写道:"身体状态不好,便先发制人,去信州的山上游玩三日左右。我去的是万座温泉,位于六千五百尺的山上,据说是日本最高的温泉。当然没有电灯等物,现在还有积雪。其景色是小生所见最好的。一晚一日元七十钱,我住了三日,但身心得到了休养。"这或许是震后紧张之余的短暂疲劳。一九三九年(五十八岁),如前所述,他停止了三B主义,改行三S主义,这是明显地担心健康的表现。从日中战争爆发那一年开始,他已渐渐留心健康,具体情况在我前面讲述出版事业时,已在各个时期中介绍过了。但他担心高血压则是在一九三五年末从欧洲旅行回来之后。战争末期的一九四四年五月下旬,他有时弄错方向,有时舌头不听使唤,这在前面也已讲过了,这也是岩波为别人拚命所致。在此之前的五月十六日,离开第一银行、就

第十四章 人格与临终

任黑田挟范会社专务董事的曾志崎诚二举行就任庆祝会——由于熟人的关系,岩波也担任这家公司的董事——岩波为参加庆祝会,便在日向住了一段时间。回来时,在从横滨到热海的车中,他勉强忍住呕吐。下车时,脚无法着地,只好抓住照料他的小尾喜作夫人米(Yone)等人的肩膀。前来热海出诊的医生诊断为血压一七零、轻微脑贫血。十八日回到小石川后,根据武见太郎的诊断,过于焦虑也容易引起脑溢血,因此需要注意。

时年六月,长子雄一郎发病。第二年一月,岩波肩膀僵硬酸痛,血压一八〇。九月,雄一郎离世,岩波在此前后又出席贵族院会议,又参加藤森省吾的葬礼等,依旧屡屡硬撑,以至于致命的脑溢血在藤森的葬礼上首次发作,以下根据同在现场的西尾实的文章讲述当时的情景。

岩波为藤森写悼词,一直写到长子葬礼的翌日凌晨三时,第二天、即九日,他离开镰仓,乘八时从上野出发的列车,在长野住了一宿,第二天早晨赶到会场。岩波登上讲台,从晨礼服内侧兜里取出悼词,打开封皮纸,封皮纸掉在地上,岩波便弯腰拾起。终于拿起悼词要读时,左手抬不起来,就用右手举起、开始读,但不懂文章的意思。他又把右手的悼词放在左手上,用右手从兜里掏出眼镜戴上,这才调整好语调,意思也明白了,只是担心不知什么时候会倒下。这时,一名主祭登上讲台,站在岩波的左侧静静地陪着他,读完后接过悼词,供在灵前。就这样,岩波没有猝倒,回到座位上,但他说:"总觉得刚才有些奇怪。"据说在出席葬礼的人中,几乎没人奇怪当时的异常。后来,岩波被带到长野的岩波分部、原本在岩波书店工作的寺岛寺治在妻科町的家中,从东京叫来秘书木俣(现在的堀江)铃子,请求武见太郎来出诊。静养之后,十月十七日,在武见的陪伴下回京。在病床上,岩波读了很多和歌,病情稍见好转,他就请来客人,痛论时势。十一月二十四日,回京后首次语言不清、血压一八〇、心律不齐。尽管如此,他还是出席了自己崇敬的三宅雪岭的葬礼,也出席议会。新年过后的二月十六日,回京后首次出现指尖麻木,但他被选为日本放送协会革新委员,为会长的人选奔忙。二月,他自己获得了文化勋章,还担心小宫丰隆的音乐学校校长的人事安排,又推荐熟人参加选举。说是在热海静养,实际上待在镰仓或来到东京的时间比较多。在本应成为静养之地的热海,他也频频找人过来,为此身心疲劳。在长野时出现的身体问题不但没有好转,反而促使其复发。作为重病患者,他完全不合格。就这样,岩波一边在缩短自己的生命,一边不愿舍弃要多活一些时日的愿望。在去世前两个月的二月二十四日,他突然拜访住在山北的、一高时代的旧友关世男。在闲谈时,关说桑茶对脑溢血有好处,岩波还说:"那我一定要喝,我还想长寿呢。"关买来桑树根、桑叶,加上家中的桑木碗送给他,据说岩波直到发病之前也经常使用。顺便说一下,在发病的四月二十日寄给关的明信片成为他的绝笔,明信片在他去世当天到达,上面还写着三十日进京,那一天却成为了在东京举行的岩波葬礼。

尤其是在再次发病前,岩波平素崇拜的尾崎行雄与他的侍者长期滞留在惜栎庄,住在和室里。二月初,岩波的同乡旧友矢崎揔治从列车上跌落下来,摔成重伤。当岩波听说医生劝他温泉疗养时,就非要把他拉来,二人在西式房间起居。矢崎看到岩波或是焦急地进京,或忙于写信,试着劝了他三次。最后一次,岩波过于老实地接受了劝告,这使他很泄气。那日,矢崎午饭后散步回来,看到来了三个美国人和一个中年日本妇女。中年妇女是尾崎的女儿相马夫人,为了款待美国朋友吃日餐,带他们来到岩波的别墅,饭后正在闲谈。这时,其中一人说要把惜栎庄的建筑登在美国的杂志上,另外一个人也加入进来,岩波

第十四章 人格与临终

听后非常高兴，让对方把自己也照进照片里。拍完照片的同时，由于长时间的紧张，岩波两手捂着头倒下，不久便右半身不遂，这是一九四六年四月二十日下午三时。就在前一天，他还进京参加了枢密顾问官南弘的葬礼。于是，立刻请几个外国人离开，晚上八时左右从东京请来了武见医师。岩波偶尔会用左手粗暴地推开棉被，痛苦挣扎。虽然由于语言障碍，无法说话，但通过动作，可以察觉他稍有意识。之后，便保持昏睡状态，有时兴奋挣扎，体温超过三十九度，脉搏不规律，呼吸痛苦。由于担心肺炎，为他注射了盘尼西林、镇静剂、林格氏液、强心剂等。第二天、即二十一日，武见也留在他身边，夜里则由护士看护。到当天下午三点的整整一昼夜为一个阶段，但意识还没有恢复。二十二日早上，武见回京，他不在时，温度升到三十九点二，脉搏一二〇，呼吸痛苦，又增加了一名护士。夜里，武见同庆应大学医院的平井文雄博士同来，从九时起，每三小时注射一次盘尼西林，以防止肺炎。第二天、即二十三日，平井离开，武见终日留在那里。岩波好像有一些意识，但只能通过几个动作进行自我表达。武见说当天夜里是关键，因此，夫人及子女都时刻不离地坚守。夜里一、二时左右，武见曾提醒，"如果脉搏的紧张状态变弱就叫我"，可没出现这种情况，只是那时身体剧烈乱动。第二天、即二十四日清晨，温度降到三十七点九，瞳孔也紧缩，脑溢血逐渐好转，武见诊断整体状况良好，大家这才愁眉稍展。早晨，温度三十八，呼吸也稍微轻松些。那日傍晚，高冢医师注射了两支林格氏液，夜里，平井博士也来了，温度再次升到三十九度。平井与高冢守护病人直到半夜，病人几乎整夜亢奋、身体乱动。

四月二十五日，平井和武见诊察后发现左肺肺炎，但由于无法挪动病体，所以没有从背后诊察。从早晨起，病人大致可以平静地入睡。早晨，平井有事、武见要准备注射药剂等，二人回京。下午五时，温度三十九点五。平井的弟子矢崎来了，他和高冢一同诊察。六时，注射盘尼西林。七时半，平井到达，发现脉搏异常，注射强心剂。八时，第二次注射盘尼西林，但已经无法进入静脉。这时，平井宣布，心脏衰弱，很难保证能否维持到十二点。十时四十分，岩波终于长眠了。夫人及雄二郎、百合、小百合、美登利最后都侍奉在床前，只有四女末子当时还在满洲，没能赶回来。

岩波对自己的病体不加分辨，过分奔忙，又频频带客人回家；而客人也不体察他的重病，若无其事、络绎不绝地蜂拥而至，对于这样的岩波、这样的客人，我感到很气愤，这是我毫不虚伪的感情，但也无非是无济于事的抱怨。但直到最后，岩波都受到名医们极其负责的诊治与看护，对此没留下任何遗憾。

四月二十八日，在镰仓进行火葬。四月三十日，在东京筑地西本愿寺举行葬礼，法名文献院刚堂宗茂居士，埋葬在北镰仓东庆寺西田几多郎的墓地旁边。这是岩波生前决定西田的墓地时，与我一家的墓地一起决定的，因此，不久我也会被埋葬在岩波的附近吧。五月十八日，在家乡信州诹访郡中洲村中金子举行葬礼，分葬遗骨。

岩波茂雄年谱

明治十四年（一八八一年—出生）

八月二十七日　　出生于长野县诹访郡中洲村中金子。父义质、母歌。

明治二十年（一八八七年—六岁）

四月　　　　　　中洲村下金子普通小学入学。

明治二十四年（一八九一年—十岁）

四月　　　　　　中洲村神宫寺高等小学入学。

明治二十八年（一八九五年—十四岁）

四月　　　　　　诹访实科中学入学。

明治二十九年（一八九六年—十五岁）

一月五日　　　　父义质去世。

一月二十三日　　继承家业，成为户主。

明治三十年（一八九七年—十六岁）

十二月三十日　　成为村里的伊势讲总代表，独自一人去伊势参拜。

明治三十一年（一八九八年—十七岁）

一月二日　　　　完成参拜伊势神宫的使命，顺路去京都，吊唁故乡先辈佐久间象山墓。然后到更远的鹿儿岛，参拜西乡南洲墓。

春　　　　　　　难以抑制东京游学之念，向日本中学校长杉浦重刚呈上志愿做学仆的书信。

明治三十二年（一八九九年—十八岁）

　　三月二十六日　　结束谀访实科中学的学业，考虑到亲戚对东京游学的反对，在母亲的暗中同意下，天不亮便走东京。

　　四月四日　　参加编入日本中学五年级的考试，作为特例被允许暂时入学，并在第一学期期间正式入学。

明治三十三年（一九〇〇年—十九岁）

　　三月　　日本中学毕业。（同期毕业生有入来重彦、小坂顺造、小村欣一、盐谷不二雄、长谷川久一等。）

　　七月　　参加第一高等学校入学考试，不合格。

　　夏　　于长野县上田听内村鉴三演讲。

　　十月　　感到神经衰弱，搬到伊豆的伊东居住。

　　年末　　在伊东静养期间，陪伴内村鉴三走到热海。后来，加入到内村的周日演讲的听众中。

明治三十四年（一九〇一年—二十岁）

　　一月一日　　为在东京迎接二十世纪的元旦，前一日从伊东回京，在本乡的寄宿地迎接新年。

　　七月　　再次参加第一高等学校考试，九月入学。（同级生有阿部次郎、石原谦、上野直昭、荻原藤吉（井泉水）、工藤壮平、白根竹介、铃木宗奕、鸠山秀夫、林久男等）

　　九月十三日　　入住东宿舍十五号房间。（同室者有入谷**锋**之助、工藤壮平、乡古洁、岛村虎猪、玉井润次、广部一等。）

　　秋　　加入一高舢板部，后成为一部的第三选手之首。

　　十月　　关注足尾铜山矿毒事件，到矿毒地参观。

明治三十五年（一九〇二年—二十一岁）

　　九月　　升入一高二年级，入住西宿舍六号房间。[同室者有阿部次郎、荻原藤吉（井泉水）、工藤壮平、渡边得男等。]

十月	作为西宿舍中坚会委员,拜访在报纸上发表谈话、损伤一高学生名誉的日本女校校长和女子美术学校校长,让他们谢罪,这就是所谓的女校校长面责事件。
十月十日	近角常观曾经倾听茂雄诉说烦闷并对他有所教益,在近角常观的劝说下读托尔斯泰的《忏悔录》,并大受感动。
年末	从此时起不断亲近《圣经》。

明治三十六年(一九〇三年—二十二岁)

五月二十三日	藤村操留下《岩头之感》,跃入华严瀑布,结束了十六年零十个月的生命。 这一时期,茂雄极其烦闷,与渡边得男来到位于杂司谷的林久男的寓所,一起躲在里面哭泣,人称"悲鸣窟"。
七月十三日	独自一人躲在信州野尻湖上的孤岛——弁天岛(琵琶岛)上。
七月二十三日	母亲歌忧虑茂雄放弃学业,来到岛上。
八月二十三日	离开野尻湖,马上找到当时在房州北条宿营的一高游泳部,参加大泳(冲之岛、鹰之岛三里),最终游完全程。
九月	从房州回到东京。当时,一高实施全员寄宿制,为躲避宿舍的喧嚣,搬到田端的闲静的寄宿处居住。 由于放弃考试,一高二年级留级,与安倍能成同级。
九月十九日	作为一高游泳部一员游隅田川,参加大联谊会,由于在日前的远泳中游完全程而受奖。
秋	怀念藤村操,来到华严瀑布,在五郎兵卫茶屋的墙板上涂鸦席勒的"大地愈加美丽,为人亦是欢喜。" 这一时期,从一九零三年秋到翌年夏几乎没去上课,放弃考试。

明治三十七年(一九〇四年—二十三岁)

九月十二日	连续两年落第,被一高除名。

明治三十八年（一九〇五年—二十四岁）

  七月   在神田区北神保町十六赤石吉处寄宿。

         这一时期，每周日出席内村鉴三的《圣经》讲座。小山内熏、志贺直哉、黑木三次等也参加。

  九月   东京帝国大学哲学系专科入学。

明治三十九年（一九〇六年—二十五岁）

  春   与赤石吉订婚。

明治四十年（一九〇七年—二十六岁）

  三月二十五日 在叔父井上善次郎府上（神田区佐久间町）与赤石吉举行婚礼。

  十月   初次在本乡弥生町营建家庭。为不依靠家里的帮助维持生计，吉在业余时间做针线活儿，茂雄帮助木山熊次郎编辑《内外教育评论》，每月赚七日元。

明治四十一年（一九〇八年—二十七岁）

  四月   搬到大久保百人町。

  六月   征兵检查，丙种合格。

  六月二十五日 母亲歌去世。

  七月   东京帝国大学哲学系专科毕业。

  八月十四日 长女百合出生。（大久保百人町）

明治四十二年（一九〇九年—二十八岁）

  三月   供职神田高等女校。

明治四十四年（一九一一年—三十岁）

  七月——八月 从乌帽子岳、野口五郎岳、赤牛岳、黑岳翻越立山，进行为时一周的登山旅行。同行者有安倍能成、市河三喜、田部重治、藤村茛。

  八月十一日 次女小百合出生。（大久保百人町）

大正二年（一九一三年—三十二岁）

七月十九日　　为开办书店，从神田高等女校辞职。（当时还任东京女子体操音乐学校的讲师，但也辞职了。）

神田高等女校的送别仪式结束后，立刻拉着板车，去旧书市场进货。

七月二十二日　　从大久保百人町搬到神田区南神保町。

八月五日　　在神田区南神保町十六番地的旧书店开业。严格执行"旧书按标价销售"。

大正三年（一九一四年—三十三岁）

四月二十七日　　三女美登利出生。（神田区南神保町）

春　　成为《哲学杂志》发售所。

九月二十日　　作为处女出版，出版了夏目漱石的《心》。

（关于下面的出版物，为避免繁琐，除有特别事由的及持续出版的出版物外，不再一一记载。）

年末　　从年末到第二年，受台湾总督府图书馆的委托，一手承办一万日元的图书采购，非常感激。

大正四年（一九一五年—三十四岁）

二月一日　　堤常进店工作。

三月　　成为 ARARAGI 的发售所。

十月一日　　《哲学丛书》创刊。第一编《认识论》出版。

在发行图书的版权页上打出"本店的出版物全部按标价出售"，严格执行按标价销售的政策。

大正五年（一九一六年—三十五岁）

一月　　《音乐丛书》出版。

春　　店铺与住处分开，家人搬到曲町区富士见町二三二。

十月四日　　长子雄一郎出生。（曲町区富士见町）

十二月九日　　夏目漱石去世。

大正六年（一九一七年—三十六岁）

　　一月二十六日　　漱石绝笔《明暗》出版。

　　五月一日　　　　阿部次郎主办的《思潮》创刊。

　　五月　　　　　　学士院藏版（大谷亮吉著）《伊能忠敬》出版。

　　六月　　　　　　为了孩子们的健康，家人搬到镰仓坂之下居住。

　　六月十日　　　　仓田百三著《出家人及其弟子》出版。

　　十一月　　　　　西田几多郎在岩波书店出版的第一本书《自觉中的直观与反省》出版。

　　十二月　　　　　《漱石全集》（全十二卷）预订出版。

大正七年（一九一八年—三十七岁）

　　五月　　　　　　广重笔保永堂版《东海道五十三次》预订出版。

　　六月　　　　　　阿部次郎著《合本三太郎的日记》出版。

　　八月　　　　　　登燕岳、枪岳。同行者有上野直昭、高桥穰。

大正八年（一九一九年—三十八岁）

　　一月　　　　　　《思潮》停刊。

　　四月三日　　　　长田干雄进店工作。

　　六月十五日　　　次子雄二郎出生。（镰仓坂之下）

　　十月　　　　　　《漱石全集》第二回（全十三卷）预订出版。

　　十二月一日　　　作为书商同业公会的规定，严格执行新书按标价出售。

大正九年（一九二〇年—三十九岁）

　　一月　　　　　　与百合、小百合去东大滑雪部的赤仓温泉住宿地练习滑雪。

　　二月五日　　　　在神田今川小路寻找带仓库的住宅，批发部搬迁。

　　四月　　　　　　佐佐木惣一著《普通选举》出版，并在店前立起大广告牌。

　　四月二十四日　　小林勇进店工作。

　　七月五日　　　　坪田（后来的堤）久子进店工作，担任会计主管。

　　十一月十五日　　接受中勘助转让的位于小石川区小日向水道町九二的

住宅,作为自己的住所。

大正十年(一九二一年—四十岁)

七月	石原纯从东北帝国大学辞职后,帮助其安顿生活。
十月一日	杂志《思想》创刊。
十月二十二日	四女末子出生。(小石川区小日向水道町)
十二月	寺田寅彦、石原纯编辑《科学丛书》出版。
	寺田寅彦、石原纯编辑《通俗科学丛书》出版。

大正十一年(一九二二年—四十一岁)

七月——八月	参加长野县上伊那郡教育会的纵行南阿尔卑斯,翻越仙丈岳、盐见岳。
八月十四日	野外骑马时,于代代木练兵场坠马重伤,被送往附近的ARARAGI发行所,后住进筑地的片山外科医院(院长片山国幸是其马友)。
十月	宫本和吉、高桥穰、上野直昭、小熊虎之助编辑《岩波哲学辞典》出版。
十月二十八日	游天龙峡,同行者有速水滉、上野直昭、中勘助、和辻哲郎、津田青枫、安倍能成、篠田英雄、高桥健二。

大正十二年(一九二三年—四十二岁)

六月十四日	凯比尔博士去世。
八月一日	将当月的《思想》定为"凯比尔先生追悼专刊"。
八月十日	购买镰仓市大町名越的住宅。下旬,家人移居此处。
九月一日	关东大地震。神保町二栋、今川小路三栋的店铺、仓库与有乐町印刷工厂全部商品资材烧毁。当时在神保町的书店里的茂雄及全体店员均未受到伤害。
	小石川、镰仓的住宅均平安无事。家人中,小石川住着年长的两个孩子,镰仓住着夫人及下面的孩子四人,均安然无恙。

十月		将小石川的住宅作为临时事务所，着手恢复出版。十月已经出版了鸠山秀夫《日本民法总论》、河合荣治郎《社会思想史研究》、津田左右吉《神代史的研究》等数种书籍。
十一月		于南神保町的废墟上举行上梁仪式，将旧书摆在建成一半的店里，在神田书店街率先开业。
十二月		着手出版《斯特林堡全集》。
		着手出版纪念康德诞辰二百年的《康德著作集》。

大正十三年（一九二四年—四十三岁）

六月	《漱石全集》第三回震后新版（全十四卷）预订出版。
十二月	成为高额纳税者。

大正十四年（一九二五年—四十四岁）

八月	登大朝日岳山岭。同行者有酒井由郎、丰川武卫门。

大正十五年（一九二六年—四十五岁）

七月二十日	登南阿尔卑斯赤石岳。同行者有小林勇、长田干雄。
九月	确立岩波书店的会计制度，采用复式簿记方式。明石照男、曾志崎诚二成为财务顾问。

昭和二年（一九二七年—四十六岁）

四月	小泉丹主编《进化论典籍丛书》出版。
七月	《岩波文库》创刊。
	下旬，登仙丈北岳、间之岳、农鸟岳，矢泽米三郎同行。
八月	首次出版教科书——龟井高孝著《中等西洋史》。
十一月	《芥川龙之介全集》（全八卷）预订出版。
十二月	与三木清同游朝鲜、满洲、华北。（至翌年一月中）

昭和三年（一九二八年—四十七岁）

一月	岩波讲座第一回《世界思潮》（全十二卷）预订出版。
二月	为家乡诹访郡中洲村中金子捐款铺设自来水管。

三月	普及版《漱石全集》(全二十卷) 预订出版。
三月十二日	岩波书店发生劳动争议，要求改善待遇。数日后解决。
六月	宣布出版联盟版《马克思·恩格斯全集》。联盟书店包括希望阁、同人社、弘文堂、丛文阁及岩波书店。七月末，岩波书店退出。
八月五日	纪念开店十五周年名著特卖。
八月二十七日	小林勇辞职。
九月	《思想》停刊。
九月十日	关于普及版《漱石全集》的出版，大仓书店对其侵犯《我是猫》等大仓书店原版利益的行为提起诉讼，要求赔偿三万五千日元。
十一月	《哲学论丛》出版。

昭和四年（一九二九年—四十八岁）

一月	《学艺丛书》出版。
四月	《思想》重新发行，编辑和辻哲郎、谷川彻三、林达夫。
五月	《续哲学丛书》出版。
六月	岩波讲座《物理学及化学》(全二十四卷) 预订出版。
八月三日	首次遭到禁止发售处罚。岩波文库、阿尔志巴绥夫《沙宁》。
十月	将编辑、出版部迁至神田区一桥（七月购入）。（仅零售部留在神保町） 《托尔斯泰全集》(全二十二卷) 预订出版。 《露伴全集》(全十二卷) 预订出版。 《赤彦全集》(全八卷) 预订出版。
十一月	托尔斯泰令媛来日，欢迎并热情款待。

昭和五年（一九三零年—四十九岁）

二月	针对有误报他同意接受家乡的推荐、任众议院候补议员，声明无意出马政界，要专心致力于出版。
	在末川博的划时代策划下，带事项索引、参照条文的《岩波六法全书》出版。
	岩波讲座《生物学》（全十八卷）预订出版。
四月三日	长女百合与小平吉男结婚。
六月	《左右田喜一郎全集》（全五卷）预订出版。
八月	登西驹岳。
八月三十日	与大仓书店的纠纷解决。以一万日元接受《猫》等四种作品的权利转让，事件了结。
十二月	《经济学辞典》（全五卷）出版。

昭和六年（一九三一年—五十岁）

二月	岩波讲座《地质学及古生物学．矿物学及岩石学．地理学》（全三十三卷）预订出版。
四月	杂志《科学》创刊。
五月	《校本万叶集》（全十卷）预订出版。
	河上肇译《马克思资本论》、《雇佣劳动与资本》、《工资、价格及利润》停刊宣言。
六月	岩波讲座《日本文学》（全二十卷）预订出版。
	岩波讲座《物理学及化学》改订增补第二回（全三十卷）预订出版。
十月	岩波讲座《教育科学》（全二十卷）预订出版。
	为纪念黑格尔去世百年，岩波版《黑格尔全集》开始出版。
	《思想》十月号、纪念黑格尔百年祭"黑格尔研究专刊"发行。

十一月	岩波讲座《哲学》(全十八卷) 预订出版。

昭和七年（一九三二年—五十一岁）

一月	《物理学概况》、《化学概况》开始出版。
二月	《福泽谕吉传》(全四卷) 出版。
三月	《内村鉴三全集》(全二十卷) 出版。
五月	《日本资本主义发达史讲座》(全七卷) 预订出版。 岩波讲座《生物学》改订增补第二回（全二十二卷）预订出版。 岩波书店图书券发售。
九月	次女小百合与小林勇结婚。
十一月	岩波讲座《数学》(全三十卷) 预订出版。 岩波讲座《世界文学》(全十五卷) 预订出版。
十二月	龟井高孝、石原纯、野上丰一郎编辑《西洋人名辞典》出版。

昭和八年（一九三三年—五十二岁）

三月	就春秋文库《效法基督》的译者内村达三郎的"后记"文章起诉发行所春秋社。(一九三七年十月胜诉解决)
四月	杂志《文学》创刊。 杂志《教育》创刊。
五月	《续福泽全集》(全七卷) 预订出版。
六月	十和田湖旅行。幸田露伴、小林勇夫妻同行。
十月	岩波讲座《日本历史》(全十八卷) 预订出版。
十月——十一月	纪念创业二十周年一般特卖。
十二月	《岩波全书》创刊。 从此时起，店标不再使用以往的瓮（桥口五叶设计），改为米勒的"播种者"。

昭和九年（一九三四年—五十三岁）

　　五月　　　　作为岩波书店二十周年纪念活动之一，向对学界、社会、国家做出卓越贡献的人赠与奖金，后来一直持续。第一次，赠与日本的罗马字社、国民高等学校、山田盛太郎、神山复生病院、田边元。

　　六月　　　　岩波讲座《东洋思潮》（全十八卷）预订出版。

　　十月　　　　《吉田松阴全集》（全十卷）预订出版。
　　　　　　　　普及版《芥川龙之介全集》（全十卷）预订出版。

　　十一月　　　小林勇复职。

　　十二月　　　中等教科书《国语》（全十卷）出版。
　　　　　　　　《法律学辞典》（全五卷）出版。

昭和十年（一九三五年—五十四岁）

　　一月　　　　《岩波动物学辞典》出版。

　　三月　　　　普及讲座《防灾科学》（全六卷）预订出版。

　　四月　　　　《理化学辞典》出版。

　　四月二十七日　去欧美旅行，乘靖国丸离开横滨港。

　　五月四日　　在离开门司港之际，发出外国旅行致意信。

　　六月　　　　《大思想文库》（全二十六卷）预订出版。

　　十月　　　　《岩波版俄日辞典》出版。
　　　　　　　　定版《漱石全集》（全十九卷）预订出版。

　　十一月　　　《思想》漱石去世二十周年纪念专集"漱石纪念专刊"发行。

　　十二月十三日　结束欧美旅行回国，乘浅间丸进入横滨港。

　　十二月三十一日　寺田寅彦去世。

昭和十一年（一九三六年—五十五岁）

　　三月　　　　曾经参与调停的家乡四贺村与上诹访町之间的"桑原山事件"达成和解。

	《大教育家文库》(全二十四卷) 预订出版。
四月	《岩波英和辞典》出版。
五月	《教育学辞典》(全五卷) 出版。
六月	《鸥外全集》著作篇 (全二十二卷) 预订出版。
八月	《能面》(全九十幅) 预订出版。
	《国宝刀剑图谱》(全一百六十支) 预订出版。
九月	《寺田寅彦全集》文学篇 (全十六卷) 预订出版。
	岩波讲座《国语教育》(全十二卷) 预订出版。
十月十一日	与三女美登利、野上丰一郎一起出发去朝鲜旅行，约二周后回国。
十二月	《寺田寅彦全集》科学篇 (全六卷) 预订出版。

昭和十二年 (一九三七年——五十六岁)

七月	山田盛太郎著《日本资本主义分析》自发绝版。
八月十一日	通过内山完造向"鲁迅文学奖"捐赠一千日元。后收到鲁迅的遗孀许广平的感谢信。
八月十五日	吉野源三郎进店工作。
十月	《二叶亭四迷全集》(全八卷) 预订出版。
十月二十日	关于《效法基督》对春秋社的起诉以岩波书店胜诉告终。
十一月	《中村宪吉全集》(全四卷) 预订出版。

昭和十三年 (一九三八年—五十七岁)

一月	大内兵卫由于教授集团事件受到起诉，以此为由，其著作《财政学大纲》被命令停版。
二月七日	发生《岩波文库》社会科学书目的自发中止问题。
	矢内原忠雄著《民族与和平》被禁止出售。
三月	《铃木三重吉全集》(全六卷) 预订出版。
	由于宪兵队的干涉，将天野贞佑著《道理的感觉》付以绝版。(由于否定军事教练)

四月	三女美登利与山崎文男结婚。
	将岩波文库中马克思、恩格斯、列宁各著作付以绝版。
七月	《鸥外全集》翻译篇（全十三卷）预订出版。
八月	广告机关《岩波月报》改名为杂志《图书》发行。
十月	《岩波新书》创刊。
十一月	普及版《吉田松阴全集》（全十二卷）预订出版。
十二月	岩波讲座《物理学》（全二十二卷）预订出版。
	中等教科书《国语》女子用（全十卷）出版。

昭和十四年（一九三九年—五十八岁）

一月二十三日	为保障自己及店员的健康，全员广播体操开始。
七月——八月	与四女末子一起去青森、北海道旅行，十河信二等同行。
九月	买断制度全面实施。
十一月	《山本有三全集》（全十卷）预订出版。
	《裴斯泰洛齐传》（全五卷）预订出版。

昭和十五年（一九四零年—五十九岁）

一月二十一日	由于津田左右吉著作的事件，被检事局传唤，从上午一直讯问到下午五时半。
二月	能势朝次著《能乐源流考》获恩赐奖。
	斋藤茂吉著《柿本人麿》获帝国学士院奖。
	《藤树先生全集》（全五卷）预订出版。
	津田左右吉著《古事记及日本书纪的研究》被禁止出售。
三月八日	由于出版津田左右吉著《古事记及日本书纪的研究》、《神代史的研究》、《日本上代史的研究》、《上代日本的社会及思想》，与作者一同被起诉。
	购入热海市伊豆山东足川带温泉的土地。
四月	《镜花全集》（全二十八卷）预订出版。
五月	岩波讲座《伦理学》（全十五卷）预订出版。

六月	《山鹿素行全集》思想篇（全十五卷）预订出版。
七月十日	关于以前未自发绝版的左翼出版物，收到了禁止令，纸型被没收。
七月十九日	长子雄一郎应召，即日回乡。
九月二十日	根据题为"昭和十五年九月十日左翼出版物治警处分台帐检阅课"的台账，受到追加处分。
十月十日	由于为公益捐赠私人财产，被授予藏青绶带奖章。
十月三十日	有关津田左右吉著作的预审开始。
十一月二日	为奖励学术，投入百万日元设立财团法人"风树会"。
十一月	《水上泷太郎全集》（全十二卷）预订出版。

昭和十六年（一九四一年—六十岁）

三月	《解析数学丛书》出版。
九月	岩波讲座《机械工学》预订出版。（计划为全二十卷，由于战争，到第九卷中断。）
	在热海市伊豆山建别墅，起名惜栎庄。
十一月一日	津田事件审判开始。
十二月	《为了少国民》出版。
十二月二十三日	津田事件检查官量刑，津田监禁八个月及罚金四百日元，岩波监禁四个月及罚金四百日元。

昭和十七年（一九四二年—六十一岁）

一月六日	由于邻家着火，神保町零售部部分被烧毁。
五月二十一日	津田事件一审判决，津田监禁三个月，岩波监禁二个月，均缓期二年执行。
五月二十三日	对于津田事件的判决，检查官提起抗诉，被告方也提起上诉。
七月十五日	在长子雄一郎的陪伴下登苗场山，同行者有小泉丹、酒井由郎等。

八月	店员征用令频发。
十一月三日	举办回顾三十年感谢晚宴。(于大东亚会馆)
十一月六日	以同样的宗旨,款待业务相关各方、店员及家人去歌舞伎座。
十二月	《本居宣长全集》预订出版。(计划为全二十九卷,到第六卷中断。)

昭和十八年(一九四三年—六十二岁)

四月二十一日	四女末子与种田孝一结婚。
七月	向长野县国民学校训导内地留学生提供神田三崎町的一栋房子,作为寄宿宿舍。
十月	日本出版会设置企业整备本部,着手完善、统一。
十一月	店员征用波及中坚干部。

昭和十九年(一九四四年—六十三岁)

三月	杂志《教育》被要求停刊。(同业的《中央公论》、《改造》已被强制停刊。)
五月十六日	曾志崎诚二就任黑田挟范株式会社(四月成立,茂雄担任董事)的专务,在出席就任祝贺会时发病,或许由于终日站立,大量出汗、眩晕。
六月	接受古岛雄一转让的信州富士见的别墅,起名三倾园。
六月四日	长子雄一郎发病。
十一月四日	津田事件上诉宣判,由于时效原因被免于起诉。

昭和二十年(一九四五年—六十四岁)

二月十一日	参加东京都高额纳税者议员候补选举。
三月二十七日	在候补选举中当选,成为贵族院议员。
五月二十五日	小石川的住宅全部烧毁。
	不断出现战争受害者,大量店员希望退职。
六月七日	西田几多郎去世。

七月二日	四月后，疏散纸张印刷品等。在成城町劳动科学研究所发表致辞，欢迎鸥友学园、十文字学园的女学生勤劳队。
七月十五日	次子雄二郎应召。
九月三日	长子雄一郎去世。
九月四日	首次出席贵族院议会。 同年四月推荐就任的大日本教育会长野县支部事务局局长藤森省吾病逝。
九月七日	参加贵族院闭会仪式。
九月八日	长子雄一郎葬礼。
九月十日	出席在长野市举办的藤森省吾的葬礼，在读悼词时病倒，脑溢血症状明显，就此在长野市妻科町的岩波书店长野分部静养至十月十七日。
九月二十六日	三木清去世。

昭和二十一年（一九四六年—六十五岁）

一月	《世界》创刊。
二月十一日	被授予文化勋章。
四月二十日	在热海惜栎庄发病，脑出血再度发作。
四月二十五日	去世。
四月二十六日	遗骸被运往镰仓住宅，二十七日店员告别。
四月二十八日	火化。
四月三十日	在东京筑地西本愿寺举行葬礼，法名文献院刚堂宗茂居士，埋葬在北镰仓东庆寺的墓地。
五月十八日	于家乡长野县诹访郡中洲村举行葬礼，在菩提寺小泉寺墓地分葬遗骨。

岩波茂雄传致辞
——岩波书店创办三十年

今天,我要向自我小学时代起至今日,曾教诲过我的各位先生、承蒙知遇之恩的各位前辈、以及赐予我深厚友谊的各位友人表示谢意。如今的工作自开创之日至今,正好三十年,借此机会向诸位发出了邀请,诸位能在时局多变之时、公私百忙之中拨冗光临,给予我一并表达感谢的机会,我感到无上光荣,不胜感激。

迄今为止,我没有举行过一次这样的活动。在迎来创业二十五年之时,并非没有要举行一些普通活动的提议,但当时正赶上日中战争爆发,便打算等和平曙光到来之后再举行。然而,战争发展为大东亚战争,今日的形势已使我们这些国民必须作出长期战的思想准备,因此,如果指望战后,那么像我这样年长者或许就终生没有机会向承蒙眷顾的诸位表示感谢了,那将是遗憾万千之事。而且我想,如果是这样的感谢活动,现今的形势或许不会允许吧,遂选择了对于我们这些生于明治、长于明治的人们记忆深刻的明治节,向诸位发出了邀请。

在诸位的面前讲述自己,我顾虑极多,但作为表示感谢的顺序,就让我从我的成长讲到我是以怎样的心情做这份工作的吧。

我生于信州的农民家庭,少年时代顽皮淘气,没有教养。在渐渐懂事的十六岁上失去父亲,我初次体会到人生的悲伤,半年里茫然不知所为。一日,读到孝经中的"立身行道,扬名于后世,以显父母,孝之终也",始知孩童心中尚存孝养之道,终于从无法挽救的心境中得以救赎。自此极大振奋,本应终止学业、投身家业,却得到母亲的特殊应允,得以在前一年入学的乡里的实科中学继续学习。

但是，正值日清战争之后，英雄崇拜之风盛行。我等也受到了在今天看来非常可笑的影响，我将西乡南洲翁的肖像挂在桌子旁边，或被吉田松阴传感动，读得入迷，简直要背诵下来，还沉迷、追慕维新志士。因此，在十七岁初次单身参拜伊势神宫时，归途上特意去京都，凭吊同乡先觉佐久间象山先生之墓；又赶赴鹿儿岛，在南洲翁墓前叩拜，献上平素崇敬之情。对于山里长大的我来说，这时初次看海、初次坐船，就连乘火车我记得也是第二次。

其后，我仰慕杉浦重刚先生的高风，来到东京，并从日本中学毕业。在进京之前，我从家乡给先生写了一封信，请求做他的学仆，一边工作一边学习。这封信在四十年后的今天，在日本中学图书室里被发现，现在就在我的手里。看了这封信，我惊奇地发现，当时的心境和现在几乎没有改变，我依然是吴下阿蒙。

在我就读一高时期，所谓的人生问题是青年最关心的事情，世间称为烦闷时代。畏友藤村操君的死，给我们青年带来的冲击的确十分巨大。我们视藤村君为胜利者，为之赞叹不已，甚至认为，正是因为自己对美的憧憬不够纯情、不够认真、勇气不足，才没有赢得死的胜利，作为惨败者活着。那时，我爱读北村透谷等的书，还为托尔斯泰倾倒，甚至认为能与托翁生活在同时代的土地上非常幸运。尤其是《忏悔录》，我感到那简直像是为我而写，从"没有信仰就没有生存"一句中受到的感动，至今仍记忆犹新，好像感到了一线光明。携一卷《圣经》去房州海岸也是在这个时候，扬名后世等以往立身出世主义的人生观已完全失去魅力，毋宁说开始蔑视它们。但同时，我也失去了勤奋学习的目标，一度甚至放弃了学业，在信州野尻湖上的孤岛上与自然为友，不知厌倦。这时，母亲担心我，深夜冒着暴风雨来到孤岛上找我，谆谆教导。因此，我含泪告别自然，再次返回学校，后来总算结束了大学的课程。那年六月，母亲突然亡故。自我少年时代丧父，一直操劳的母亲，没有得到一丝报答便离我而去，这是我终生最大的恨事，至今，每当思念母亲，无不泪流满面。

毕业后，我在都内的女校任职。开始时还有些许抱负，要为女子教育尽微薄之力。但是，我没有人生的根本信念，教人之前，应当教的是我自己；救人之前，应当救的是我自己。我深为这样的烦恼所苦。几年之后，我终于脱离误人子弟的痛苦，要从其他境遇中寻求心灵的平静。

原本，我没有任何才能，但所幸热爱自然之情浓厚，常为生于山樱盛开的国度感到幸福。学生时代，即使在要移居海外之时，也为要离开富士山而感到莫大的痛苦。我对日本的自然，就是有着如此深厚的眷恋。而且，我原本就是农民，从少年时代就割草耕田，因此，对土地的亲切就像回到了家乡的那种感觉。所以，在决心辞去教职的同时，我想住在东海一带，朝夕欣赏富士山，过晴耕雨读的日子，这是我当时最憧憬的生活。

但那时，我还年轻，刚过三十，便将田园生活暂且珍藏起来，想作为一介商人，再次尝试城市的生活。即使失败，也会成为晚年的回忆。商人位于士农工商的最下等，但似乎做法不同，即使不让自己变得卑贱，也一定能成功。也就是说，尽量廉价提供人们所需的物品，对自己经营的商品加以推敲，这样，在满足人们需求的同时，如果还能维持自己的生计，这不是一件好事吗？本来，做生意绝不是屈辱的生活，至少不会担心误人子弟。"生活要朴素，情操要高尚"的生活，在责任轻、心安这一点上，不正是我所期盼的独立生活吗？我就是这样考虑的。但是，如果不工于计谋，生意恐怕不会成功，因此，我暗下决心，如果尝试之后，不能保持独立与诚实，那就毫不足惜，我会即刻放弃，去过田园生活。新宿中村屋的相马先生从早稻田学园毕业后开始经商，由于他是同乡前辈，我就去征求他的意见。他告诉我自己的经验：无论什么生意，即使是外行也一定能做下去。我决心成为一名商人，就是因为上述想法，因此，做什么生意都行。我还按相马先生所教，跑到新宿待售的干货店去看。但是，由于经营旧书店需要的资金比较少，还多少和以前的生活有关系；又由于大正二年（一九一三）二月刚巧发生了神田大火，和我以前任职的学校经常往来的书店在废墟上新建的出租店铺空下来了，我就决定开旧书店。承租这家店后，于大正二年八月五日开业的是现在位于神保町的零售部。开店致辞清晰表达了我那时的想法，因此，请允许我在这里朗读。

  肃启　秋风凉冷之时，谨祝健康平安。野生为摆脱无激情生活之束缚，且为免误人子弟之不安与苦痛，辞去教职，自一介市民之生活，求早已冀望之独立自营之境地，创办下列书店，经营新刊图书杂志及旧书买卖。借鉴以往作为买主之诸多不快经历，以诚实真挚之态度，尽力为大家谋求便利。希望作为独立市民，渡少伪之生活。欲以不才之身及贫弱之资，步入艰险世路，披荆斩棘，在自己之领域开拓出一片新天地。深知必会遭遇诸多困难，为实现野生新生活中极少之理想，恳请给予同情、帮助，幸甚之至。

敬具

记得开始时我写的是无伪之生活，后来才改为"少伪之生活"。而且，在开店致辞印刷物的背面，写下了我喜欢的七句格言，顺便在这里朗读。

  桃李不言，下自成蹊。

生活要朴素，情操要高尚。

天上星空灿烂，我心道念盘横。

大地愈加美丽，为人亦是欢喜。

正直之人多磨难。

邪不压正。

正义是最后的胜者。

就这样，我的旧书店开业了。本来，我的愿望就是过独立的生活，因此，我无视过去的商业习惯，蛮横地按自己所相信的去做了。其中一例，就是实施了那时被喻为破天荒之举的旧书按标价出售。也有朋友亲切地劝我，把理想暂时搁置一边，首先按普通的做法做生意，等打下基础之后再向理想迈进。但我的态度没有丝毫妥协，只走自己满意的路。"旧书有按开价卖的吗？"我也经常遭到顾客这样的斥责。但这本来就是为买主提供方便，因此，我的书店的态度终于得到认可，博得了顾客坚实的信任，书店的运营日渐顺利。

那时，如今已成为故人的太田为三郎先生带着创立台湾总督府图书馆的任务，突然造访书店，就购买图书征求我的意见，结果下了一万日元的订单。记得当时书店一天的营业额只有十元、二十元。完全没有关系的人对我寄予这样大的信任，对此我非常感激，尽量提供便利，连对方也吃惊地问：书能这么便宜地买下来吗？

历经以上的经历，零售经营得以顺利发展。大正三年（一九一四），以夏目先生的《心》为处女出版，我开始致力于出版事业。

大正初期，正值我国思想界的混乱时代。我痛感需要普及哲学的基础知识，在友人诸君的帮助下，出版了哲学丛书。而且，各位先生曾教导我,自然科学在日本文化中最为落后。因此,在诸位先生的指导下,又出版了科学丛书。出版哲学方面的书、科学方面的书,都是出于相同的见地,都受到了社会的欢迎。其后,还扩大到讲座、全书、新书、六法全书、教科书以及其他方面的单行本。但我一直是从满足社会需要、弥补我国欠缺之书的愿望出发的。这些正如诸位所知,有幸全部顺利地得以发展。

在一元书时代,我希望学艺普及的形式应该像德国的雷克拉姆丛书,便模仿它创办了岩波文库,那时的情景尤其不能忘怀。当时,这部丛书反响极大,从素不相识的读者那里收到了上百封感谢信和鼓励文章,其中还有"我要把一生的修养托付于岩波文库"这样的话,令我非常感动。那时,我第一次感到"开书店太好了"。

就这样,在诸位先生的指导下,我按照自己的想法从事的工作,有幸在经营上全部取得成功。鼎轩田口卯吉先生也是我尊敬的出版先觉者,据说他曾说过,"对社会有益之事,其经济上也必然成功。"从我自身的经验看,的确如此。

今天,我的工作对日本文化起到些许作用,经常得到意想不到的褒奖,但这些对我来说都是过奖之辞。正如我刚刚讲的那样,我开始做生意,是源于一种极为消极的情绪,即隐身市井,谋求一个家,过一种责任轻、内心没有痛苦、称心如意的生活。开始时,并没有为日本文化多少做些贡献,或为振兴学术稍尽绵力等等的抱负。自青年时代便为之苦恼的人生问题,归根结底是生死的问题,即便到这个年纪,我仍没有可以与人言的信念。但是,只要不否定生命,那么,没有他人的照顾就一天也生活不下去。因此我想,应尽量不麻烦别人,即使是身边的小义务,也应尽力忠实地履行。无论是做零售业还是出版业,我唯留心不忘此事。这种生活态度带来了今天的成果。如果有一些看起来像是我的功绩，那全都是诸位先生的研究、思想、艺术的余辉，我只不过是将它们忠实地传达于世的一名传递者。本是权宜之计而开始的工作，带来了他人及我意想不到的成果。最不适合作商人的我，在经商中能不违背自己的意愿生活至今，还能多少为社会作些贡献，并慰我风树之叹，这些都令我高兴得不知所措。

关于这些，我更深感众人给予我的恩情与友谊。

第一是直接或间接地指导过我的诸位先生、前辈。今天列席的各位学界耆宿，如果没有诸位的指导，于公于私都不会有今天的我。第二是四十年来给予我不变之友谊的友人诸君。这些友人对于我变身商人的心情给予了极大的理解，在著述、编辑以及经营方面，明里暗里支援我的工作，对我的事业发展起到多大的推动作用，至今无法言表。另外，还有来自全国各界的诸位，承蒙诸位认可我对出版的一片诚意，有时作为作者，有时作为建言者，无私地激励我、支援我、指导我。没有诸位，我终究不能在不违背意志的前提下，将事业发展到今天。

此外，在与事业没有直接关系的各个方面，我作为一个普通的人，还承蒙了许多人非同寻常的盛情。

如果再加上对我的事业怀有好感的、天下几百万的诸位读者，无论认识还是不认识，我确实得到了数不清的人们的亲切之情。尤其是今晚邀请到的诸位，都是承蒙特别关顾之人。对于诸位多年来无尽的厚爱，在此谨表谢意。

此外，已成为故人的夏目漱石先生的知遇之恩、寺田寅彦先生的深厚情意，此时尤其难以忘怀。在此不再一一列举在座诸位的芳名，唯对自中学时代起就常对我不吝指正的安倍能成君等友人诸君，以及同样自学生时代起就承蒙知遇，且自此事业开始之后，在我最不擅长的经营上给予指导的明石照男的厚谊，在此表示深深的谢意。还有在不果断的我的身边，极尽忘我之努力的堤经理夫妇，对以他们为首、不懈努力的全体店员表示深深的感谢。

我虽不才，但希望向着高远的理想再靠近一步。我之所以能够驽马加鞭地沿着一条道路走到现在，极大地仰仗于杉浦重刚先生，他教给我贯彻至诚之道义的可贵；凯比尔先生，他教给我作为人的崇高境界；内村鉴三先生，他教给我什么是永远的事业；福泽谕吉先生，他教给我独立自尊的市民之道；还有以公益精神贯穿整个生涯的青渊涩泽翁。

此外，不胜惶恐的是，事业发展到今日，我作为国民时常推崇的准则，是明治大帝的五条誓文。

我坚信，这五条誓文不仅是开国的指南，还是皇国永远的理念。我相信，奉戴此圣旨，为学术的进步、修养的提升倾注不懈的努力，是我们突破旷古国难，在自己工作范围内为国效力的途径。将此感谢晚宴特意选在明治节佳期，就是为聊表此志，我愿在残存的生涯中追随此精神，为此信念活下去，毫无遗憾地做陛下的赤子、作一名国民。在此，谨向诸位以往的厚意表示深深的感谢，同时，希望今后继续给予指导、鞭挞。

对于诸位今晚的光临，再次表示厚谢。感谢诸位倾听我没有条理的、冗长的讲话。由于时局的关系，晚宴没有任何雅趣，座次等诸般不周之处还请谅解，衷心希望诸位能畅快地欢谈。

实在、实在，感谢诸位。

岩波茂雄传
[日] 安倍能成 著　杨琨 译

责任编辑	李钰洁
书籍设计	typo_d
出版发行	生活·读书·新知 三联书店
	北京市东城区美术馆东街22号
	邮编：100010
	电话：010 64001122-3073
	传真：010 64002729
经销	新华书店
印刷	北京信彩瑞禾印刷厂
版次	2014年1月北京第1版
	2014年1月北京第1次印刷
开本	136×200mm 1/32
印张	12.5
字数	240千字
印数	4000册
ISBN	978-7-108-04818-9
定价	58.00元

图书在版编目（CIP）数据

岩波茂雄传 /（日）安倍能成著；杨琨译．--北京：
生活·读书·新知三联书店，2014.1
ISBN 978-7-108-04818-9

Ⅰ．①岩… Ⅱ．①安… ②杨… Ⅲ．岩波茂雄
(1881～1946)—传记 Ⅳ．① K833.135.42

中国版本图书馆CIP数据核字(2013)第289201号

IWANAMI SHIGEO DEN, SHINSO BAN
by Yoshishige Abe
© 1957, 2012 by Reiko Abe Auestad
First edition published 1957. New edition 2012
Originally published 2012 by Iwanami Shoten, Publishers, Tokyo.
This simplified Chinese edition published 2014
by SDX Joint Publishing Company, Beijing
by arrangement with the proprietor c/o Iwanami Shoten, Publishers, Tokyo